区域国别学·北京文库
BEIJING IAS LIBRARY OF PUBLICATIONS

外语学科交叉视野下的区域国别研究

方友忠　主编

International and Area Studies from the Cross disciplinary Perspective of Foreign Languages

中国国际广播出版社

目 录

基础研究

对"外语+"视野下的区域国别学科发展的思考　　方友忠　003

国别研究

哥伦比亚禁毒体系的特色构成、挑战及有关启示　　刘　鹏　孙梦怡　017
浅析马克龙政府的环境气候政策　　解慧慧　033

教育研究

日内瓦职业教育的特点及启示　　鲍叶宁　047
拉美地区土著民族双语教育的发展问题研究　　丁波文　张梦瑶　062
瑞士基本职业教育阶段的外语教育政策研究　　张娙子　076
公平视角下的法国高等教育解读　　周　薇　086
《费加罗报》网络版报道中的中国教育形象研究　　陈　静　黄晓雪　097
法国高等教育生态转型和可持续发展政策译述　　董格言　112

跨文化研究

跨文化商务合作失败案例分析 ……………………………………… 李孟玲 127
文化维度视角下跨文化冲突与融合
　　——以系列电影《岳父岳母真难当》为例 …………………… 黄晓雪 137

翻译研究

醉舟航行：贝尔曼理论下《醉舟》的汉译本对比分析 …………… 马硕阳 149
跨文化视角下汉法歌词的翻译研究
　　——以《水调歌头·明月几时有》法文版为例 ……………… 李云涛 167
翻译传播学视角下的诗歌翻译
　　——以《将进酒》为例 ………………………………………… 赵泽君 181

文学研究

论罗兰·巴特文本的开放性
　　——以《恋人絮语》为例 ……………………………………… 杨泽怡 195
莫里亚克作品中的创伤书写研究
　　——剖析人物苔蕾丝的心理创伤 ……………………………… 王弘冰 207
柯莱特的"克制"与"随性"
　　——以《母猫》为例 …………………………………………… 明诗涵 218
醉酒的格里奥：阿兰·马邦库小说中的身份叙事 ………………… 曹文博 228
《阿纳巴斯》：现实与想象的双重远征 …………………………… 吉　竞 238

基础研究

对"外语+"视野下的区域国别学科发展的思考

方友忠　北京第二外国语学院欧洲学院教师

摘　要：区域国别学科发展的根基在外语。高校外语发展面临因信息技术、卫生健康危机、发展瓶颈、人才培养内卷等问题而带来的新情况、新挑战，外语教育在坚持原有发展的基础上探索多样化道路，尤其是学科发展的新道路。在原有的国别与区域研究领域基础上，外语学科的发展必然走向学科交叉。作为交叉学科的区域国别学，与外语学科既有联系又有很大区别，是外语学科中国别与区域研究方向系统化、特色化和学科化的体现，是外语学科发展的转型机遇，成为外语发展的第三条学科道路和方向。"外语+"视野下的区域国别学科建设，应以既往为参照，以现实为导向，以特色化为目标，以多样化为补充。在具体建设中，还需要解决理论构建、师资队伍、学科评价体系、上下游相关建设及协同建设效率等问题。

关键词：外语学科；国别与区域研究；区域国别学

国别与区域研究在西方15世纪便已经开始，我国最早的区域研究著作则可追溯到《诗经》[①]。国别与区域研究可涵盖极为广泛的领域，不仅仅涵

---

① 郑承军，田蓉.区域与国别研究的历史溯源与当今启示［J］.阿拉伯研究论丛，2022（1）：3-16.

盖人文社会科学领域，还可以涵盖自然科学领域，是"对某一个国家或者某一个地区的全面了解，超出了文科的范畴"[①]。

在国别与区域研究基础上诞生的区域国别学，涵盖了前者的许多内容，同时作为一个学科，与前者有区分。区域国别学是交叉学科，涵盖范围广，涉及学科多，发展方向多样。区域国别学的学科属性可以是法学的、历史学的、经济学的，也可以是文学的，尤其具有外语学科属性。[②]区域国别学的建设应以促进对外开放、实现文明交流互鉴，最终服务于国家和地方经济社会发展为根本宗旨。其中最起码包含两层意思：一是加强对对象国语言、文化、经济、社会等方面的全面认识和研究，服务国家对外交往，服务国内发展；二是让国外更好地了解中国，加强国外对中国的正确认识和了解。无论从上述的哪一点来看，区域国别学的建设都离不开外语，与外语的发展息息相关。

一、外语发展挑战和"国别与区域研究"方向

新中国成立以来，高校外语教育一直在发展，不断改革，从无到有，在有中思变，在变化中不断发展，在发展中也不断遭遇挑战。外语学科的发展方向也一直在调整变化，从一开始的翻译人才培养到尝试探索不再按语种设置二级学科[③]。到今天，中国高校外语发展出现了新情况、新问题，所面临的挑战前所未有，主要表现在四个方面。

首先是信息技术发展所带来的挑战。自人类社会进入21世纪以来，在百年未有之大变局背景下，人工智能研究、机器翻译研究取得长足进步，

---

① 钱乘旦，刘军.国别与区域研究的学科建设：钱乘旦教授访谈[J].俄罗斯研究，2022（2）：3-19.

② 钟智翔，王戎.论外语学科的国别与区域研究方向及其人才培养[J].国别和区域研究，2020，5（4）：168-188，198-199.

③ 彭青龙.论外语学科方向变化新特点与内涵建设新思路[J].外语电化教学，2018（3）：3-7.

科学技术尤其是信息技术的发展及网络的全球化，都给外语教育的意义和方式带来空前挑战。一个去国外旅行的人，配备讯飞、微软或其他类似的翻译软件，与世界常见语种国家的人们在日常交流上已经基本上无太大障碍，尤其是像钉钉这种具有及时翻译功能的在线沟通软件出台，在一定程度上冲淡了人们对于外语学习的热情。

其次是卫生健康危机所带来的冲击。新冠疫情的暴发和长久存在，对世界经济发展损害尤其大，也给外语教育带来巨大冲击。高等教育国际化遭遇重挫，尽管人类社会适应快，也迅速提出解决办法，借助信息技术，广泛开展包括云教育、云课堂、云外事等在内的一系列后疫情时代高等教育国际化，疫情也逐渐平息，但它所造成的影响深远，给以国际化为根基的外语教育带来不小损害。

卫生健康危机和经济形势恶化，还对外语教育的人才培养带来了巨大的冲击。在许多传统外语高校，学生的出国留学率是毕业生就业率中的一个重要组成部分，而全球卫生健康危机和经济形势恶化，导致学生出国意愿下降，出国人数锐减，直接影响了高校外语教育人才培养的各项指标，也降低了社会对外语教育的热情，在短期内形成了一个恶性循环。

再次是外语高校自身发展瓶颈所面临的挑战。发展瓶颈主要表现在外语人才培养的出路问题上。除了以上信息技术发展、卫生健康危机和世界经济形势低迷等原因，目前外语高校人才培养自身也存在"产能局部过剩"的现象。据教育部2019年统计，全国开设外语类本科专业的高校占全国本科高校数量的82.4%。虽然爱沙尼亚语、瑞典语、马达加斯加语等非通用语种人才培养依然有待加强，但需求规模小，出路有限。英语、法语、日语、俄语等常见外语的人才培养规模过大，企业、社会对于外语人才的需求，赶不上外语人才培养的规模和速度，导致产生局部的"产能过剩"。以英语、俄语、日语等语种专业翻译硕士（MTI）发展为例，在全国出现比较严重的重复建设和资源浪费。此外，外语高校自身发展瓶颈不仅体现在这种局部的"产能过剩"上，还体现在质量问题上。简而言之，就是"量局部太大,质还需加强"。

最后是非外语类高校"+外语"发展模式所带来的复合型人才培养"内卷"问题。一些理科类、工科类、商科类院校在"专业+外语"的人才培养模式上也探寻了很长时间,而且颇有成效。以法语为例,上海交通大学、中山大学、清华大学、中国民航大学、北京航空航天大学、华中科技大学等在"学科+外语"上取得的进步瞩目,他们走的不是"外语+"的模式,而是"+外语"的模式,但从本质上来说,这对于外语高校的发展和人才培养造成了"内卷",带来了更大的挑战。

面对前所未有的挑战,外语相关的高校在守正的基础上需要创新。一方面,在坚持传统外语教育的同时,必须注重特色化发展,聚焦高水平语言人才,尤其是翻译人才的培养。另一方面,还需要积极探索"外语+"的多样化发展道路,如北京大学探索的"多语种+区域研究""外语+外史"的人才培养模式[①],中国传媒大学选择与国际传播相结合的道路,也有一些院校坚持传统文学道路或走与理工学科相结合的道路。从国家现有的学科规划来看,不管形式如何多样,外语高校的多样化发展道路基本都有一个特征,即都把外语和国别与区域研究相结合。

二、区域国别学的外语根基与学科交叉

高校外语教育从来都不是简单的语言学习。文学素养、文化素养、跨文化交际的意识和能力的培养,是外语教育、外语人才培养中必须设计的环节。对以前的新东方或者法国法语联盟等机构来说,语言能力本身是培训重点并兼顾文化等方面,但对高校来说,要求则更高。高校的外语教育既是专业技能教育,又是通识(通才)教育。学生不仅学习外语,更要学习语言对象国的文化、社会、政治、经济、历史、地理等概

---

① 宁琦. 区域与国别研究人才培养的理论与实践: 以北京大学为例 [J]. 外语界, 2020 (3): 36-42.

基础研究

况,即国别与区域研究的基础。早在1987年12月国家教委颁布的《普通高等学校社会科学本科专业目录与专业简介》中,就确定"外国语言文学是研究某个国家、民族、地区的语言、文学和文化的一门基础学科"。从这一点来看,以外语为基础的外国语言文学在我国早就成为针对国别与区域进行研究的学科。换句话说,"外语+国别与区域研究"的发展方向一直存在。

此外,从学科定位来看,区域国别学属于人文社会科学,适用于人文社会科学的研究方法[①]。区域国别学的研究方法,应该以在国外的田野调查、深度观察为主。语料研究也是区域国别学研究方法的重要支撑。实证研究是区域国别学研究的根本,而开展实证研究的基础也在于外语。

从学科角度来看,现有学科目录下的外国语言文学学科(和翻译专业学位)并不是外语发展仅有的道路。如上所述,国别与区域研究是外语教育和发展的重要特点,脱胎于这一研究的区域国别学,理所当然成为外语教育所要交叉、所要选择的一条学科道路。退一步讲,即使在外国语言文学学科中,多年来也已形成文学、语言学、比较文学与跨文化、翻译、国别与区域研究这五个学科方向。外语的区域国别学科关联根基扎实。

当然,目前外语学科框架下的国别与区域研究在其发展过程中也遇到了一些困难,主要问题体现在碎片化、合力不强、特色不强、学科定义模糊,这也是即使两者之间有千丝万缕的联系,外语教育与区域国别学也要交叉而非进行融合发展的一个原因。

两者交叉而行却非融合发展的另一个原因,是两者本身还有其他交叉,也有各自发展的领域。实际上,现今的外国语言文学也可被视为一个交叉学科,因为国别与区域研究等5个领域方向的关系,它与语言学交叉

---

① 李强.关于区域与国别研究方法论的思考[J].欧洲研究,2020,38(5):153-162,8.

（虽然后者并未正式列入一级学科，但已被学界普遍认定为独立的一个一级学科），与翻译专业学位交叉，与教育学交叉，乃至与管理学、体育学交叉，它的交叉范围与区域国别学有交集，也有不同。

与外国语言文学相比，区域国别学的交叉范围更为广泛。它是"一门聚焦于特定的地域性问题的综合性、交叉性、实践性的新兴学科"[1]，进行的是跨地域、跨文化和跨学科研究[2]。根据国务院学位委员会2022年9月颁布的《研究生教育学科专业目录（2022年）》，区域国别学与经济学、法学、文学和历史学这四个学科门类交叉，交叉范围共涉及16个一级学科（另有17个专业学位），其中经济学占2个，法学占8个，文学占3个，历史学占3个，如表1所示。

表1 区域国别学所交叉的四个学科门类及一级学科、专业学位情况

02 经济学		03 法学		05 文学		06 历史学	
0201	理论经济学	0301	法学	0501	中国语言文学	0601	考古学
0202	应用经济学	0302	政治学	0502	外国语言文学	0602	中国史
0251	金融	0303	社会学	0503	新闻传播学	0603	世界史
0252	应用统计	0304	民族学	0551	翻译	0651	博物馆
0253	税务	0305	马克思主义理论	0552	新闻与传播	0601	考古学
0254	国际商务	0306	公安学	0553	出版		
0255	保险	0307	中共党史党建学				
0256	资产评估	0308	纪检监察学				
0258	数字经济	0351	法律				

---

① 刘鸿武.中国特色区域国别学的建设目标与推进路径[J].大学与学科，2022，3（3）：46-63.

② 赵可金.国别区域研究的内涵、争论与趋势[J].俄罗斯研究，2021（3）：121-145.

续表

02 经济学	03 法学		05 文学	06 历史学
	0352	社会工作		
	0353	警务		
	0354	知识产权		
	0355	国际事务		

根据目前交叉学科门类设置，区域国别学不包括教育学、体育学、管理学等内容。所有理工科、农学、林、水、医等学科及军事学等，都不属于区域国别学的范畴。因此，对世界各国农业、体育、教育等的研究可以为国别与区域研究，但不属于目前区域国别学的学科范畴。

从理论上讲，根据教育部目前的学科规划，区域国别学的研究对象可以是上述四个学科门类、16个一级学科和17个专业学位中的任何内容，这也是区域国别学有别于外国语言文学学科的地方：它既可以是外语学科的系统化、特色化、组织化的国别与区域研究，也可以是政治学、世界史、理论经济学等众多学科的国别与区域研究，还可以是结合国家发展现实需要而进行实证研究的学科。在人文社会科学中，它的学科覆盖性、交叉性、应用性、实证性，鲜有学科能比及。这是区域国别学与外国语言文学（尤其是其国别与区域研究方向）的区别。它与四大学科门类中其他学科的区别也出于同理：广泛的交叉性是区域国别学有别于其所交叉的四个学科的主要特征，也是它的发展关键。

这种广泛的交叉性使得区域国别学从诞生起就深受学界的欢迎，更为外语高校所接受。继外国语言文学学科和翻译专业学位之后，它提出了外语发展的第三条学科道路和方向。

三、"外语+"视野下的区域国别学科建设内容

目前的区域国别学虽然在本科、硕士和博士教育还存在比较严重的断层（常俊跃，2020：14），但因为其广泛的交叉性，给许多学科领域的发展提供了众多可能性，学科的建设也存在众多的方向。结合外语开展的区域国别学科建设，应以既往为参照，以现实为导向，以特色化为目标，以多样化为补充。

以既往为参照，指现有的外国语言文学交叉模式可为区域国别学的交叉提供历史参考。这种参考不是内容的复制，而是思维和理念的参照。

以现实为导向，指"外语+"的区域国别学始终以现实的国家发展需要为导向，偏重于应用研究。国家的现实需要首先是理论需要：要加强习近平新时代中国特色社会主义思想的对外宣传，尤其是有关社会主义核心价值观的践行及有关"四个自信"和"讲好中国故事"的研究；要关注人文社会科学发展的热点和重点，尤其是马克思主义的世界研究；要考虑国家保持和加强对外开放的必要性、重要性，把学科的建设重点放在经济发展和对外贸易、气候变化和生态文明建设、中国国际传播能力建设研究等方面，结合四大学科门类和外语特色，注重外域的区域经济学、产业经济学、国际贸易学、环境与资源保护法学、传播学等的研究。

以特色化为目标，指要以前期基础为支撑，走特色化发展道路，根据国家现实需要和外语人才培养规律，在尊重外国语言文学各二级学科和翻译专业学位发展的基础上发展基于外语的区域国别学，包括但不限于国际传播，对象国有关经济、生态等方面的法律研究等方向或领域。

以多样化为补充，指虽然走特色化建设，但不做自我限制，不画地为牢，在坚持特色化发展的同时，也能够根据实际情况，结合外语发展基础和实际需要，探讨国际事务乃至税务、知识产权等方向或领域的学科建设。

在学科队伍建设上，要加强组织化。避免以往学科建设出现的弊端，开展组织有序的学科队伍建设，借助外国语言文学国别与区域研究方向的前期基础，确定或引进学科带头人、学术带头人，打造能有效形成合力的团队。

在学术成果产出上，要创新学术成果评价机制。除了传统的科研立项、课题经费、专著论文、专利获奖等评价指标，发挥区域国别研究院的统筹功能，加强、完善与外语特色相关的智库建设、资政服务的评估标准，探讨学术产出的国际化，尤其在国外创立国别与区域研究期刊、传播中国声音、促进中国国际传播能力建设的可行性。

在学科基地建设上，要加强经费保障和硬件建设。加强基础工作，尤其是对数据、基本信息等的收集、跟踪和完善，并在此基础上整合高校各外语学院力量，建设实验室、资料中心等。在具体建设上可发挥外语优势，实施"以译促研""以译促建"的建设方式。

在人才培养上，要发挥外语高校优势，加强国际化人才培养。充分体现结合外语的区域国别学在探索人才培养模式上的创新，把国际化作为人才培养不可或缺的一个环节。原则要求学生必须出国留学一段时间，而且是带着科研任务和目标留学。此外，保持外语特色，强调语言基础，在课程设置、国际交流等方面加强与各外语院系和国内外机构的交流合作，采用"少编制、多聘用"的模式，聘请一批国内外的专家学者担任讲课教师和指导教师，在明确的学科方向和知识领域展开联合培养。

区域国别学的内涵非常丰富，仅以外语角度来看，"外语+"视野下的区域国别学既有传统的"外语+文学"的国别与区域研究现有基础，更有法律、传播学、国际商务等学科或专业学位的发展前景。以法律领域为例，中国政法大学从2021年开始与北京外国语大学共同实施了涉外法制人才项目，其校长马怀德曾说："涉外法制人才是国家力推的一个人才建设战略，但是现在全国大约60万名律师中，真正能够从事涉外业务的律师不足7000人，与国家的需要相比的话有很大的差距。"实现法律与外语的交叉学科人才培养，正是外语视野下区域国别学科发展的具体体现之一。

在区域国别学二级学科的具体命名上，学界目前存在一定分歧，有人主张按区域命名，有人主张按领域命名，有人认为可以结合两者按"区域国别+领域"的方式命名，如法国国际传播、德国税法、欧盟数字经济等。

从学科建设的经验来看，任何一个一级学科下设的二级学科都不可能做到面面俱到。以外国语言文学为例，二级学科的建设经验还是"有条件的就上"，所以出现英语语言文学、法语语言文学等，而不考虑世界上有多少种语言、会不会二级学科数目过多等问题。区域国别学也是同理，首先宜从学术使命出发，以获取地方性知识而非普遍性知识[1]为出发点，考虑法国学、美国学，乃至欧洲学、非洲学、中东学等二级学科设立，先做起来一批二级学科，并在发展的过程中不断调整和完善，如在非洲学的基础上，在条件成熟时，可考虑设置埃及学、马达加斯加学等。此类区域学或国别学因为学科自身固有的交叉性优势，不存在所谓的研究方向或领域片面、狭窄等问题。当然，在这过程中，也要注意不能只强调关注目标语种对象国或地区的文化与国情，要具有全球视野[2]。

以上诸学作为二级学科设立，其人才培养目标是培养既"通"又"专"的人才[3]：一方面要培养通晓语言对象国历史、地理、法律、文学、政治、经济等多领域知识、规则，具有综合知识素养和能力的人才，这属

---

① 赵可金. 国别区域研究的内涵、争论与趋势[J]. 俄罗斯研究，2021（3）：121-145.

② 吴承义. 面向国际化人才培养的高校外语专业转型发展新篇章[J]. 外语学刊，2018（6）：89-96.

③ 钱乘旦，刘军. 国别与区域研究的学科建设：钱乘旦教授访谈[J]. 俄罗斯研究，2022（2）：3-19.
杨洁勉. 新时代中国区域国别学科建设的理论意义与学术治理[J]. 亚太安全与海洋研究，2022（4）：1-11，133.

于"全面的基础性研究"①，另一方面则要求在此基础上培养在政治、经济、文学、历史等某个领域掌握专业知识、具备专业能力的人才。

结　语

综上，"外语+"视野下的区域国别学建设，既可被视为是区域国别学的一个重要发展支脉，也可以被视为外国语言文学学科发展的转型机遇、新道路。它既是区域国别学作为交叉学科的具体体现，也是国家、社会对于外国语言文学学科发展提出的新要求。

在"外语+"视野下，区域国别学的人才培养可从大学本科阶段开始培养"通才"，到研究生阶段则偏向"专才"的培养。"通才"的培养是基础，要求学生掌握语言对象国方方面面的知识，培养相关能力，这对于目前大学的外语本科教育来说是不小的挑战，对学生能力、师资、人才培养机制乃至高等教育政策都提出新的要求。

此外，从学科建设上来说，"外语+"的区域国别学科建设尚要解决以下几个问题。

第一，如何进一步加强学科的理论构建问题。区域国别学遇到的问题，是以往若干交叉学科同样遇到的问题，即交叉性太强带来的学科理论构建问题。

第二，师资队伍建设问题。这个问题与第一个问题紧密相关，目前外语关联的相关研究更多集中在国别与区域研究上，尚未能够学科化，体系化、理论化特征相对较弱，这也影响了师资队伍的建设，使得目前外语的区域国别学也只能把更多关注点放在国别与区域研究上。

第三，学科评价体系的构建问题，尤其是对以外语为基础的智库建设、资政服务的评价指标构建问题需要解决。

---

① 钟智翔，王戎.论外语学科的国别与区域研究方向及其人才培养［J］.国别和区域研究，2020，5（4）：168-188，198-199.

第四，学科的上下游建设问题，即如何加强外语专业的区域国别学科领域知识体系的基础构建，如何让社会认可区域国别学科的毕业生。

第五，学科协同建设的有效性问题，尤其要解决外语高校与其他高校间壁垒、高校内部院系间壁垒问题。

国别研究

哥伦比亚禁毒体系的特色构成、挑战及有关启示

刘　鹏　北京第二外国语学院欧洲学院教师
孙梦怡　北京第二外国语学院欧洲学院 2021 级本科生

摘　要： 哥伦比亚在常年打击毒品犯罪工作中逐渐形成了一套制度相对完善、深具特色的禁毒体系。首先，它建立了全面、多层次的禁毒立法框架，包括较为完善的禁毒法律、特殊的刑事诉讼程序及严厉的刑罚措施。其次，在禁毒执法网络方面，哥伦比亚在国内和国际两个方向上均实现了情报共享和技术支持。最后，作为该体系有力支撑的哥伦比亚禁毒宣传教育网络和培训机构通过多元化的宣传渠道和专业化培训，有效提高了公众对毒品问题的认识，降低了对毒品的需求，打造了一支高素质的禁毒警察队伍，为打击毒品犯罪提供了有力支持。然而，哥伦比亚禁毒工作仍面临诸多挑战，包括禁毒工作推进较为缓慢、毒品贩运问题仍不容乐观、毒品种植面积在某些省份不增反减、域外某些国家的毒品泛滥间接冲销了禁毒工作取得的成果等。针对这些挑战，中哥两国可以进一步加强在禁毒合作上的技术支持与情报共享，进一步加强中哥禁毒合作平台建设，共同推动禁毒多边合作和全球禁毒治理体系建设，共建人类医疗健康和安全共同体。

关键词： 哥伦比亚；禁毒体系；特色构成；挑战；合作启示

哥伦比亚作为世界上可卡因的主要生产国之一，长期以来一直面临着严重的贩毒问题。这个问题不仅对哥伦比亚国内的社会秩序和经济发展构

成了巨大威胁，也对国际社会的稳定和安全产生了严重影响。为了应对这一挑战，哥伦比亚政府采取了一系列禁毒措施，包括法律制度的建设、禁毒机构的组织和行动策略的制定等。

虽然有关哥伦比亚贩毒问题的研究已经相对较多，如学者戴星星分析了哥伦比亚毒品文化及其深层根源，认为其毒品活动猖獗是得天独厚的地理环境、国家长期的贫困、经济制度的不完善、国内复杂动荡的政治局势、美国的影响及周边国家的协助等因素导致的[①]；如李德鹏学者以《哥伦比亚计划》为例分析了哥伦比亚的禁毒政策，认为哥伦比亚禁毒政策的特点主要包括政策的有效性不佳、对人权的保护不足及深受美国影响。尽管哥伦比亚禁毒行动取得了一定的成果，但是《哥伦比亚计划》没有很好地对"症"下"药"，仍存在较大提升空间[②]；如 Diana Machuca 分析了哥伦比亚毒品政策的条例内容及制定的影响因素，认为哥伦比亚禁毒政策的设计和实施主要由国家安全机构、关键部委和美国政府机构共同完成，且围绕毒品政策的决策过程是封闭的，偏离了哥伦比亚民众的偏好和需求[③]。上述学者分别重点研究了哥伦比亚毒品问题的根源、禁毒政策的特征及该政策的决策过程，研究焦点停留在政策层面，但在禁毒体系和相关制度这一更高层面的深入探讨比较缺乏。因此，本文以哥伦比亚禁毒体系为研究对象，梳理哥伦比亚禁毒立法体系、禁毒执法网络等方面的特点，并在此基础上分析该国目前禁毒工作面临的挑战，为中国和哥伦比亚未来开展深层次的禁毒合作提供对策建议。

---

① 戴星星. 哥伦比亚毒品文化及其深层根源[J]. 青年文学家，2013（19）：206.
② 李德鹏. 哥伦比亚禁毒政策评估：以《哥伦比亚计划》为例[J]. 西南科技大学学报（哲学社会科学版），2019，36（5）：8-15.
③ MACHUCA D. An analysis of Colombia's drug policy and actors[R/OL].[2024-03-11]. https://drugs-disorder.soas.ac.uk/an-analysis-of-colombias-drugs-policy-and-actors/.

一、全面且多层次的禁毒立法框架

哥伦比亚的禁毒立法框架涵盖多个层次，在哥伦比亚禁毒体系中具有重要地位，从法律颁布、诉讼程序到刑法措施等各个层面都有相关特殊规定。这种全面且多层次的法律框架能确保打击毒品犯罪不留法律"死角"，为禁毒工作打下了坚实的制度基础。

（一）较为完善的禁毒法律

哥伦比亚制定了一系列禁毒法律，包括《禁毒法》、《精神药品法》和《毒品危害预防法》等，比较全面详细地规定了毒品犯罪的性质、构成，以及预防和打击犯罪措施。[1]如哥伦比亚《毒品危害预防法》主要包括对毒品危害预防工作的机构和责任的明确规定，对宣传教育重要性的强调，对吸毒者的关怀和帮助，对制造、贩卖、散布毒品行为的严格打击等。如：

第一条："本法适用于在哥伦比亚国内从事有关毒品危害预防的活动。"该法条明确了本法的适用范围，强调了法律的目标是预防毒品危害。第六条："为了加强毒品危害预防工作，国家应当建立全国范围的毒品危害预防机构。"该法条强调了国家在毒品危害预防工作中的责任，并要求建立专门的机构来负责此项工作。第十条："国家应当对毒品危害预防工作进行宣传教育，提高公众对毒品危害的认识。"该法条强调了宣传教育的重要性，提醒国家要加强对公众的宣传教育，以提高对毒品危害的认识。第十五条："对于吸毒者，国家应当提供戒毒康复服务，并重点关注未成年人。"该法条明确了国家对吸毒者的关怀和帮助，特别强调了对未

---

[1] YEPES R U, GUZMÁN D E. Políticas de drogas y situación carcelaria en Colombia [EB/OL].（2017-04-20）[2023-11-05]. https://www.dejusticia.org/wp-content/uploads/2017/04/fi_name_recurso_188.pdf.

成年人的关注和重视。第二十二条："任何单位和个人不得违法犯罪，如制造、贩卖、散布毒品。"该法条明确了制造、贩卖、散布毒品的行为是违法犯罪行为，强调了对毒品犯罪的严厉打击。第二十九条："在公共场所，不得吸食、注射毒品或者以其他方式使用毒品。"该法条明确规定了在公共场所禁止吸食、注射毒品的行为，以保障公共环境的健康和安全。第三十一条："国家对监督毒品危害预防工作的机构和个人实施监督，发现违法行为，及时予以制止。"该法条强调了国家对毒品危害预防工作的监督和制止监督工作中出现违法行为的责任和义务。

（二）特殊的刑事诉讼程序

为了更加有效地应对毒品犯罪问题，确保毒品犯罪分子受到法律制裁，减少司法滞后的可能性，哥伦比亚采取了特殊的刑事诉讼程序，包括快速审判和特别法庭等，以加快对毒品犯罪案件的审理和提升对毒品犯罪的打击效果。

1. 快速审判（Juicio Rápido）

快速审判作为一种加速刑事审判程序的制度，专门针对毒品犯罪和其他严重犯罪。该程序旨在快速、有效地审理和判决嫌疑人，以确保公正和迅速的司法程序。快速审判程序适用于准备、执行或参与非法毒品交易的嫌疑人，以及在抵抗逮捕、传唤或执行拘留期间有抗拒行为的嫌疑人。

快速审判程序的主要特点：一是快速逮捕。嫌疑人在被发现有可疑行为后可以立即将其逮捕，并且警察可以在短时间内调查和收集证据。二是迅速审讯。嫌疑人必须在72小时内接受初步听证，以确保在短时间内对案件进行审理。三是简化审判。快速审判程序不同于普通刑事审判程序，它精简了证据收集和庭审过程，以更快地做出判决。四是判决高效。最终判决必须在15天内做出，以确保及时的司法处理。

2. 特别法庭（Specialized Court）

特别法庭是专门负责处理毒品犯罪的法庭。该法庭由特别法官组成，专门处理严重的毒品犯罪案件，以加强对毒品犯罪的打击和追诉。

特别法庭的主要特点：一是专业法官。特别法庭由受过专门训练和熟悉毒品犯罪的法官组成，以确保审理过程的专业性和准确性。二是快速审理。特别法庭的目标是尽快审理案件，以确保公正和迅速的司法程序。三是严格判罚。特别法庭倾向于采取更严格的刑罚，以强调对毒品犯罪的严惩。

快速审判和特别法庭程序都是哥伦比亚提升毒品犯罪打击业绩的重要手段。它们旨在减少审理时间、加强有效的司法程序，并对毒品犯罪嫌疑人进行快速判决和刑罚执行。这些特殊的刑事诉讼程序在哥伦比亚打击毒品犯罪、维护社会治安和公众安全等方面发挥了重要作用。

（三）严厉的刑罚措施

哥伦比亚的禁毒法律明确规定了对毒品犯罪行为的定罪要件和刑罚幅度。根据法律规定，持有、贩卖、制造、走私等非法毒品行为都被视为刑事犯罪，并会受到相应的刑罚。另外，该国禁毒法律实施严厉的刑罚措施，对毒品犯罪行为进行广泛的罪名规定，并制定相应的严厉刑罚措施。这些措施在很大程度上发挥了威慑和制止毒品犯罪的作用。

第一，对于持有非法毒品来说，法律规定了拘留、罚款和社区服务作为主要刑罚方式。持有少量非法毒品的个人可能会被拘留数天至数周，同时还可能被处以一定数额的罚款。法庭还有可能要求持有非法毒品的个人参加一定程度的社区服务，并在特定时间内完成。对于贩卖、制造、走私非法毒品的个人被视为严重刑事犯罪，相应的刑罚是监禁和罚款。对于贩卖非法毒品的个人，监禁的刑期长短取决于毒品类型、数量和贩卖的严重性。监禁刑罚可能从数年到数十年不等。此外，根据哥伦比亚的禁毒法律，贩卖毒品被视为严重的刑事犯罪。涉及大规模贩毒活动和危害公共安全的行为将会遭受严重的刑罚，这反映出哥伦比亚对毒品犯罪的严肃打击态度和完善的法律措施。这种严厉的刑罚旨在给予毒品犯罪分子致命打击，并起到威慑和制止毒品犯罪的作用。

第二，哥伦比亚的禁毒法律针对不同的毒品犯罪行为和情况制定了不同的刑罚。根据罪行的轻重不同，刑罚包括拘留、罚款、社区服务、监禁和终身监禁等。这样的分级刑罚制度确保了对毒品犯罪行为的评估和惩罚的公正性和合理性。特别值得注意的是，对于毒品制造和种植罪行，哥伦比亚的禁毒法律处罚尤为严厉。制造、加工或生产非法毒品及种植毒品植物被视为严重罪行，可能会被判处较长的监禁，并有可能被处以终身监禁。这一措施体现了哥伦比亚政府对毒品制造和种植活动的零容忍态度，以及对相关犯罪行为的高度重视。

二、较为完善的禁毒执法网络

较为完善的禁毒执法网络在哥伦比亚禁毒体系中发挥着关键作用，不仅体现在国内中央和地方的协调合作，还体现在跨国毒品犯罪的联合打击方面。哥伦比亚构建起了国内外全面完善的禁毒执法网络。

（一）国内禁毒合作网络

哥伦比亚国家禁毒局作为主要执法机构，负责协调与监督全国范围内的禁毒工作。此外，哥伦比亚还设有其他执法机构，如国家警察，其通过专业警力，在城市和农村地区执行各类执法任务，包括打击毒品犯罪。中央政府也设有若干禁毒支持机构，如国家禁毒委员会、哥伦比亚安全和司法部反毒署、哥伦比亚警察禁毒部门等。这些机构的组织结构相对严密，各部门之间密切合作，形成了一个整体协调的禁毒执法网络。在实际行动中，这些机构通过信息共享、情报收集等方式，不断地优化禁毒行动的部署和开展，以保障国内外禁毒行动的顺利推进。

（二）国际禁毒合作网络

趋于成熟的国际禁毒合作网络是哥伦比亚禁毒体系中不可或缺的环节。哥伦比亚政府积极参与国际禁毒合作，实现了与欧美等国的情报共享，得到了广泛且专业的技术支持，极大加强了对于跨国毒品犯罪的打击力度，形成了日臻成熟的跨境禁毒合作网络，提升了哥伦比亚在毒品犯罪非传统安全治理方面的全球话语权和贡献度。

1.情报分析方面

哥伦比亚政府通过与其他国际组织和国家的积极合作，实现了情报共享，这对于哥伦比亚在国内和国际范围内共同打击毒品犯罪具有重要意义。情报共享的具体内容包括毒品生产地点、贩卖渠道、涉及的个人和组织、资金流动、走私路线等信息。这些信息对于打击毒品犯罪非常关键，因为毒品犯罪通常涉及跨国贩运和洗钱活动。

在国际禁毒合作方面，首先，哥伦比亚政府与联合国禁毒署合作，共享毒品生产、贩卖、洗钱和毒品组织等方面的情报。这种合作有助于联合国更好地了解全球毒品问题，并提供支持和资源来帮助哥伦比亚打击毒品犯罪。其次，哥伦比亚政府与美国禁毒局之间的情报共享是十分紧密的。双方分享有关毒品贩运网络、毒品犯罪组织和相关活动的情报。这种合作有助于阻止毒品流向美国市场。最后，哥伦比亚是国际刑警组织的成员国，该组织是一个国际性的执法合作组织，它的成员国包括中国、法国、墨西哥等全世界各地共195个国家，这些成员国通过合作共同致力于国际刑事执法事务，包括打击跨国犯罪、恐怖主义、毒品犯罪、走私等。哥伦比亚政府与全世界其他成员国共享情报，以打击国际毒品犯罪。国际刑警组织为打击毒品犯罪提供了一个广阔的平台，以促进各国执法机构之间的情报交流和合作。

在地区禁毒合作方面,哥伦比亚政府与南美国家联盟的成员国合作,该联盟是一个由南美洲国家组成的合作机制,由巴西、阿根廷、秘鲁等共8个成员国组成,旨在共同应对安全挑战,包括毒品犯罪、恐怖主义、走私和有组织犯罪等。哥伦比亚政府与该组织的成员国积极合作,共同制订和执行打击犯罪的战略和行动计划,加强情报共享,加强边境和执法合作,这个机制加强了南美洲国家之间的协调和合作。此外,哥伦比亚政府与国际财务行动特别工作组合作,共享关于洗钱和资金流动的情报。这有助于追踪毒品犯罪分子的资金流动,并打击洗钱活动。

对哥伦比亚来说,实现国际情报共享的意义在于:第一,提高情报质量。通过与其他国际组织和国家合作,哥伦比亚政府可以获取更多和更准确的情报,提高了对毒品犯罪的识别和应对能力。第二,提升跨国合作水平。情报共享有助于不同国家之间更好地合作,共同打击毒品犯罪。这种合作可以跨越国界,有助于捣毁跨国毒品网络。第三,整合各方资源。不同国家和国际组织共享情报时,可以更有效地整合资源,共同投入行动,提高打击毒品犯罪的效率。

总的来说,情报共享是哥伦比亚政府在国内和国际范围内打击毒品犯罪的重要策略之一,有助于提高毒品犯罪打击的成功率和效果。

2.技术设备支持方面

哥伦比亚政府积极寻求国际合作和技术支持,旨在加强其应对跨国毒品犯罪的能力。此举主要通过与多个国际合作伙伴建立紧密联系来实现,这些合作伙伴包括美国缉毒局、联合国禁毒署、欧盟、加拿大、澳大利亚和以色列等。[1]

---

[1] Fight against drugs: commission supports cooperation between Colombia and Europol on information exchange [EB/OL]. (2023-03-02) [2023-11-13]. https://ec.europa.eu/commission/presscorner/detail/en/IP_23_1362.

在这一合作框架下，各合作伙伴提供了多方面的技术支持，以加强哥伦比亚政府打击毒品犯罪的努力。首先，国际合作伙伴给哥伦比亚带来了先进的监视技术和设备。在情报共享和情报分析方面，澳大利亚和联合国禁毒署为哥伦比亚提供了情报分析工具和技术，如犯罪分析软件和数据库，帮助哥伦比亚政府收集、整理和分析涉及毒品犯罪的情报，以了解毒品组织的运作方式、贩运路线和涉及的个人与组织等重要信息；在无人机和卫星监视技术方面，以色列和美国缉毒局向哥伦比亚提供了无人机和卫星监视设备，用于监测和追踪毒品犯罪分子的活动。无人机具有机动性和隐蔽性，可以在复杂地形和偏远区域进行监视，提供实时图像和视频，有助于识别潜在的贩毒路线和营地；在通信设备和通信安全技术方面，加拿大和以德国为代表的欧盟国家为哥伦比亚提供了先进的通信设备，如加密通信设备和卫星电话等，以确保执法人员在执行任务时的通信安全。这些设备可以防止毒品犯罪分子监听和截获警方的通信，确保情报和操作信息的保密性。哥伦比亚还从合作伙伴国引进地面监控设备，如监控摄像头和移动监测装置等，用于监视可能的贩毒活动区域。这些设备可以实时记录活动并提供有力的证据，帮助执法机构追踪犯罪分子并采取适当的行动。

这些国际合作伙伴通过支援先进的监视技术和设备，帮助哥伦比亚政府提高了监视和追踪毒品犯罪的能力。这些技术的引入有助于该国加强毒品犯罪打击工作，提高警方对贩毒组织的监视和情报收集能力，从而有效阻止毒品贩运和洗钱活动。此外，国际合作伙伴还通过培训和专业能力建设方面的支持，不断提升哥伦比亚执法机构的素质和效能。该领域的培训涵盖多个方面，包括情报分析技术、调查方法及打击洗钱等方面，有助于提升哥伦比亚政府相关执法机构的专业素养。

综上，技术支持已经成为哥伦比亚政府有效应对跨国毒品犯罪挑战不可或缺的手段。这种技术合作不仅增强了哥伦比亚执法机构的能力，还促进了情报的共享和分析，进一步推动了该国对毒品贩运、洗钱和贩毒组织更为有效的打击。

3.国际援助方面

哥伦比亚在禁毒方面得到了来自多个国家和国际组织的援助。主要的援助国家包括美国[①]、欧洲各国（如英国、西班牙、荷兰等）、加拿大等。国际组织，如联合国毒品和犯罪问题办公室也提供支持。

在国家援助方面，美国一直是哥伦比亚最大的禁毒援助国之一。美国协助哥伦比亚开展各种禁毒援助项目，如提供军事、情报和执法培训，以打击哥伦比亚国内的毒品生产和贩运。此外，美国还提供经济援助用于康复和预防项目，并支持社区的经济和社会重建。荷兰、西班牙、英国和加拿大等国家提供技术援助和培训，以提高哥伦比亚执法机构的能力。同时，他们也支持康复和预防项目，为毒品滥用者提供治疗和康复服务。联合国毒品和犯罪问题办公室等国际组织也致力于推动康复和预防项目的实施。他们与哥伦比亚合作，监测和打击毒品生产，并提供培训和技术支持。综上所述，这些国家和国际组织共同努力，整合康复和预防项目，以共同解决哥伦比亚的毒品问题。

禁毒援助的受益人群包括哥伦比亚政府、执法机构、毒品滥用者、社区和青少年。首先，援助项目有助于哥伦比亚加强其执法机构的执法能力，提高打击毒品生产和贩运的能力。这些举措促使毒品贩运网络瓦解和毒品生产减少。其次，国际援助支持康复和预防项目，有助于减少毒品滥用者的数量，提供治疗和康复服务，以帮助他们戒除毒瘾。这有助于降低毒品滥用对社会的负面影响，包括犯罪率的下降。再次，国际援助有助于哥伦比亚社区的社会和经济重建，从根本上减少毒品滥用和相关犯罪的发生率，从而提高社区的稳定性。最后，国际援助还加强了哥伦比亚与其他国家和国际组织的合作，有助于共同应对跨国毒品贩运网络，打击国际毒品贩卖。

---

① 寇惠.后冷战时代美国与哥伦比亚禁毒合作与分歧探析［D］.福州：福建师范大学，2012.

三、全方位禁毒宣传教育和专业禁毒培训机构

全方位禁毒宣传教育和专业禁毒培训机构是哥伦比亚禁毒体系的有力支撑。该网络通过多元化的宣传渠道和专业化培训，有效提高公众对毒品问题的认识，降低毒品需求，打造一支高素质的禁毒警察队伍，为打击毒品犯罪提供有力支持。

（一）全方位禁毒宣传教育网络

哥伦比亚社会层面禁毒宣传教育的主要目的是提高公众意识，强调毒品滥用对社会和个人健康的危害。宣传旨在改变毒品文化，减少社会各人群接触毒品的机会和渠道，从而降低对毒品的需求。哥伦比亚禁毒的社会宣传力度非常大，宣传对象涵盖了各个年龄段和社会群体。与毒品相关的广告、宣传活动和教育计划广泛展开，以确保信息传递到社会的每一个角落。宣传方式包括电视、广播、互联网、社交媒体、学校教育和社区活动等多种途径。例如，国家禁毒委员会制作禁毒反毒类电视广告，展示毒品滥用对个人和社会的破坏性影响，以唤起公众对毒品的警觉和抵制。此外，哥伦比亚政府还与当地无政府组织合作，利用社交媒体平台、网站和手机应用程序，采用生动、有影响力的方式，通过真实的故事、个人经历和现实案例向观众传递强有力的禁毒信息。哥伦比亚社会层面的禁毒宣传教育取得了显著成果。哥伦比亚公众对毒品滥用的认知水平提高，年轻人对毒品的态度发生积极性变化。

哥伦比亚执法部门层面的禁毒宣传教育旨在加强执法行动和提升打击毒品犯罪的效能。它强调了打击毒品生产、贩卖和走私的重要性。该层面的宣传主要通过执法行动和制定法律制度来实现。这包括加强边境管控、扩大缉毒行动、制定更严格的刑法和法规、与国际执法机构合作、打击毒

品交易等。例如，国家禁毒委员会通过举办联合讲座或培训，邀请军队人员与执法部门共同参与，与哥伦比亚的警察和军队协作，共同打击毒品犯罪。这类讲座或培训以打击毒品犯罪为主题，提供相关的战略、战术和情报分析等知识。活动中，执法部门通过宣传介绍军队在打击毒品犯罪方面的关键角色，强调军队在边境管控和地区安全方面的重要作用，以及他们在提供后勤支持、情报共享和交流合作方面的贡献。该层面的宣传帮助哥伦比亚军队意识到他们在打击毒品犯罪方面的重要性，并主动加强他们与执法部门的协同行动。同时，宣传教育还可以加强公众对军队参与禁毒工作的支持和理解，促进整个社会在禁毒上的凝聚力。

哥伦比亚政府通过在社会和执法层面的积极宣传教育大力推动了禁毒工作的开展，全方位的禁毒宣传教育在很大程度上加深了哥伦比亚公众对毒品问题的认识，有效降低了毒品需求水平，并有力支持了相关执法部门打击毒品犯罪。

（二）专业禁毒培训机构

哥伦比亚专门的警察培训机构是哥伦比亚国家警察学院。该学院是哥伦比亚国内主要警察培训机构之一，致力于培养和训练哥伦比亚国家警察的新一代警官，以确保他们具备必要的知识、技能和职业道德，能够有效履行执法和维护公共安全的职责。该学院也负责对缉毒警察开展专业执法培训。

该学院提供广泛的培训课程，涵盖了警务、刑事司法、反恐、毒品打击、心理健康、社会融入等多个领域，为哥伦比亚禁毒事业培养了一支专业化和高素质的警察队伍。上述培训内容旨在帮助哥伦比亚禁毒警察在保持身心健康的同时有效地履行职责，并提供他们在高压环境下应对和处理各种情况的工具和技能。

在培训师资方面，该学院汇集从警界到法律等跨多个领域的专业师资，确保培训内容的全面性和权威性。与东亚国家禁毒警察培训重点关注知识、技能、装备使用等方面不同，哥伦比亚禁毒警察培训除了覆盖这些方面，还特别设置了若干重点关注心理健康、社会融入的"软"培训课程。譬如，关于社会融入培训，禁毒警察在执行任务和处理犯罪活动时需要与各种人群进行接触，包括罪犯、受害者、证人及其他执法机构的成员。该培训旨在帮助哥伦比亚禁毒警察发展有效的沟通和交流技巧，处理冲突和紧张局势，建立信任和合作关系。培训不仅包括非暴力沟通、冲突解决和危机干预等内容，还包括助人技巧，如建立和维护合作关系、进行有效的介入和引导，以及识别和处理危险情况。

在心理健康培训方面，哥伦比亚禁毒警察定期接受心理健康培训，以帮助他们应对经常面临的高压和危险情境。这种培训包括如何应对心理创伤、情绪管理和缓解压力等主要方面。在应对心理创伤上，培训将提供有关心理健康问题的认知和理解，为哥伦比亚警察提供必要的技能和策略来维护自己的心理健康。在情绪管理上，培训帮助哥伦比亚禁毒警察学习如何识别、管理和调节自己的情绪，以保持冷静和专业的状态。情绪管理技巧包括自我意识、情绪调节、应激管理和自我关怀等。在应对工作压力上，培训包括压力管理和身心放松的技巧并提供积极的应对策略，如帮助学员营造良好的工作生活平衡并向其提供必要的社会支持体系。

四、哥伦比亚禁毒工作面临的挑战

为了更好地提升禁毒工作效能，哥伦比亚政府推出了有关加强执法力量、开展国内和国际合作等多方面措施。然而，哥伦比亚政府的禁毒事业仍面临若干挑战。

第一大挑战是禁毒工作推进较为缓慢，毒品贩运问题仍不容乐观。《2017年哥伦比亚毒品报告》显示，在2016年，哥伦比亚在全球打击毒品犯罪的176个国家中排名第90位。此排名相对较低，表明仍有许多其他国家在打击毒品问题方面比哥伦比亚做得更好。数据显示，哥伦比亚2015年毒品贩运量增加了30%，北美增加了40%，欧洲增加了35%。这表明哥伦比亚的毒品贩运问题仍不容乐观。哥伦比亚政府仍需采取更多有力措施来减少毒品的供给。

第二大挑战在于毒品种植面积在哥伦比亚某些省份不增反减。纳里尼奥省是哥伦比亚境内受古柯影响最严重的省份。2017年该省古柯种植面积达到13 274公顷，而2015年报告的面积为9 359公顷。2017年上报的古柯数量占总数的31%，与2015年相比增长了30%。这表明在哥伦比亚少数国内地区，毒品种植问题仍然相当严重，需要更有针对性的解决方案。

第三大挑战在于域外某些国家的毒品泛滥间接冲销了哥伦比亚禁毒工作取得的成果。数据显示，北美、西欧、中欧及大洋洲，特别是澳大利亚和新西兰，是可卡因使用较为突出的地区。[①]在这些地区，毒品生产和贩运问题仍然相当严重，在一定程度上抵消了哥伦比亚禁毒工作的成效，并增加了哥伦比亚跨国打击毒品范围的难度。哥伦比亚需要与这些国家加强合作，以减少毒品在国际范围内的流通、走私和贩卖。[②]

五、有关启示

为了提高禁毒体系的绩效，哥伦比亚政府需要继续改进并加强国际合作，以共同应对全球毒品问题。同时，近年来，国外可卡因等毒品流入中国的数量越来越大，问题越来越突出。中国也希望与包括哥伦比亚在内的拉美国家联手协作，加强打击跨区域毒品犯罪。[③]综上，为进一步提升中国和哥

---

① Reporte de Drogas de Colombia［R/OL］.［2024-03-10］. https://www.minjusticia.gov.co/programas-co/ODC/Publicaciones/Publicaciones/reporte_drogas_colombia_2017.pdf.
② 高颖. 全球毒品走私犯罪活动综述［J］. 国际资料信息，2003（11）：30-37.
③ 中国希望与哥伦比亚加强合作打击跨区域毒品犯罪［EB/OL］.（2010-02-24）［2023-11-20］. http://news.sina.com.cn/c/2010-02-24/162417122605s.shtml.

伦比亚两国禁毒合作的深度、广度和效度，现提出如下有关对策和建议。

第一，进一步加强两国在禁毒合作上的技术支持与情报共享。一方面，技术支持和先进设备的应用是提高禁毒工作效率和效果的重要手段。两国可就提升军警专业能力和装备水平方面进行深入交流，以增加哥伦比亚在打击毒品犯罪任务中的工作有效性和安全性。另一方面，情报共享和合作是通过国际合作强力打击毒品犯罪的关键。

第二，进一步加强两国禁毒合作平台建设。中国和哥伦比亚可以共同建立禁毒合作平台，如联合设立禁毒研究中心或联合开展有关禁毒合作项目，推动禁毒反毒方面的理论和实践交流，共同制订针对毒品种植、贩运等核心问题的解决方案，以及有关毒品预防、治疗和康复的社会计划。

第三，应哥伦比亚需求可视情况向其提供技术及资金援助。尽管哥伦比亚拥有较为完善的禁毒体系，但其在全球打击毒品犯罪的国家中排名仍较低，这是因为哥伦比亚政府在打击毒品问题方面常常面临着资源不足的挑战。针对这一点，中国可以通过无偿援助、物质捐赠、技术合作、人力资源培训等方式向哥伦比亚提供援助，帮助哥伦比亚提升在打击毒品问题上的应对能力。如中国可以应哥伦比亚需求，视情况向其提供先进技术侦查、情报收集和分析等方面的专业培训。

第四，两国可共同推动禁毒多边合作和全球禁毒治理体系建设。打击毒品犯罪是一个关涉全球非传统安全的重大问题，需要各国共同参与和紧密合作。哥伦比亚与美国、墨西哥、澳大利亚等国及各国际组织的深度合作已为其成功打击跨国毒品犯罪打下良好基础。中国可积极与哥伦比亚共同开展禁毒多边合作和国际合作，共同推动全球禁毒治理体系的建设和完善。

结　语

在2023年10月24日的哥伦比亚总统古斯塔沃·弗朗西斯科·佩特罗·乌雷戈对中国的国事访问中，中国和哥伦比亚就加强安全领域交流与合作达成了广泛共识。双方决定加强两国军队和警察之间的经验交流，加强在人员培训、打击跨国犯罪等领域的合作。①这表明中国和哥伦比亚双方在打击毒品犯罪问题上有着共同的关切，并积极寻求合作解决问题。通过加强交流和合作，双方将能够分享经验和信息，共同制订有关对策，提高打击跨区域毒品犯罪的效果。中国和哥伦比亚之间的合作将有助于打击毒品贩运活动，减少毒品流入中国的数量，从而维护社会安全和公众健康。这种合作也有助于增进两国的友谊和互信关系，为双边关系的发展提供新的动力。

---

① 中华人民共和国和哥伦比亚共和国关于建立战略合作伙伴关系的联合声明［EB/OL］.（2023-10-26）［2023-11-20］. https://www.gov.cn/yaowen/liebiao/202310/content_6911924.htm.

浅析马克龙政府的环境气候政策

解慧慧　北京外国语大学法语语言文化学院 2022 级硕士研究生

摘　要：近年来，气候变化引起的问题严重影响到人类的生存，各国为应对气候变化积极合作，共同制定了全球气候治理的框架公约。法国在这一国际谈判及全球气候治理的过程中发挥了积极作用，一是因为法国自身的利益受到了影响，二是法国先于其他国家进行能源转型和温室气体减排，拥有成熟经验，这也是法国保持国际体系中的话语权和国际影响力的重要手段。法国总统马克龙在竞选时就以环保主义者自居，他在成功当选后，就提出了自己关于气候治理的计划及相关政策，但由于 2019 年底开始的新冠疫情全球大流行及俄乌冲突导致国际形势动荡，加上法国国内群众游行导致社会不稳定，马克龙的计划并未落实。而在他成功连任后，面对气候变化的新形势，他又提出了新的计划。

关键词：气候变化；环境气候政策；马克龙

一、研究背景

近年来，气候变化所引起的一系列后果，如冰川消融、物种危机、极端天气等，给人类的生存带来了极大的危机，积极应对气候变化是全人类共同的责任，为了应对气候变化，各个国家在国内制定了相应的环保政策，同时，通过协商谈判形成了国际性的气候治理条约。从《联合国气候变化框架公约》到《京都议定书》，各缔约方积极参与条约制定。面对气候变化的新挑战，缔约方又制定了《哥本哈根协议》和《巴黎协定》，这些条约、协定的制定过程既是各国为全球气候治理做出努力的过程，也是各国经济、政治力量博弈的过程。在全球气候治理进程中，法国在国际气候谈判和气候治理中发挥了积极作用，同时法国还帮助推动各国实施应对气候变化的措施。

法国积极参与气候治理有国际、国内两个方面的原因。法国地处大西洋和地中海之间，大陆面积居欧盟之首，海岸线狭长，极易受到气候变化的影响。这一因素促使法国密切关注气候变化问题并采取行动，这也是法国积极参与气候治理的根本原因。一方面，作为发达国家，法国在气候治理方面已有成熟经验。法国先于其他国家实现了能源转型和温室气体减排，是全球气候治理不可或缺的重要力量。另一方面，法国还将气候外交视为保持其话语权和塑造其国际影响力的重要手段。法国在应对气候变化的国际合约谈判中发挥了积极作用，有助于展示其在减少温室气体排放方面的实力和负责任大国形象。

2017年5月，前进党候选人马克龙赢得总统选举，成为法兰西第五共和国最年轻的总统。上任后，马克龙在教育、医疗和移民等一系列领域推出了各种社会经济改革计划。与此同时，马克龙一直以环保主义者自居，在竞选期间和成功当选后就气候问题提出了自己的主张。在国际层面，马克龙也试图通过气候外交提升法国在国际上的负责任大国形象，同时提高法国在气候治理中的领导地位。他在第一个任期内提出的气候政策由于国际、国内的多种因素并没有落实。2022年4月24日，马克龙成功连任总统，第二个任期开始，在经历了新冠疫情的全球大流行和俄乌冲突引起的欧洲能源危机后，面对国际国内的新形势，他提出了新的环境气候政策，包括多个中长期计划，以推动能源转型和实现碳中和。

二、马克龙政府的环境气候政策

2015年10月,第21届联合国气候变化大会在巴黎召开,并通过了《巴黎协定》。协定规定了"国家自主减排"（nationally determined contributions）的方式,即由各国自行决定减排目标,将自上而下的减排方式转变为自下而上的自愿减排承诺。①《巴黎协定》是法国气候外交史上具有里程碑意义的事件,开启了全球气候治理的新阶段。作为全球气候治理的重要参与者,法国也制定了本国的气候政策,如2017年气候计划、法国能源气候战略等。马克龙在第一个任期内主要在能源转型、农业等方面推动气候和环境问题政策的制定；从第二个任期开始至今,马克龙政府的环境气候政策仍然聚焦于能源转型方面,提出了多个中长期计划。

（一）第一个任期内

1. 能源转型

在能源转型方面,法国主要通过两条路径实现能源转型,一是努力减少化石燃料和核能的使用,二是发展可再生能源。能源转型相关政策是马克龙政府环境气候政策的重要组成部分,在他的2017年气候计划中,法国预计将在5年内关闭剩余的燃煤发电站,同时禁止页岩气勘探,不再发放任何新的油气勘探许可证。②为了促进可再生能源的发展,法国将提供发展资金并鼓励私人投资可再生能源领域。同时,法国还将简化部署可再生能源的程序,并投资用于可再生能源的储存。马克龙还提议关闭费森海姆

---

① UNFCCC. L'Accord de Paris. Qu'est-ce que l'Accord de Paris? [EB/OL]. (2023-01-05) [2024-09-28]. https://unfccc.int/fr/a-propos-des-ndcs/l-accord-de-paris.
② FREMAUX B. Quinquennat Macron：le grand décryptage [EB/OL]. [2024-09-17]. https://www.institutmontaigne.org/ressources/pdfs/publications/environnement-quinquennat-macron-le-grand-decryptage.pdf.

（Fessenheim）核电站，减少对核电的依赖，目标是到2025年核电占比减少到50%。

2017年气候计划重点关注6个关键领域，包括减少化石燃料和实现碳中和。① 为实现到2050年碳中和的目标，法国于2019年11月8日通过了《能源气候法》②，该法提出了法国气候和能源政策的宏伟目标，如减少对化石燃料的依赖、发展可再生能源等。《巴黎协定》中提到，碳中和被定义为人类活动在本国领土上产生的排放和吸收之间的平衡。为实现这一平衡，《能源气候法》中设定，到2030年化石燃料消耗量比2012年减少40%的目标，到2022年停止燃煤发电，但将核电占比减少到50%的目标推迟到了2035年。此外，为了发展可再生能源，法律规定新建商业建筑必须安装太阳能电池板，以减少建筑的能耗。

2.农业

在环境问题频发后，环境健康成为包括法国在内的许多国家关注的问题。在马克龙的领导下，环境健康成为其第一个五年任期内的优先发展事项，这在农业和其他领域都有所体现。为了让食品更健康，法国期望发展生态农业。因此，法国制定了逐步淘汰杀虫剂的时间表，同时期望法国在研究杀虫剂和内分泌干扰物的影响及其替代物等方面拥有领先地位。③ 马克龙还提议更快禁止这些对健康有影响的内分泌干扰物，并提出将研究评估食品的方法。他还在方案中指出，学校食堂等集体餐饮将至少提供50%的有机产品，让法国人吃得更好、更健康。此外，法国还将启动农业转型

---

① Conseil des ministres du 12 juillet 2017. Le plan climat［EB/OL］.（2017-07-12）［2023-01-02］. https://www.vie-publique.fr/discours/203096-conseil-des-ministres-du-12-juillet-2017-le-plan-climat.

② Loi énergie-climat［EB/OL］.（2020-01-16）［2024-09-17］. https://www.ecologie.gouv.fr/politiques-publiques/loi-energie-climat.

③ Les points-clés du programme d'Emmanuel Macron［EB/OL］.（2017-05-17）［2024-09-17］. https://www.lemonde.fr/les-decodeurs/article/2017/05/07/les-points-cles-du-programme-d-emmanuel-macron_5123781_4355770.html.

计划，投资用于对环境有积极影响的农场项目。同时，在2022年总统计划中，马克龙提议降低农民付出的成本，并且若农民做出有助于在土壤中储存二氧化碳的行为则给予奖励，以帮助实现碳中和的目标，同时加强法国国内的碳信用额度系统。①

3. 其他领域

此外，为了遵守《巴黎协定》，法国正在动员民众在生活中采取行动。在马克龙的2017年气候计划中，法国期望通过设立1000欧元的特别奖金，鼓励2001年之前生产的汽车拥有者购买更环保的汽车。②此外，为了让公民在应对气候变化的斗争中拥有发言权，由总统决定召开的公民气候大会召集了50名公民就应对气候变化的相关法案进行辩论。③

为了应对健康危机，法国政府于2020年启动了"法国重建"计划，以促进经济活动，建设2030年新的法国。④由于建筑行业的能耗占总能耗的近一半，该计划将投资67亿欧元，分别用于翻新私人住宅、公共建筑等，以及提高中小企业和超小企业拥有的第三产业建筑的能效。

（二）第二个任期至今

气候变化对人们的日常生活的影响日益不可忽视，因此制定气候变化

---

① ROUSSEL F. La transition écologique est le fil rouge de mon projet［EB/OL］.（2017-04-19）［2024-09-17］. https://www.actu-environnement.com/ae/news/emmanuel-macron-election-presidentielle-en-marche-2017-28844.php4.

② Le programme d'Emmanuel Macron pour la présidentielle 2017［EB/OL］.（2017-04-23）［2024-09-17］. https://www.leparisien.fr/elections/presidentielle/le-programme-d-emmanuel-macron-pour-la-presidentielle-2017-17-02-2017-6686394.php.

③ La Convention Citoyenne pour le Climat, c'est quoi?［EB/OL］.（2023-01-02）［2024-09-17］. https://www.conventioncitoyennepourleclimat.fr.

④ Le plan France Relance：la transition écologique comme objectif stratégique［EB/OL］.（2022-05-17）［2023-01-05］. https://www.ecologie.gouv.fr/france-relance-transition-ecologique.

适应性政策也是法国环境政策的重要组成部分。马克龙表示，在应对气候变化时，更多的是鼓励人们更快地做出改变，而不是限制他们的行动。马克龙还提出他的"法式生态"愿景，旨在应对三重挑战，包括气候多变及后果、生物多样性崩溃和资源稀缺。

马克龙在第二个任期内的气候政策仍聚焦于能源转型，重点在于可再生能源和核能，并且公布了多项中长期计划，努力将这些计划转化为行动。对于可再生能源，法国优先发展太阳能、海上风能和陆上风能。到2050年，太阳能的生产能力增加10倍，超过100吉瓦，同时建立约50个海上风力发电厂，陆上风力发电厂的年产量翻一番，并且制定风力涡轮机相关的税收优惠政策。而至于核能方面，除了安全原因，今后不再关闭处于生产状态的反应堆，同时将目前所有反应堆的使用寿命延长至50年以上，并且到2050年将建造6座EPR2反应堆，还将启动建造另外8个EPR2反应堆的研究。

2023年5月22日，法国公布了2030年温室气体减排目标，该计划要求到2030年碳排放量与1990年相比减少50%，法国之前的目标是减少40%，到2022年只减少了25%。[①]为了实现这一目标，住房和交通部门举足轻重，同时，工业基地的去碳化也至关重要。另外，这份"法国2030"计划书中还提到，到2030年，法国要成为绿色氢能和可再生能源领域的领导者；同时，法国致力于使工业去碳化，以实现在2015年至2030年将工业的温室气体排放量减少35%的承诺。另外，计划中还提出到2030年在法国生产近200万辆电动汽车和混合动力汽车，并且生产出第一架低碳飞机。为了实现工业的去碳化，水泥和钢铁生产正在从使用火炉转向电炉。[②]

---

① Le plan du gouvernement pour réduire de 50% les émissions carbone de la France d'ici à 2030［EB/OL］.（2023-05-22）［2023-12-10］. https://www.usinenouvelle.com/article/le-plan-du-gouvernement-pour-reduire-de-50-les-emissions-carbone-d-ici-a-2030.N2134242.

② La nouvelle stratégie énergétique de la France［EB/OL］.（2022-07-20）［2024-01-10］. https://www.gouvernement.fr/actualite/la-nouvelle-strategie-energetique-de-la-france.

同时，法国还陆续公布气候环境相关法案，如新的能源环境计划法，于2023年11月公布了2030年国家生物多样性战略，2023年10月公布了绿色产业相关法案等。绿色产业相关法案中提到，为了吸引对风力发电、光伏发电、电池和热泵的投资，2024年的财政计划中设置了"绿色产业投资"的税收减免项目。另外，获得国家生态和能源转型公共资助的企业，必须使用温室气体排放表来衡量企业对于环境的影响。[①]

为了促使法国人购买电动汽车，政府在公共场所放置了10万个电动汽车充电桩，预计到2030年，将会有40万个电动汽车充电点向公众开放。政府从复兴计划中拨款1亿欧元，用于提供主要道路的设备；同时，"法国2030"计划书将通过募集资金为快速充电站拨款3亿欧元。[②] 为了节约建筑能耗，法国政府设置了针对集体住宅和私人住宅翻新资助奖金，房屋主人只要在规定的期限内按要求翻新房屋，就可申请获得补助。

三、环境政策的执行现状

正如气候问题高级委员会的第一份年度报告《按照雄心采取行动》所指出，马克龙在第一个任期内提出的既定目标并没有实现，国家应对气候变化的行动不够充分。[③] 尽管政府提出了雄心勃勃的政策，但环境政策的执行情况不尽如人意。

---

① Loi du 23 octobre 2023 relative à l'industrie verte［EB/OL］.（2023-10-24）［2024-01-11］. https://www.vie-publique.fr/loi/289323-loi-industrie-verte-du-23-octobre-2023.

② 100 000 bornes de recharge électrique ouvertes au public［EB/OL］.（2023-05-09）［2024-02-11］. https://www.gouvernement.fr/actualite/100-000-bornes-de-recharge-electrique-ouvertes-au-public.

③ Premier rapport annuel du Haut conseil pour le climat-Agir en cohérence avec les ambitions［EB/OL］.（2019-06-25）［2024-09-17］. https://www.vie-publique.fr/rapport/38343-premier-rapport-annuel-du-haut-conseil-pour-le-climat

1. 关闭燃煤发电站

从马克龙的第一个五年任期开始，他就承诺关闭燃煤发电站，并于2020年决定在2022年之前关闭4座燃煤发电站。①2022年3月，只有科德梅斯的燃煤发电厂仍在运营。不过，尼古拉·胡洛已确认，鉴于乌克兰局势和能源市场的紧张局势，圣阿沃尔德燃煤发电厂将会重新启动。②费森海姆的两个反应堆分别于2020年2月和6月关闭。不再依赖核能的进程已从2025年推迟到2035年。

2. 碳氢化合物的开采

马克龙总统曾承诺禁止开采碳氢化合物，2017年颁布的《胡洛特法》规定禁止在全国范围内发放新的碳氢化合物勘探许可证。但这一法案受到了众多环保组织的批评。尽管政府不再发放新的许可证，但政府允许已有的许可证延期，如政府允许巴黎协和能源公司在塞纳-马恩省勘探页岩油的许可证延期至2021年。③

四、分析

从第一个五年任期伊始，马克龙就以环保主义者和《巴黎协定》的

---

① La fermeture des centrales à charbon aura lieu d'ici 2022 [EB/OL].（2020-01-16）[2024-09-17]. https://archive-2017-2022.ecologie.gouv.fr/actualites/fermeture-des-centrales-charbon-aura-lieu-dici-2022.

② Réouverture d'une centrale à charbon en France：un mal nécessaire? [EB/OL].（2022-06-28）[2023-01-16]. https://www.ladepeche.fr/2022/06/27/reouverture-dune-centrale-a-charbon-en-france-un-mal-necessaire-10400209.php.

③ BAÏETTO T. "La loi Hulot ne sert pas à grand-chose"：depuis un an, la France a autorisé la poursuite de 18 projets d'hydrocarbures [EB/OL].（2018-12-03）[2023-01-03]. https://www.francetvinfo.fr/monde/environnement/cop24/la-loi-hulot-ne-sert-pas-a-grand-chose-depuis-un-an-la-france-a-autorise-la-poursuite-de-18-projets-d-hydrocarbures_3075651.html.

担保人自居。面对美国退出《巴黎协定》,他倡导"让我们的地球再次伟大",并积极参与气候变化的国际治理。然而,马克龙总统似乎并没有完全兑现他的环保承诺,这与国际国内的动荡形势息息相关,新冠疫情和乌克兰危机对气候政策的实施有着重要影响。

1. 全球新冠疫情

2019年底的新冠疫情关系着我们每一个人,而且对于整个世界产生深远的社会和经济后果。这场危机影响着地球上的每一个国家,全球经济陷入停滞。这一全球性流行病对法国经济也造成了影响,尤其是在禁闭期间,所有行业,包括旅游业、酒店业、餐饮业和工业在内,大多处于停滞状态。例如2020年居家隔离政策使法国第一季度国民生产总值下降约5.8%,是自1949年以来的最大降幅,超过2008年金融危机带来的冲击。[1]政府需要投资并采用具体的战略来恢复这些行业的发展。同时,不同国家的复苏速度不同,这影响着各个国家在全球经济中的地位,而这一因素也将影响法国行动的优先顺序。法国期望迅速复苏经济,必然要在本国经济领域花费大量人力、物力,这也意味着可能无法兼顾环境气候政策的实施。

此外,2022年2月俄乌冲突的爆发对全球造成了广泛的影响,尤其是冲突爆发后针对俄罗斯的制裁措施,导致欧洲出现能源危机。2020年欧盟从俄罗斯进口的天然气(包括液化天然气)、煤炭(硬煤)和原油的份额分别占欧盟国家总能源进口的46.1%、52.7%和25.7%。[2]俄乌冲突对于全球秩序尤其是欧洲能源产生了重大影响,俄罗斯天然气进口的封锁减少了对欧盟的能源供应,对于法国来说,面对冬季不断增长的用电需求及能源

---

[1] INSEE. Comptes nationaux trimestriels-première estimation (PIB) - premier trimestre 2020 [EB/OL]. (2020-04-30) [2023-12-14]. https://www.insee.fr/fr/statistiques/4485632.

[2] EUROSTAT. EU energy mix and import dependency [EB/OL]. [2024-09-17]. https://ec.europa.eu/eurostat/statistics-explained/SEPDF/cache/104551.pdf.

使用需求，原定计划关闭的燃煤发电站无法关闭，不可否认，这场危机阻碍了燃煤发电站的关闭和能源转型的进程。

2.困难的国内形势

除了艰难的国际形势，法国的国内形势也十分复杂。2018年，法国公布计划从2019年起提高燃油税，以落实《巴黎协定》，并减少对化石燃料的依赖。然而，由于国际市场油价的变化，法国的柴油和汽油价格同时上涨。这一政策引发了法国民众的抗议，随着黄马甲运动的发展，这一游行逐渐演变为暴力对抗，游行的目的也从取消燃油税转变为表达对政府的各种不满。尽管法国政府已经宣布取消燃油税上调，但黄马甲运动并没有减弱，反而愈演愈烈，严重影响了社会的正常运作，政府的环境气候政策也难以推行。此外，马克龙推出的关于养老金制度的一系列改革方案也引发了广泛不满。法国铁路、公共交通和其他服务部门的员工及教师举行罢工和示威游行，导致一些城市的公共交通瘫痪，铁路运输无法正常运行。

这些游行影响了正常的社会秩序，并在一定程度上影响了经济发展。面对法国经济增长乏力，政府在推动实施环保政策和能源转型的同时，必须兼顾经济效益。面对复杂的国际国内形势，马克龙正在寻求环境保护与经济效益之间的平衡，尽管他已经尽了最大努力，但他做出的承诺尚未兑现。

结　语

综上，在国内，马克龙正在经济增长和环境保护之间寻求更好的平衡，他推动绿色能源转型、减少对化石燃料的依赖、减少核能依赖的战略面临着艰巨的挑战。在国际上，随着巴黎气候大会的成功召开，法国将继续通过推动遵守《巴黎协定》来展示其强大的实力。连任后的马克龙在接受《法兰西西部报》采访时明确表示，他打算将生态作为首要目标，不仅要在法国层面进行改革，还要在欧洲层面进行改革。[①]马克龙在自己的第二个五年任期伊始也提出了针对可再生能源及核能的多项中长期计划，并且大力推动计划的实施，但我们仍需要时间来考察计划实施的最终效果，一直以环保主义者自居的马克龙是否能完成他对法国人民的承诺还需要时间来给出答案。

---

① La planification écologique, une priorité d'Emmanuel Macron...mais qu'est-ce que c'est？［EB/OL］.（2022-04-27）［2023-01-07］. https://www.ouest-france.fr/environnement/ecologie/la-planification-ecologique-une-priorite-d-emmanuel-macron-mais-qu-est-ce-que-c-est-03b73250-c48d-11ec-9bac-e092504fc1fc.

教育研究

日内瓦职业教育的特点及启示

鲍叶宁　北京第二外国语学院欧洲学院教师

摘　要：瑞士的职业教育是其教育体系中最具特色、最为发达，也是最值得考察和借鉴的内容。日内瓦作为瑞士使用法语的四个州之一，其在教育体系，特别是在职业教育上有着自己的特色。本文以日内瓦职业教育为研究对象，根据日内瓦州官方网站和教育问题研究所公布的最新统计数据总结日内瓦职业教育的特点，以日内瓦州职业教育个案的研究补充瑞士职业教育整体经验带来的启示。

关键词：日内瓦职业教育；双元制；可转性

瑞士的职业教育是其教育体系中最具特色、最为发达，也是最值得考察和借鉴的内容。在职业教育上，瑞士政府一直在打破常规，不断完善。2018年，瑞士政府发布了《2030职业教育发展使命宣言》，目的在于进一步提升职业教育的吸引力。"瑞士职业教育体系的特点主要体现为：以双元制为主要特征；由企业、学校和职教中心三方共同举办；高等职业教育发达；各级职业教育合理衔接、相互协调。"[①]

这一总结可以被视为瑞士整体的职业教育特点。但是，瑞士作为联邦

---

① 吴全全.瑞士职业教育基本情况及发展现状［J］.中国职业技术教育，2011（36）：77-81.

制国家，它的教育主要由各州各负其责。2009 年，瑞士 26 个州在"州际教育协调合作"框架下将各州的学校体系进行了全国统一。尽管如此，各州之间在教育体系上仍然存在着差别。日内瓦作为瑞士使用法语的四个州之一，它的教育体系也有着自己的特点。与瑞士联邦整体相比较，日内瓦的居民学历情况表现出高等教育完成度高的优势。根据 2019 年的统计，50% 的日内瓦居民接受了高等教育，而瑞士整体的高等教育完成率为40%；日内瓦州的居民高中文凭持有率为 79%，低于瑞士整体的 85%，在日内瓦，仍有 21% 的居民只接受了义务教育。[1]值得注意的是，瑞士作为一个有大量移民的国家，迁入人口的情况也应予以考虑。事实上，出生在日内瓦的居民高中文凭持有率可以达到 91%。在职业教育问题上，日内瓦也有着和瑞士其他州不同的表现。

一、日内瓦教育体系概述

在日内瓦，小学是义务教育的第一部分，涉及 4 岁至 12 岁的学生。小学分为两个阶段，初级阶段（一年级至四年级）和中级阶段（五年级至八年级）。小学结束后，学生进入初中，初中又被称为中等教育第一阶段或导向阶段，学制三年（九年级至十一年级）。初中结束后，学生进入高中，即中等教育第二阶段。

日内瓦的初中之所以又被称作导向阶段，是为了学生在读高中前进行学业或职业规划做好准备。根据瑞士各州教育局局长联席会议[2]制定的"确保95%的25岁青年拥有高中文凭"的教育目标，义务教育并非终点，国家需要

---

[1] Voir H4. Niveau de formation de la population résidente［EB/OL］.［2024-04-25］. https://www.ge.ch/dossier/analyser-education/produire-donnees-chiffrees-piloter-prevoir/reperes-indicateurs-statistiques,siteconsultéle7août2023.

[2] 瑞士各州教育局局长联席会议由 26 位成员组成，各州均有代表，成员在国家范围内负责协调教育和文化发展，致力于促进瑞士教育体系的质量、公平、可转性和流动性。

确保学生在初中毕业后继续进行高中学习。从这个意义上来看，作为导向阶段的初中在指导学生选择通识教育还是职业教育的问题上扮演着重要的角色。

日内瓦高中教育的三大分支中有两个属于通识教育。学生可以任选其一，进入会考高中，四年后获得会考高中文凭或进入通识文化学校，三年后获得通识文化学校证书，一年后再取得专业高中文凭。在日内瓦，专业高中文凭覆盖艺术和设计、传媒、音乐、教育、卫生等领域。学生获得专业高中文凭不仅需要有理论知识，还要有实习和工作坊实践活动。通识文化学校是高中教育体系中非常有特色的部分，它虽然属于通识教育，却又有着明显的职业属性，强调实践，介于会考高中和职业高中之间。

与通识文化学校不同，会考高中是学术型学校，实行全日制学习，学制四年。它的教学对象是对学习有兴趣且在义务教育阶段成绩优异的学生。会考高中的教学内容包括四个主要领域——语言、数学和理科、文科、艺术。学生在结业后获得会考高中文凭，意味着可以升入大学继续学习。

三大分支的最后一个是职业教育。职业教育是瑞士教育中最有特色的一部分。职业教育针对的是在完成初中学业后希望接受学徒培训的学生，职业教育使他们能获得从事一门职业所需的知识和技能，保证其在学习结束后可以即刻工作。日内瓦有两种形式的职业教育——校企双元制和学校全日制。中等职业教育覆盖七个领域：应用艺术、商业、建筑、环境、医疗、酒店和餐饮服务业、应用技术。理论上，学生在两年的学习后可以获得职业教育证明，职业教育证明是瑞士的职业教育文凭中价值最低的一个，是高中毕业的最低门槛。这个文凭的持有者大部分来自工人或移民等非富裕家庭，学习能力差，成绩不理想，相当一部分学生在小学或初中留过级或中断过学业，还有一部分学生是从特殊教育转学过来的。在日内瓦，该文凭的持有者人数比例（8%）小于瑞士的平均水平（10%）[1]，这也

---

[1] Voir D5. Transitions à l'intérieur de l'enseignement secondaire Ⅱ［EB/OL］.［2024-05-12］. https://www.ge.ch/dossier/analyser-education/produire-donnees-chiffrees-piloter-prevoir/reperes-indicateurs-statistiques,siteconsultéle7août2023.

在一定程度上显示出日内瓦在整个瑞士联邦职业教育上的优越性。学生在获得职业教育证明后再经过1至2年的学习，可以获得职业能力资格证书，之后还可以继续学习，继而获得职业高中文凭。

初中学习结束后，仍有少数学生因为学习困难而无法直接升学，他们需要进入职业资格预科班，在经过一个阶段的过渡后转入其他教育分支，其中最主要的是职业教育。

获得高中文凭，意味着学生可以进入劳动市场。如果拥有会考高中文凭、专业高中文凭或职业高中文凭，学生也可以选择继续升学。日内瓦的高等教育主要由大学、高等专科学校和高等职业学校组成。教育问题研究所2021年调查显示，93%的会考高中文凭获得者和89%的专业高中文凭获得者选择继续完成高等教育。[①]相比较于这两者，职业高中文凭获得者中虽然为数不少的学生选择就业，但是仍有60%的学生选择升学，他们中大多数进入高等专科学校。

二、日内瓦职业教育体系的特点

（一）初中阶段的职业导向

职业导向是一个漫长摸索且需要循序渐进的过程，因此从义务教育时期开始准备是必要的。日内瓦州在2007年颁布了《教育和职业信息与指导法案》，为促进机会平等和提高年轻人及成年人就业能力提供助力。在初中阶段的三年，日内瓦教育和职业信息与指导机构采取具体课程的形式，开展有意义的学生活动。开设的课程是按照法语区学习规划[②]设计的。这

---

① Voir H3. Poursuite de la formation après une certification secondaire Ⅱ［EB/OL］.［2024-04-25］. https://www.ge.ch/dossier/analyser-education/produire-donnees-chiffrees-piloter-prevoir/reperes-indicateurs-statistiques,siteconsultéle7août2023.

② 从2011学年开始实施的法语区学习规划（PER）是瑞士四个法语州教师、学校和家长在义务教育期间的统一参考工具。

些课程帮助学生从九年级到十一年级根据课程所提供的信息,逐渐探索职业生活,以建立他们自己对未来职业的规划。

表1显示,随着年级的升高,法语区学习规划对教育和职业信息与指导的教学要求越来越高,教学内容包括认知、心理和实践三个方面,学校不仅引导学生在具体实践中理解有关劳动和职业的抽象概念,还从心理上鼓励学生辨别和摆脱职业选择中存在的偏见和刻板印象,更好地认识自己的兴趣、性格和优势,帮助学生建构身份。而在这个漫长的过程中,学校和家长紧密合作,共同致力于学生对职业和劳动市场的最初理解。

表1 法语区学习规划对初中阶段教育和职业信息与指导机构制定的要求和课程安排

	九年级	十年级	十一年级
根据法语区学习规划的教学要求	1.学生应理解工作和职业道路的概念。 2.学生应认识各种职业。 3.学生能够批判性地分析职业选择中的偏见和刻板印象。	1.学生应了解高中的主要分类及入学条件。 2.学生通过参观职业培训中心了解有关职业的信息,认识工作和企业中的一些现实问题。 3.学生能够自我评估、制订个人教育或职业计划。 4.学生能够摆脱刻板印象,在学习或工作上做出自己的选择。	1.在初中结束时,学生能够了解不同教育选择的信息及高等教育的主要分类,并了解它们的要求。 2.学生通过2至5天的实习,了解符合其兴趣和技能的工作。 3.学生能根据自己的技能、兴趣、素质和职业要求确定自己首选的职业方向和备选职业方向。 4.学生学习如何制作申请材料,准备工作面试。 5.学生能根据自己的兴趣和技能选择职业方向,摆脱刻板印象。

续表

	九年级	十年级	十一年级
日内瓦教育和职业信息与指导机构以课程形式开展的活动	学校开展"各种各样的未来——九年级行业日"活动，这是学生走进职业生活的第一步，每个学生都要陪父母或亲戚工作一天。 （负责主体：学生和家长）	以班级为单位，组织学生参观职业培训中心，这项活动给初中生与行业学徒提供了见面和交流的机会，使他们了解学徒的工作和生活。另外，每三年一次的职业展也是一种补充。 （负责主体：学校和职业培训中心）	学生到一家公司或机构进行2到5天的实习，亲身体验现实的工作环境。 （负责主体：学生和家长）

（二）高中阶段不同教育分支之间的可转性和学生再次定向

瑞士在中等教育第一阶段和第二阶段结束后各有一次通识/职业教育分流，但是学生并非在进行第一志愿选择时就对职业教育有明显倾向，相反，在义务教育刚刚结束时，学生更愿意选择会考高中，而不是职业教育。表2[①]显示2011年至2020年10年间日内瓦学生在初中毕业后的教育选择，从表中可以看出这十年学生的教育选择趋势基本没有太大变化。以2020年为例，46%的学生进入会考高中，14%的学生进入通识文化学校，15%的学生选择全日制职业教育，只有4%的学生选择校企结合的双元制职业教育，16%的学生不能直接升学，需进入职业资格预科班，5%的其他情况包括就读于私立高中、初中留级及辍学等。

---

① Voir D4. Transitions vers l'enseignement secondaire Ⅱ［EB/OL］.［2024-04-25］. https://www.ge.ch/dossier/analyser-education/produire-donnees-chiffrees-piloter-prevoir/reperes-indicateurs-statistiques,siteconsultéle7août2023.

表2 日内瓦2011年至2020年义务制教育后的升学情况

年份（年）	通识教育 会考高中	通识教育 通识文化学校	职业教育 全日制职业教育	职业教育 双元制职业教育	职业资格预科班	其他
2020	46%	14%	15%	4%	16%	5%
2019	46%	15%	15%	4%	14%	6%
2018	44%	14%	15%	4%	17%	6%
2017	44%	13%	16%	3%	16%	7%
2016	44%	11%	18%	4%	15%	8%
2015	44%	11%	18%	3%	15%	9%
2014	47%	13%	15%	4%	14%	8%
2013	47%	12%	15%	4%	14%	9%
2012	46%	11%	15%	5%	14%	10%
2011	46%	10%	15%	5%	15%	10%

据统计，性别和家庭背景是影响升学的两个重要因素。女生进入会考高中的概率高于男生（概率分别为55%和43%），男生相比于女生更倾向于选择职业教育（26%的男生和13%的女生选择职业教育）。来自富裕家庭的学生更倾向于就读会考高中（74%），而家庭相对贫困的学生中只有30%进入会考高中，相对贫困家庭的子女更加需要进入职业资格预科班学习。①

表2显示，从2011年开始，包括辍学因素在内的其他情况正在逐年减少，至2020年，减少至一半。这个结果证明了日内瓦在应对早辍学现象的

---

① Voir D4. Transitions vers l'enseignement secondaire II［EB/OL］.［2024-04-25］. https://www.ge.ch/dossier/analyser-education/produire-donnees-chiffrees-piloter-prevoir/reperes-indicateurs-statistiques,siteconsultéle7août2023.

持续努力。2018年，为了提高青少年的文凭获得率，禁止在成年之前离开学校，日内瓦还决定将义务教育期限延长至18岁。这项名为"FO18"的改革在瑞士是独一无二的。

值得注意的是，学术学习与职业学习之间的可互换性表现了瑞士教育体系的灵活性，为其职业教育的发展提供了动力。尽管瑞士联邦委员会的意图是大力发展职业教育，并且在初中教育中已经开始对学生进行系统引导，然而学生和家长的选择和国家需求之间并不是没有矛盾的。初中结束时，影响学生志愿选择的主要是学习成绩，除此之外还有学生的个人喜好及学生和家长对未来的规划等因素。在进入中等教育的第二阶段后，学生却不一定能够将最初志愿坚持到最后，直至获得相应的文凭。因此，在中等教育的第二阶段，学生可以根据自身的具体情况进行调整，重新选择教育道路。表3展示了2020年中等教育第二阶段毕业文凭的获取情况，我们可以从中观察到高中结束时学生实际完成的教育和他们第一志愿选择之间存在的差异。

表3　2020年日内瓦高中毕业生获得毕业证书情况表[①]

	通识教育证书			职业教育证书		
	会考高中文凭	通识文化学校证书	专业高中文凭	职业教育证明	全日制职业能力资格证书	双元制职业能力资格证书
获得证书人数（人）	1580	842	384	236	1213	1344
占比（%）	28%	15%	7%	4%	22%	24%

---

① Voir D5. Transitions à l'intérieur de l'enseignement secondaire Ⅱ［EB/OL］.［2024-05-12］. https://www.ge.ch/dossier/analyser-education/produire-donnees-chiffrees-piloter-prevoir/reperes-indicateurs-statistiques,siteconsultéle7août2023.

通过表3，我们发现在中等教育第二阶段中，最终取得职业教育证书的学生数量与取得通识教育证书的学生数量持平；通过全日制和双元制获得职业能力资格证书的比例也基本持平。高中毕业证书的获得情况与学生在进入高中时选择的第一志愿有着明显差距，这一点特别表现在双元制职业教育上。入学时，只有4%的初中毕业生选择双元制职业教育，但是在中等教育第二阶段过程中不断有学生会聚到这个方向。据统计，最主要的两个群体是最初选择了通识文化学校的学生（33%）和经过职业资格预科班学习的学生（23%），其次是从全日制职业教育流向双元制职业教育的学生（18%），最后是从会考高中转向双元制职业教育的学生（12%）。[①]另一个有趣的现象是26%的双元制职业能力资格证书获得者在此之前还获得过中等教育第二阶段的其他文凭，如通识文化学校证书，这就意味着双元制职业能力资格证书获得者的平均年龄要大一些。

在通识教育方面，虽然有近半数的初中毕业生选择进入会考高中就读，但是据统计，在四年后顺利获得会考高中文凭的只有79%；一些学生在进入高中的前两年重新选择了学习方向，转去通识文化学校或转向职业教育；在获得通识文化学校证书的学生中，46%的学生是第一志愿就读于会考高中的学生，即在不延长学习年限的前提下从会考高中转学至通识文化学校的学生，这类学生的数量基本接近从一开始就选择就读于通识文化学校学生的数量。[②]通识文化学校之所以受到青睐，很重要的一个原因是2005年开始增设专业高中文凭，从2010年至2020年，取得专业高中文凭的学生数量增长了一倍。而在职业教育方面，虽然一开始选择职业教育的

---

① Voir D5. Transitions à l'intérieur de l'enseignement secondaire Ⅱ［EB/OL］.［2024-05-12］. https://www.ge.ch/dossier/analyser-education/produire-donnees-chiffrees-piloter-prevoir/reperes-indicateurs-statistiques,siteconsultéle7août2023.

② Voir D5. Transitions à l'intérieur de l'enseignement secondaire Ⅱ［EB/OL］.［2024-05-12］. https://www.ge.ch/dossier/analyser-education/produire-donnees-chiffrees-piloter-prevoir/reperes-indicateurs-statistiques,siteconsultéle7août2023.

学生并不多，占比20%左右，但是在中等教育的第二阶段中，一些最初选择了通识文化学校的学生流向职业教育，特别是流向双元制职业教育；另一部分选择了职业教育的学生是经过职业资格预科班学习的学生，其中50%获得了职业教育证明，另外29%经过额外的1年至2年学习取得职业能力资格证书，其中大多数人选择了双元制职业教育。在日内瓦，选择双元制职业教育的学生多为学习有困难的学生。

  瑞士教育体系中不同教育分支之间的可转性还表现在高中结束后向高等教育的过渡衔接阶段。职业教育远远不是结束于学生高中毕业，相反，瑞士政府鼓励学生继续完成高等教育。具体来说，获得专业高中文凭的学生可以进入瑞士的高等专科学校继续深造；取得瑞士联邦职业能力资格证书的学生可以在就读期间或之后再获得职业高中文凭，取得职业高中证书的目的是增长通识教育和专业知识，为学生进入高等教育打下基础。即使不选择继续深造，学生一旦获得职业高中文凭，就意味着就业有了更好的保障。诚然，本科注册情况与高中文凭获取情况直接相关，在通常情况下，取得会考高中文凭的学生升入大学就读，而取得职业高中文凭或专业高中文凭的学生升入高等专科学校就读。在日内瓦，获得会考高中文凭的学生数量是获得职业/专业高中文凭学生数量的两倍。会考高中文凭的高获得率是日内瓦教育的一个特点。据统计，在2018年至2020年间，日内瓦会考高中文凭的获得率为34%，而瑞士联邦的平均值只有22%。[①]尽管高中文凭的类型和高等教育之间有着一定的对应关系，但这种关系并非不可打破，衔接课在高等教育学术、职业类型转换上发挥了重要作用。从会考高中毕业的学生也可以在参加实习并通过考核后，进入高等专科学校或高等职业学校学习；同样，从职业高中毕业的学生也可以经过衔接课的通识文化学习升入大学。

---

  ① Voir D10. Espérance de scolarisation［EB/OL］.［2024-05-13］. https://www.ge.ch/dossier/analyser-education/produire-donnees-chiffrees-piloter-prevoir/reperes-indicateurs-statistiques,siteconsultéle7août2023.

（三）早辍学现象的应对措施和学习困难学生的延长培训

从国家角度来看，居民的知识水平和从业能力为经济发展和社会进步提供助力，从个人角度来看，接受教育是防止失业、保障生活的有效方式。高中文凭作为最基本的文凭，对所有个体的生活保障和职业发展来说是必不可少的。瑞士有"确保95%的25岁青年拥有高中文凭"的教育目标，如何让25岁以内的青年都完成高中教育成为一个现实问题。2018年，日内瓦推行的FO18改革通过将义务教育延长至18岁来防止早辍学，提高年轻人的职业资格率。日内瓦之所以推行FO18改革，因为每年都有1300名左右的青少年（其中包括500多名未成年人）辍学，在2018年秋季返校之际，日内瓦教育部门在对学生注册数据进行监控后，通过约谈学生和家长的方式成功阻止了700多名学生中止学业，将他们安置在职业培训中心实习或职业资格预科班学习。然而，这项举措并非一劳永逸，如何帮助学生摆脱厌学情绪、克服学习困难，如何缓解教师的培训压力都是挑战。于是，从2019年秋季学期开始，教育部门加强与行业组织、企业等外部伙伴之间的合作，尝试采用更为新颖的实习方式。

在初中毕业后，升学有困难的学生首先进入职业资格预科班，他们中的大多数人之后会转向职业教育，获得职业教育证明。事实上，原则上两年即可获得的职业教育证明对这些学生来说并非易事。据统计，2021年按时取得文凭的学生只有10%，延长1年的占18%，延长2年至5年的占61%。[1]在很多成绩不理想的学生眼中，进入这种学校意味着学业失败，义务教育的过程时常伴有留级的情况。获得职业教育证明对特殊教育接受者来说，更加困难。充满坎坷的求学之路使职业教育证明的获取者有时要

---

[1] Source：SRED/nBDS, Voir D7. Durée de la formation Jusqu'à l'obtention d'un diplôme secondaire Ⅱ［EB/OL］.［2024-05-13］. https://www.ge.ch/dossier/analyser-education/produire-donnees-chiffrees-piloter-prevoir/reperes-indicateurs-statistiques,siteconsultéle7août2023.

花费很多年才能完成学业，而且他们找到求学方向的时间，通常也要比其他学生更久。

表4所展示的2020年日内瓦中等教育第二阶段学生入学平均年龄情况表明，没有学业困难的学生在初中毕业后直接进入会考高中、通识文化学校或全日制职业学校就读，而就读职业教育认证学校的学生入学年龄高达20岁，甚至比就读双元制职业能力资格认证学校的学生还要年长，而后者还包括为数不少开始攻读第二个高中文凭的学生。之所以在初中毕业后平均还需要5年的时间才找到职业方向，学生除了学习困难，还有在其他高中教育分支之间进行的漫长尝试。说到底，二年制的职业教育证明作为职业能力资格证书的准备文凭，满足了学习有困难的学生的需求，是高中教育体系中的"兜底"文凭。

表4　2020年日内瓦中等教育第二阶段学生入学平均年龄情况[1]

教育类型	入学人数	学生平均年龄
会考高中	2427	15.3
通识文化学校	900	15.9
职业教育证明认证（AFP）学校	252	20.5
全日制职业能力资格认证（CFC）学校	1149	16.3
双元制职业能力资格认证（CFC）学校	1635	20.3

在职业教育方面，取得职业能力资格证书或者职业教育证明并不意味着高中阶段结束，瑞士联邦鼓励学生在中等职业学校毕业后继续攻读高等职业学校，以应对全球化背景下经济发展的需要。获得职业能力资格证书的学生会考虑进一步取得职业高中文凭，而获得职业教育证明的学生则会

---

[1] Voir D5. Transitions à l'intérieur de l'enseignement secondaire Ⅱ ［EB/OL］.［2024-05-12］. https://www.ge.ch/dossier/analyser-education/produire-donnees-chiffrees-piloter-prevoir/reperes-indicateurs-statistiques,siteconsultéle7août2023.

考虑进一步取得职业能力资格证书。据统计，2019年，日内瓦42%的职业教育证明的获得者选择继续学业，希望进一步获得职业能力资格证书；44%的全日制职业能力资格证书获得者选择继续学业；双元制职业能力资格证书获得者选择继续学业的人数较少，只有14%。[1]

三、日内瓦职业教育启示

长期以来，瑞士先进的职业教育体系及其不断的创新及自我完善吸引着我国教育研究者的注意。这对我国职业教育发展无疑具有启发，主要表现在：①产学结合，职业教育紧贴行业的实际需要，培养经济社会发展所需的人才[2]；②在人才培养模式上，推行校企双元制，促进校企之间的良性互动[3]；③认识现代学徒制的培养优势，完善学徒的监督机制，保证学徒的培训质量，提高学徒的待遇和地位，全面提升现代学徒制的吸引力[4]；④引导全社会深刻认识职业教育的重要性，明确各级教育人才培养标准，建立以资格标准为基础的衔接体系，明确各方权利和责任[5]。

上述内容是我国教育研究学者从瑞士职业教育的普遍特点中获得的经验，通过对日内瓦州个案的研究，我们对这些经验进行以下补充。

首先，确保教育体系灵活性的前提是教育资源的充足。充足的教育

---

[1] Source：SRED/Enquête EOS-Volée des diplômés 2019，Voir H3. Poursuite de la formation après une certification secondaire Ⅱ［EB/OL］．［2024-05-13］．https://www.ge.ch/dossier/analyser-education/produire-donnees-chiffrees-piloter-prevoir/reperes-indicateurs-statistiques,siteconsultéle7août2023.

[2] 邓志良．借鉴瑞士高职教育经验提升院校社会服务能力［J］．中国高等教育，2010（6）：43-44.

[3] 王瑛．瑞士高等职业教育的成功经验及其对我国的启示［J］．黑龙江高教研究，2007（5）：93-95.

[4] 徐峰，石伟平．瑞士现代学徒制的运行机制、发展趋势及经验启示［J］．职教论坛，2019（3）：164-170.

[5] 赵志群，周瑛仪．瑞士经验：现代职业教育体系建设［J］．华中师范大学学报（人文社会科学版），2015，54（3）：154-160.

资源使学生在接受教育过程中感受到自主性，换句话说，由学生选择教育道路，而不是相关教育机构根据学生的学习成绩进行选择。在初中学习结束时，学生第一次面对教育分流，在通识教育和职业之间做出选择。影响选择结果的首要因素是学术表现，成绩优异的学生倾向于升入会考高中。日内瓦的初中毕业生第一志愿选择攻读会考高中文凭的比例很大，将近50%，无论他们是否能够坚持到获得会考高中文凭，州政府都需要给这些学生提供足够的教育资源，确保教育体系不同分支之间可转性有畅通的衔接。在进入会考高中后，一部分学生在遭遇了学业困难后，转学去通识文化学校或职业学校。通识文化学校虽然属于通识教育体系，但它的学术难度低于会考高中，同时具有职业导向，要求学生参加职业实践，介于会考高中和职业学校之间，无论在高中阶段，还是在高中结束后，都起到良好的衔接和过渡作用。初中毕业时的第一志愿并非不可改变，教育过程也并非不可逆向。学生有较多的自主性，影响他们选择结果的是学术难度，而不是不平衡甚至匮乏的教育资源。

其次，确保双元制职业教育成功的是劳动市场需要。产学结合的双元制教育一直以来被视为瑞士职业教育的"王牌"。通过本研究，我们发现在初中毕业时，选择双元制职业教育的日内瓦中学生只有4%，低于全日制职业学校和通识文化学校，更远低于会考高中。但是高中毕业时的文凭统计结果显示，双元制职业高中文凭获得者占24%，而职业教育文凭获得者全部在一起占半数，实现了高中阶段通识教育和职业教育真正意义上的"五五分流"。需要注意的是，这一分流并不是学生在进入高中时一锤定音的结果，而是学生经过长时间自由探索，在离开高中时达到的比例。双元制职业高中学生入学的平均年龄为20.3岁，而全日制职业高中学生入学的平均年龄只有16.3岁，接受双元制职业教育的学生很多已经获得了其他高中文凭，他们之所以在完成了高中教育后再次选择双元制职业学校，是劳动市场的供求关系决定的。学生具有高中文凭意味着可以通向高等教育，但是仍有很多学生愿意停留在高中阶段，完成更贴近市场需要的职业教育，活跃的经济和劳动市场在这一选择中起到了最重要的作用。

最后，重视初中阶段的职业教育启蒙，以人本主义视角为学生接受职业教育提供心理准备。在瑞士的义务教育中，对学生动手能力和智力的双重培养、实践和学术之间的平衡一直以来被人称道。尽管动手能力和实用性原则没有被忽视，义务教育中的学术表现仍是学生获得成就感的最主要因素。职业的等级区分即使在瑞士这样经济发达、贫富差异并不大的国家依然存在，如何在初中阶段让青少年学会与自我和解，找到符合自己兴趣、个性和特长的职业，从自身切实需要出发规划未来，鼓励多元发展，构成了中等教育第一阶段的挑战。法语区学习规划对初中阶段教育和职业信息与指导制定的要求和课程安排不仅包括认知和实践方面，还有心理方面，学校和教师需要不断引导学生摆脱有关职业的偏见和刻板印象。注重培养青少年的辩证思想，逐渐改变社会意识，这一经验也颇具启发性，我国可以尝试在初中阶段增加有关消除职业偏见的思政教育。

拉美地区土著民族双语教育的发展问题研究 *

丁波文　北京第二外国语学院欧洲学院教师
张梦瑶　北京第二外国语学院欧洲学院 2023 级硕士研究生

摘　要：哥伦布发现新大陆后，欧洲殖民者占领了广袤的拉美大陆，使得拉美地区成为不同民族的大熔炉。拉美双语教育经历了过渡型和维持发展型等不同发展阶段，政治、经济、文化等方面的多重困境共同制约着双语教育水平的提升。要冲破历史桎梏和现实枷锁，各国政府要从实际国情出发，通过顶层设计完善政策体系，加强对双语教育的投入、监管和评估，深刻认识双语教育背后蕴藏的保证多民族平等共处、传承国家多元文化的要义。

关键词：拉美；土著民族；双语教育；发展；策略

在哥伦布抵达美洲前，在拉丁美洲的土地上就已经有着不同的民族和绚烂的文明。随着西班牙、葡萄牙等国殖民统治的开始，拉美地区社会阶层开始逐步分化。进入 19 世纪后，拉美各国先后取得独立，土生白人获取政权，而土著民族仍然是被剥削、掠夺和歧视的对象，地位低下的局面一直延续至今。

---

* 本文系 2022 年度北京市属高校教师队伍建设支持计划优秀青年人才项目（项目编号：BPHR200203143）的阶段性研究成果。

一、拉美土著民族及其母语使用概况

拉美各国土著居民的总量和占比不一，总体而言土著民族主要集中在墨西哥、中美洲国家和安第斯地区国家。表1根据各国人口普查的数据列出了拉美地区13个国家的相关人口数据。

表1 拉美13国土著人口数据及其占比

国家和人口普查年份	总人口（人）	土著人口总量（人）	土著人口占比（%）
墨西哥（2000年）	97 014 867	7 618 990	7.85
玻利维亚（2001年）	8 090 732	5 358 107	66.23
危地马拉（2002年）	11 237 196	4 433 218	39.45
阿根廷（2001年）	36 260 130	1 117 746	3.08
厄瓜多尔（2001年）	12 156 608	830 418	6.83
巴西（2000年）	169 872 856	734 127	0.43
智利（2002年）	15 116 435	692 192	4.58
委内瑞拉（2000年）	23 232 553	506 347	2.18
洪都拉斯（2001年）	6 076 885	440 313	7.25
巴拿马（2002年）	2 839 177	285 231	10.05
尼加拉瓜（2000年）	5 142 098	244 771	4.76
巴拉圭（2002年）	5 183 074	87 568	1.69
哥斯达黎加（2000年）	3 810 179	65 548	1.72

从表1中可以发现，无论是从土著人口的绝对数量来看还是从占比来看，土著民族都是拉美地区人口的重要组成部分。位于安第斯地区的玻利维亚的土著人口占该国总人口的三分之二，位于中美洲的危地马拉的土著

人口也超过该国总人口的三分之一。墨西哥、巴拿马、洪都拉斯和厄瓜多尔等国的土著人口占比同样较高，而阿根廷、巴西、委内瑞拉的土著人口虽然占比较低，但绝对数量值得关注。实际上，整个拉美地区除了古巴、多米尼加和乌拉圭，其他国家都有着多民族、多语言的特点。

目前，拉美地区土著人口高达5000万，占地区总人口的10%，比较有名的土著语言有克丘亚语（Quechua）、纳华特语（Nahualt）和艾马拉语（Aymara）等。然而实际上，拉美土著民族类别繁多，土著语言也多达500多种，仅巴西一国就有170多种不同语言，墨西哥和哥伦比亚则分别有65种和64种土著语言。以哥斯达黎加为例，该国共有8个土著民族，6种土著语言，即布里布里语（Bribri）、卡韦卡尔语（Cabécar）、圭米语（Guaymí）、马勒库语（Malecu）、博鲁卡语（Boruca）和特拉瓦语（Térraba）。哥斯达黎加6万余名土著居民中有42%生活在土著居住区，31%生活在土著居住区附近的农村地区，27%居住在包括城市在内的其他地区。

众所周知，拉丁美洲是世界城市化率最高的地区之一。随着城市化进程的推进，大量土著居民从农村来到城市。例如，智利境内75%马普切人（Mapuche）居住在城市地区，留在农村的不足四分之一。进入城市后的许多土著居民逐步丢失了自己的母语，这一现象在中低年龄段中尤为明显。由此可见，提高双语教育质量，保证土著居民语言和文化传承势在必行。

二、拉美双语教育的发展历程

（一）拉美早期的双语教育

西班牙、葡萄牙等国对拉美地区实行殖民统治期间，土著居民处于社会底层，没有权利接受正规的学校教育。19世纪，拉美各国纷纷通过斗争取得独立，但是获取政权的仍然是土生白人，他们掌握着国家的政治和经济命脉，崇尚推广单一文化，试图同化土著民族。因此，土著居民只能接受西班牙语或葡萄牙语单语教育，被迫屈从于主流语言和文化。在浸入型单语教育模式中，土著儿童在没有西班牙语或葡萄牙语基础的情况下接受教育的难度较大，留级和辍学率高。例如在玻利维亚，土著民族儿童的留级率高达母语为西班牙语的学生的二倍，而较高的辍学率也导致土著居民聚集地区文盲率较高，这都不利于土著居民受教育水平和国家教育包容性的提升。[1]

实际上，早在20世纪初期，在拉美国家官方开展双语教育之前，就有部分一线教育工作者尝试采用带有双语性质的教学方法。墨西哥、秘鲁等国部分土著学校的老师借助土著语言教学，帮助学生快速学会读书识字，减少土著学生学习过程中的语言障碍。[2]这种自发的个体行为虽不具备普遍性和系统性，但可以从基层反映出在拉美开展双语教育的必要性。

20世纪30年代，部分拉美国家政府同美国清教徒创建的夏季语言学院合作，在基础教育阶段增加了土著语言教学。然而当时土著民族仍是处于社会边缘的弱势群体，也没有强烈的民族文化保护意识。学者普遍认为合作双方的目的并非出于对土著民族语言和文化的尊重与保护。政府是为了通过提供教育机会更好地控制并同化土著民族；夏季语言学院则通过提供教育经费和技术支持，达到其传教的目的。[3]

（二）双语教育法律保障的建立

进入20世纪70年代后，拉美政治开启了"还政于民"的民主化进程，为印第安人运动提供了政治空间。拉美土著民族为争取政治、经济、文化

---

[1] DROGUETT F F. El currículum en la educación intercultural bilingüe: algunas reflexiones acerca de la diversidad cultural en la educación [J]. Cuadernos interculturales, 2005（4）：7-25.
[2] 潘琳玲，朱守信. 拉美地区双语教育的肇始、嬗变及趋向 [J]. 拉丁美洲研究，2015，37（1）：67-71.
[3] 鲁伊兹. 拉美教育面临的挑战 [J]. 苏洋，译. 比较教育研究，2014，36（11）：98-102.

权利，在国内外开启了轰轰烈烈的斗争。土著民族的诉求也从单一的反对土地掠夺扩大到了更多领域，他们把"民族性"作为政治旗帜，要求国家重视民族特征，摒弃同化政策，承认多民族、多文化、多语言、多宗教的多元属性。

随着土著民族的不断发声，土著居民的权益保障也越发受到国际社会的重视。一些国际组织也纷纷出台文件，保护土著居民享受应有的权利。1989年国际劳工组织颁布第169号《土著和部落人民公约》，旨在保护土著民族和少数群体的利益。联合国开始拟定《土著人民权利宣言》，将1993年定为"世界土著人国际年"。1993年世界人权大会举行"世界土著人国际年"大会，呼吁国际社会重视世界各国土著居民的存在，尊重其历史、文化和传统，并保障他们平等生存的权利。同年12月9日，联合国大会决定将1995年至2004年定为"世界土著人国际十年"，将每年的8月9日定为"世界土著人民国际日"，旨在帮助各国土著居民解决在教育和医疗等方面面临的问题。

在这一背景下，拉美许多国家政府开始考虑土著民族接受母语教育的必要性，正式通过立法和制度建设承认国家的语言和文化多样性。正是得益于政府对双语教育和土著民族接受母语教育基本权利的重视，一些土著语言逐步获得了官方认可。①

近年来拉美许多国家不断完善立法，在宪法中保障了土著居民接受母语教育的权利，教育改革法案中也不时出现有关双语教育的条款。②表2的14个国家中有7个国家的宪法在不同程度上认可了土著语言官方性，其中玻利维亚和巴拉圭将土著语言和西班牙语作为官方语言，这不仅是土著民族权益保障方面的巨大进步，也为推动双语教学的发展提供了法律依据。

---

① 李清清.拉美跨文化双语教育政策：兴起、问题与启示［J］.河北民族师范学院学报，2013，33（1）：103-107.

② 苏振兴.拉美国家社会转型期的困惑［M］.北京：中国社会科学出版社，2010.

表2 拉美14国土著语言现状

国家	土著语言现状
玻利维亚、巴拉圭	官方语言包括西班牙语和土著语言
哥伦比亚、厄瓜多尔、尼加拉瓜、秘鲁、委内瑞拉	西班牙语是全国性的官方语言，土著语言是土著民族居住区的官方语言
巴西、萨尔瓦多、危地马拉、墨西哥、巴拿马	官方语言仅有西班牙语或葡萄牙语，但承认土著语言的存在和使用
哥斯达黎加、洪都拉斯	官方语言仅有西班牙语，官方未承认土著语言的地位

（三）双语教育的不同发展阶段

拉美双语教育的发展就如同土著民族和主流阶层之间的博弈一样，也是举步维艰、困难重重的。在传统的浸入式教育模式屡遭诟病后，拉美国家开始启用过渡型双语教育模式。在这一模式下，老师可以帮助土著学生借助母语，在小学低年级尽快掌握西班牙语或葡萄牙语的发音和书写规则。学生进入小学高年级后，随着土著语言的辅助功能消失，课堂就不再出现土著语言。同时，教学材料和内容并未做出任何调整，课程设置也没有考虑土著学生来自不同的历史文化背景，仍然推崇单一文化教育，学生无法通过母语进行民族身份认同，且在潜意识中将土著母语视为学习高级主流语言和文化的工具。

过渡型双语教育模式的盛行一直持续到20世纪六七十年代，随后部分国家进入维持发展型双语教育模式。在这一教育模式下，土著母语和主流语言地位相对均等，学生在学习第二语言的同时也注重对母语水平的巩固和提高。进入20世纪80年代后，维持发展型双语教育模式又有了新的内涵。考虑到土著民族与拉美大陆休戚与共上千年，积累了大量的传统知识和智慧，拉美部分国家开始通过跨文化教育的形式将土著民族的历史、知识、技能和价值观列入教学范围。目前，这种维持发展型双语教育模式在多数拉美国家仍然使用。

通过分析过渡型和维持发展型双语教育模式的本质区别，我们可以看出，这两种模式的切换体现了拉美国家对土著语言和文化的尊重，不再将土著语言作为从属性的工具，也不再将其视作统一主流文化的潜在威胁。但是，在拉美大部分国家，学习本国第二语言仍然是单向的，即土著居民学习主流的西班牙语或葡萄牙语，而掌握主流语言的人很少会学习土著语言，即便是学习第二语言，他们也更愿意学习英语或法语等国际语言。而能够将土著语言视为国家文化精髓、在全民范围内进行传承的拉美国家凤毛麟角，到目前为止只有玻利维亚和巴拉圭，即表2中列出官方语言为西班牙语和土著语言的两个国家。玻利维亚1994年的教育改革法案规定，双语教育同时面向土著学生和母语是西班牙语的学生，实现了双语教育的双向性。①伊比利亚美洲国家组织题为《跨文化双语教育》的研究显示，1993年巴拉圭在宪法中规定了国家的双语属性，90%的巴拉圭人同时掌握西班牙语和瓜拉尼语（Guaraní）。②尽管西班牙语的功能价值高于瓜拉尼语，但是巴拉圭双语教育已经超越了实用价值的考量，因为掌握后者被认为是巴拉圭人的身份象征。

三、拉美双语教育发展面临的困境

（一）政治层面

第一，拉美多数国家政府对于双语教育的基本定位模糊，缺乏中长期发展规划。在面对国内土著运动的压力和国际组织的呼吁时，一些政府将双语教育视作政治任务或政治砝码，并不顾及多民族发展的国家大义。因

---

① 曾昭耀.拉美国家的教育改革与社会和谐［J］.江汉大学学报（社会科学版），2007（3）：95-102.

② Educación bilingüe intercultural［J］.Revista iberoamericana de educación，1997（13）：35-52.

此，双语教育发展缺乏顶层设计，法律规定模糊，政策制定往往着眼于短期，政策实施过程中没有监管和评估机制，这都必然导致本就基础薄弱的双语教育无法得到长足发展。

拉美多数国家政府之所以没有将双语教育真正纳入国家教育体系，也有着深层次的政治原因和历史原因。无论是在殖民地时期还是在拉美国家独立后，主流社会和土著民族始终都是剥削和被剥削的关系，拉美社会的阶层差异和贫富差距已经根深蒂固。让拉美国家主流阶层切实考虑土著民族的利益，通过开展双语教育帮助土著居民实现民族复兴，提升土著居民的社会地位，同主流阶层的政治诉求和价值观无疑是相悖的。因此，意识形态上的矛盾为拉美双语教育的发展设置了天然屏障。历史长河中形成的矛盾也只有在历史发展进程中才能慢慢化解，只有当拉美社会发展到新的阶段，政府当局和人民群众对于包容性发展有了更深层次的认识和追求，才能真正主动地促进双语教育的发展，而不是滞后于社会需求和民族需要，被动地出台模糊的双语教育政策。

第二，土著居民政治地位低下、话语权弱的局面一时难以改变。作为拉美土著人口比例最高的国家，玻利维亚在2005年迎来了史上第一位土著总统莫拉莱斯。莫拉莱斯执政后，实施了一系列旨在保障土著民族权益的政策，包括将国名从"玻利维亚共和国"改为"多民族玻利维亚国"。莫拉莱斯的执政基础是玻利维亚土著人口，这部分选票帮助他改写了玻利维亚的历史。而21世纪的头十年也是拉美政坛整体左倾的时代，委内瑞拉和古巴政府的支持为莫拉莱斯的上台和执政提供了良好的国际环境。目前，拉美多数国家的温和左翼失势，整体政治环境偏右。现今，莫拉莱斯政府已经下台，玻利维亚土著民族的未来命运难以预测，因此这种一时的胜利能否保证双语教育的可持续发展也值得商榷。此外，玻利维亚的土著神话也很难在拉美其他国家复制，大部分国家的土著居民作为少数民族，没有可以与主流阶层抗衡的政治资源，仍然摆脱不了被边缘化的命运。

（二）经济层面

一是经济投入方面，拉美地区双语教育资金投入不足。一些国家通过双边或多边合作机制，获取国际机构和其他国家的直接或间接的支持。例如，危地马拉的国家跨文化双语教育计划就通过双边合作得到美国的直接援助；厄瓜多尔的双语教育项目则由德国技术合作公司提供直接的经济支持；玻利维亚的双语教育计划得到了联合国儿童基金会的资助。[①]拉美国家在双语教育方面申请其他国家和组织的间接支持也屡见不鲜，如世界银行就为秘鲁的双语教学提供了课本和教材。

尽管国际合作在一定程度上促进了拉美地区双语教育的发展，但依靠外部资金发展本国双语教育这一模式的可持续性令人担忧。这也在一定程度上体现了拉美国家政府用于发展双语教育的公共预算严重不足，双语教育的发展远远滞后于教育的其他环节。

在财政支持匮乏的情况下，拉美国家双语教育的软实力不尽如人意，主要表现在双语教育师资问题严峻，教学材料质量也有待提升。双语学校的教师数量短缺，教学水平参差不齐，教师流动性强，缺乏基本的人力资源保障。[②]许多双语教师没有经过系统的专业训练，双语交流能力有限，土著语言表达和书写能力欠佳，无法保证双语教学的质量。双语教材的匮乏也是制约双语教育水平提升的瓶颈，大多数拉美国家缺少国家性的双语教育发展规划，没有专门的权威机构负责双语教材的编写和修订，本就水平有限的教师需要自主选择教学内容，编写授课计划，这也加剧了双语教育的非正规性。

二是经济产出方面，社会和经济发展现状制约了双语教育的功能性产

---

① 黄志成，魏晓明. 跨文化教育：国际教育新思潮［J］. 全球教育展望，2007（11）：58-64.

② SCHMELKES S. Educación para un México intercultural［J］. Revista Sinéctica, 2013（40）：1-12.

出。众所周知，拉美地区社会分化严重，贫富差距大，在第二产业没有充分发展的基础上就经历了无序的城市化进程，大量进入城市的底层劳动力无法获得正规就业岗位，只能进入低端服务业，土著居民也是边缘人群中的一部分。土著居民在接受教育时往往会考虑学习土著语言和文化是否有助于改变其社会地位，而拉美国家的经济和社会资源往往倾向于主流语言圈，掌握土著语言不能成为改变社会阶层的筹码，因此土著语言在经济产出方面的不足势必也会制约双语教育的发展。从长远来看，如果土著语言和文化无法与主流经济社会环境接轨，那么双语教育的进步也会继续像蜻蜓点水一般停留在表面，无法同土著民族的经济社会地位的提升形成良性循环。

（三）文化层面

一方面，主流单一文化理念制约了多元文化的发展。语言是文化的重要载体和表现形式。一个国家要建立单一文化社会还是多元文化社会，直接影响着双语教育的发展。拉美各国长期将主流单一文化作为构建国家认同的工具，将双语教育带来的文化多样性视作对国家统一的潜在威胁。[①]显然，绝大多数拉美国家并没有认识到世界文化多样性是客观存在的事实，也是历史发展的趋势，多元文化是不同国家宝贵的无形财富和身份特征，不应予以排斥。拉美地区的文化专制现象由来已久，也非一日可以根除。而一种文化之所以堂而皇之地凌驾于另一种文化之上，背后也有着深层次原因。殖民主义遗留下来的种族歧视至今存在于拉美民众的观念中，土著民族的基本权利不被尊重，土著居民千百年来积累的语言、知识、技能、习俗、文化也无法得到良好研习。因此，种族主义带来的文化层面的桎梏构成了制约多民族国家多元文化发展的无形障碍。

---

① 朱守信. 拉美地区双语教育的发展困境及归因［J］. 比较教育研究，2012，34（3）：82-86.

另一方面，土著民族的自我认同和文化自信长期受到打击。在长期经历"人为刀俎、我为鱼肉"的背景下，许多土著人不再将自己的语言视作身份特征或民族文化瑰宝，而是选择弱化自己的"下等"身份标签，尽可能充分地与主流语言和文化衔接，一部分土著居民甚至选择不再教授自己的子女土著语言。一旦土著居民主动或被动地怀疑自身语言和文化存在的必要性，开展双语教育的人文环境就会被破坏。因此，拉美国家主流阶层能否以包容的心态接受传统文化的复苏，让传统文化和主流文化并行，帮助土著民族实现文化身份认同，也对双语教育的开展起着关键性作用。

四、拉美土著民族双语教育的前景分析

（一）制定并推行适合拉美本土化的双语教育政策

必须保证双语教育政策符合拉美各国国情。绝大多数拉美国家是发展中国家，普遍存在着政府治理能力不强、公共支出空间有限、贫富差距大、城市无序扩张、教育资源分配不均、劳动力非正规就业率高等问题。因此，照搬美国、加拿大、澳大利亚等发达国家的双语教育政策显然不切实际。[1]针对农村地区的土著居民双语教育项目，政府需要加大对基础设施的投入，配备合格教师和高质量教材。针对移民到城市的土著居民，各国也应根据自身情况制定合理政策，积极通过开展双语教育，避免二代移民丢失民族语言。拉美各国的情况也不尽相同，像巴拉圭这种土著语言相对单一的国家，就可以将瓜拉尼语直接作为国家的官方语言之一，使其成为国民身份的标志。而大多数拉美国家的土著语言种类繁多，分布不均衡，需要根据具体情况采取合理的政策。

---

[1] 殷刚魁，邵晓霞. 美国语言政策及其对我国民族地区双语教育的启示[J]. 民族高等教育研究，2019，7（2）：44-49.

应当加强拉美国家间双语教育合作，相互借鉴经验。如上文所言，拉美国家之间双语教育发展水平差异很大。从表2中我们看到，除了玻利维亚、巴拉圭、哥伦比亚、厄瓜多尔、尼加拉瓜、秘鲁、委内瑞拉等7个国家在宪法中不同程度地认可了土著语言的官方性，其他国家在法律保障方面仍然存在滞后性，而土著居民学习母语、在聚集居住区乃至全国范围内使用母语是其基本权利。因此，在这一问题上，拉美国家不妨相互借鉴，实现共同发展。

历史文化背景相似的拉美国家之间开展双语教育合作可以达到事半功倍的效果。例如，曾经作为印加帝国通行语言的克丘亚语，如今在安第斯地区的多个国家使用，包括秘鲁、玻利维亚、智利、哥伦比亚、厄瓜多尔等，这些国家可以整合资源，合作开设克丘亚语教师培训项目，编纂克丘亚语教育教学材料，推动具有一定影响力的区域性跨国合作示范项目落地。

（二）保证双语教育政策系统化并加强实施过程中的监管力度

必须制定系统化、规范化、目标明确的双语教育政策。正如上文所说，少数拉美国家有相对单一的土著语言，政策制定的难度相对较小。而拥有类别庞杂的土著语言的国家，则应该更加注重双语教育政策的系统化。双语教育政策的细化标准可以根据使用土著语言居民数量及其分布情况而定。对于使用者较多的土著语言应该给予一定的政策支持，引导主流社会和机构加以使用，逐步提升这些语言的功能性，打破土著语言无用论，消除部分学习者望而却步的心态。而双语教育的目标应该是通过促进国家不同语言、多元文化的交流，打破单一的文化桎梏，促进民族融合，实现多民族文化的传承和创新，将多民族文化作为国家的宝贵财富，把多民族属性视为国家的名片和身份象征。只有明确双语教育的目标，才能摆脱过渡型双语教育模式，推动双语教育向维持发展型乃至全民学习、双向交流层次发展。

要为双语教育政策的实施建立配套的监督管理和评估机构。许多拉美国家政府制定了宽泛的双语教育政策，实施难度大，加上没有完善的自上而下的监管体系，往往无法取得好的成效。巴拉圭的双语教育之所以能够在拉美国家中处于领先地位，不仅是因为政府在宪法中界定了瓜拉尼语的地位，制定了积极有效的双语教育政策，还设立了国家双语教育和语言政策委员会，专门监督双语教育项目的实施状况。对双语教育的开展进行实时监督和评估，一方面可以保证投入经费得到高效使用，通过管理促进教育资源的合理分配，避免教育资源的浪费；另一方面，有效的监管和评估可以发现双语教育中存在的问题和矛盾，并反向促进双语教育政策的完善和细化。

（三）将双语教育作为国家教育改革和实现包容性发展的重要工作

要将双语教育作为国家教育改革的重点之一。许多拉美国家通过教育改革设置包容性发展教育专项计划，为土著居民提供参与双语教育的便利条件，如巴西的"土著居民高等教育支持计划"、哥伦比亚的"2002—2006年土著居民教育改革"、厄瓜多尔的"土著民族跨文化教育计划"、危地马拉的"土著女性儿童教育计划"等。这些计划在体现国家对双语教育重视的同时，也收到了一定的成效。未来不应局限于短期性的推广计划，而应将双语教育的发展和完善作为教育改革的常态化目标和评价标准。

应当将双语教育作为国家包容性发展的应有之义。包容性发展是近年来拉美国家政界和学界使用的高频词汇，实现经济和社会的包容性发展是拉美各国政府的重要目标。而包容性教育，就是全纳教育，重点关注弱势的受歧视群体，即土著居民、农村居民、辍学儿童、文盲、残疾人等。1994年联合国教科文组织发布的《萨拉曼卡宣言》指出，包容性教育是消除歧视思想、促进社会融合的最有效方式。推动教育的包容性发展是提高教育投入产出比的良方。未来各国政府必须深入推进双语教育的包容性发展，制订有针对性的合理计划，设定中长期发展目标，将发展双语教育视作实现国家包容性发展的必由之路。各国政府应打破传统的意识形态束缚，以包容性的心态接受土著文化的复苏，促进土著语言功能价值的提升。政府只有把双语教育从政治价值中抽离出来，回归到教育层面去对待，才能真正实现双语教育的长足发展。

结 语

土著民族的发展水平是衡量国家包容性程度的重要指标，而推动拉美国家政治、经济、文化的全面包容性发展，也是实现拉美地区土著民族人文诉求的必由之路，二者相辅相成。接受高质量的双语教育既是土著民族的诉求，也是土著居民的基本权利。在拉美地区，双语教育从无到有，土著语言从作为教学手段发展为教学目标，经历了漫长的岁月，如今的发展水平仍不甚理想。只有通过清晰的法律条款界定双语教育的地位，制定中长期的双语教育发展政策，设立专门的公共部门指导并监督双语教育的实施，完善双语教育评价体系，积极发挥双语教育在促进公民对多元文化尊重和认同方面的作用，才能在曾经血腥的历史和沧桑的土地上续写文明、融合的新篇章。

瑞士基本职业教育阶段的外语教育政策研究

张婳子　北京第二外国语学院欧洲学院教师

摘　要：瑞士的职业教育十分发达，多数学生完成义务教育后会选择接受职业教育。在经济全球化的背景下，专业能力叠加外语能力的复合人才深受市场欢迎，瑞士作为多语制代表国家之一，其外语教育政策也有着重要的参考价值。本文研究瑞士2023年颁布的基本职业教育阶段的外语教育政策，从外语教育的范畴、课程设置、教学路径、对教育机构和师资的要求及外语评估制度等方面对政策进行解读，同时分析该政策对我国职业教育基础阶段外语教育的借鉴意义。

关键词：瑞士；基本职业教育；外语教育政策；教学路径

作为全球发达国家之一的瑞士，尽管国土面积较少，但其工业、经济在全球都占有重要地位。世界各机构（INSEAD、WIPO、EU、WEF）的调查报告显示，瑞士在《2023年欧洲创新记分牌》《2022年全球创新指数》《全球人才竞争力指数》、2020年世界经济论坛的《全球竞争力报告》中排名均为第一。[①] 这种全球名列前茅的创新性和竞争力，离不开发达的教育、国际化的学习环境、多元的文化背景，而这种丰富背景的形成则需

---

① Switzerland's excellence in global rankings［EB/OL］.［2023-08-14］. https://ggba.swiss/en/switzerlands-excellence-in-global-rankings/.

要多语言环境的支撑。

瑞士的职业教育享誉全球，也有着悠久的历史。自20世纪30年代以来，瑞士联邦颁布了一系列法律法规来规范职业教育。[①] 现如今，瑞士针对职业教育阶段的外语教育也出台了详细的规范指南。

在全球化的今天，随着"一带一路"倡议的实施和推进，我国与欧洲地区的往来也越来越密切，对外语复合人才的需求也越来越高，因此研究瑞士职业教育初级阶段的外语教育政策，有利于我国职业教育从中汲取经验。

一、瑞士职业教育体系概述

瑞士的义务教育包括小学和初中教育，之后则是高中教育，也被称为中等教育（约15岁至19岁）。中等教育阶段为"双元制"，即基本职业教育和普通学校教育并存。[②]

如图1所示，在基本职业教育阶段，在校成绩较低的学生经过两年的学习，便能获得联邦专业培训证书（Attestation Fédérale de Formation Professionnelle，简称AFP），可以直接进入劳动力市场。而成绩较好的学生可以经过三至四年的学习（获得AFP的学生如果愿意，也可以转成该学制），获得联邦能力证书（Certificat Fédéral de Capacité，简称CFC），并可以选择进入更高一级的学校，即高等职业教育。

---

① Banque de données Développement des professions au degré secondaire Ⅱ［EB/OL］.［2023-11-20］. https://www.sbfi.admin.ch/sbfi/fr/home/formation/fpc/formation-professionnelle-initiale/banque-de-donnees-developpement-des-professions-au-degre-seconda.html.

② Le système scolaire suisse［EB/OL］.（2022-12-09）［2023-12-01］. https://ch.ambafrance.org/Le-systeme-scolaire-suisse-3793.

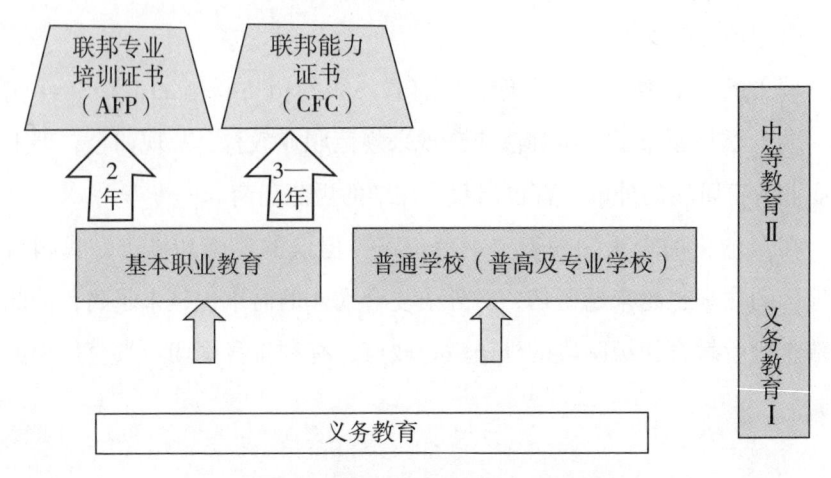

图1　瑞士义务教育及中等教育体系

我国学界对瑞士职业教育也十分关注。孙凤敏等（2021）指出，瑞士的高等职业教育学位与高等学术教育学位并重，并采取高等专业学校和联邦考试并行的"双路径并行"发展路线。[①] 高等专业学校会授予本科毕业生高等专业学校学位。而联邦考试为高等职业教育的一部分，通过了联邦考试的学生会取得联邦专业证书，该类证书与高等专业学校的学位处于同一层次。

周红利、周雪梅（2012）指出，在瑞士的职业教育体系里，中等职业教育是其根本和基础。[②] 多数学生初中毕业后会选择职业教育、职业教育的模式大多为学徒制，也就是说，学生既要在职业学校里接受以课堂学习为基础的教育，还需要在相关企业进行有偿实习。[③] 外语教育也成为学校及企业教育中十分重要的一环。

在义务教育阶段，瑞士的双语及多语州推出了双语课程。而在职业教

---

① 孙凤敏，邵建东，王亚南. 瑞士高等职业教育学位制度的现状、特征及发展趋向［J］. 外国教育研究，2021，48（8）：97-112.

② 周红利，周雪梅. 瑞士职业教育体系、管理体制及其启示［J］. 教育与职业，2012（35）：18-21.

③ 瑞释一下 2023［EB/OL］.（2024-04-16）［2024-09-14］. https://www.schweizerbeitrag.admin.ch/countries/china/zh/home/news/newsletter/brochures-switzerland.html.

育层面，瑞士政府也鼓励、推荐双语教育，[1]并制定了一系列政策。

二、瑞士基本职业教育阶段的外语教育政策

作为一个多语制国家，瑞士政府十分重视居民多语能力的培养，认为外语技能在职业培训的基础阶段至关重要，要在培训技术时融入外语技能。因此，2023年，瑞士联邦培训、研究和创新秘书处推出了《外语教育融入基本职业教育指南》（*Guide Intégration des langues étrangères dans la formation professionnelle initiale*，简称《指南》）[2]，该《指南》详细规定了基本职业教育阶段外语的种类、课程设置及教学路径、对相关教育机构和师资的要求及评估体系。下文将详细解析《指南》中的具体规定。

（一）外语教育的范畴

在《指南》中，外语有具体的语种规定，它包括三种瑞士国家语言：法语、德语、意大利语，以及一种目前通用的国际语言——英语。在职业教育的基础阶段，外语是必修课。具体的教学内容则要根据就业市场的需求而定。

（二）课程设置及教学路径

根据CDIP（发展与知识产权委员会，2011）的瑞士联邦教育标准，学生完成义务教育阶段学习后，语言水平要达到A2级别。[3]基本职业教育阶段的

---

[1] Langues étrangères：enseignement bilingue et par immersion［R/OL］.［2023-11-01］. https://www.edk.ch/fr/systeme-educatif/organisation/enquete-aupres-des-cantons/langues-etrangeres-enseignement-bilingue-immersion.

[2] Plurilinguisme dans la formation professionnelle initiale［EB/OL］.［2023-10-02］. https://www.sbfi.admin.ch/sbfi/fr/home/formation/fpc/formation-professionnelle-initiale/plurilinguisme.html.

[3] 欧洲语言共同参考框架（CECR）把语言水平分为6级，从低到高依次为：A1、A2、B1、B2、C1、C2。

外语教育建立在学生已有的外语水平之上。具体课程设置及教学路径如下。

1. 课程设置

由于每个专业对外语水平的要求不同，《指南》仅仅对课程的学时设置提出了建议。总体来说，每个专业的外语教学（A2/A2+级别）学时为60个；而专业外语拓展（B1/B1+级别）课程学时为120个。具体的学习内容，要根据各个专业的要求灵活安排，可由学校及公司的培训教师编写相关教材、准备教学材料。[①]

2. 教学路径及教材

根据《指南》，基本阶段职业学校的外语教学路径主要有三种：基于任务的外语教学、双语教学及专业实践中的外语教学。[②]

（1）基于任务的外语教学

此类教学路径主要由教师组织角色扮演游戏或制订学习规划。教学内容基于学生的专业而定，同时涉及听力、阅读、口语（对话及个人表达）、写作等方面。教学主要注重培养学生的交流、沟通能力，语法的准确性不是重点。因此，教学模式多为双人或多人的小组学习形式。此外，教师的教学内容还要考虑到同一个班级内学生的不同外语水平，以满足不同层次学生的需求。

（2）双语教学

双语教学要求教师完全用外语（或部分使用外语）进行专业知识教学，目标外语既是教学语言，也是工作语言。该教学方式由于有跨学科性，教师要遵循跨学科教学法，既可以由有专业技术背景的教师教授，也

---

① Plurilinguisme dans la formation professionnelle initiale［EB/OL］.［2023-10-02］. https://www.sbfi.admin.ch/sbfi/fr/home/formation/fpc/formation-professionnelle-initiale/plurilinguisme.html.

② Plurilinguisme dans la formation professionnelle initiale［EB/OL］.［2023-10-02］. https://www.sbfi.admin.ch/sbfi/fr/home/formation/fpc/formation-professionnelle-initiale/plurilinguisme.html.

可以由外语教师和专业教师合作进行。该模式以教授技术为导向，以外语阅读文本、视频及音频等教学材料为支撑，把外语教学融入专业技术的学习过程中，减轻学生的外语学习压力，在学外语的同时也提高专业技术水平。该学习过程不涉及专门的语法教学，适用于语言的深化。

（3）专业实践中的外语教学

这种外语教学主要在学生实习的公司进行。企业会制订适合业务发展的外语评估目标，同时也为学生提供外语培训。外语技能的培训会分散在几个学期里，企业的外语培训教师给学生一个外语表达的模板，学生可以在实习的过程中依据此模板自由发挥，必要时教师会给予语言支持。该教学模式也是注重语言表达的功能性，而非语法正确与否。此外，跨企业课程也会提供外语教学。此类课程会结合职校授课内容和日常专业技术经验，如果外语在专业实践工作中比较重要，那么公司就会让学生使用外语说明书、订单、送货单等，在实际操作中应用外语。需要注意的是，此类外语学习并不是单独的外语课程，不会增加跨企业专业课程的时间，而是深化了学校外语教学的内容，在学生本身的外语基础之上增加了实战练习。在此过程中，学生的专业外语知识会得到深化、巩固。

企业中的大部分外语培训源于具体业务，因此额外的教材较少。但对于那些很少涉及外语的公司，政府还要给予一些外语教材支持，如向公司提供有针对性的外语培训材料，并使用人工智能的相关软件，帮助公司进行网络培训等。

（三）教育机构及师资

1.对教育机构的要求

基本阶段职业教育中的外语教学是以实际就业岗位的需求为导向的，因此，《指南》对提供外语培训的相关机构提出了要求，要尽快评估行业对外语技能的需求。如，以五年为一个时间跨度，调查研究这期间行业内外语的使用情况，以确保教学内容的合理性。

除了确定学生所在的行业或公司是否需要外语，还要考虑每个职业学校的不同情况。由于瑞士是多语制联邦国家，有法语、德语、意大利语、罗曼什语四大语言区，还有部分州是双语，因此各地职业学校所能教授的外语也有区别，需要考虑各州语言政策，各州政府也要参与到促进外语教育发展的过程中。①

2. 对师资的要求

由于各州的要求不同，《指南》中没有明确规定职业学校教师的语言水平，但建议如学生的语言目标要达到A2/A2+，那么教师外语水平应该至少达到B2；如果学生的语言水平目标是B1/B1+，那么教师外语水平则至少要达到B2+，最好为C1。外语教师要取得外语教学专业的文凭，能够在专业学校教授外语。从事双语教学的教师，则要取得教学法或（及）双语教学法文凭。

此外，一些州组织外语教师与专业技术教师合作，共同开发教材，以保证学生外语学习与专业学习的质量；还会要求减少外语教师的教学时间或降低班级学生人数上限，以保证教学质量。②

（四）评估制度

1. 评估目标

外语是专业资格认证内容的一部分。也就是说，外语水平并不会被

---

① Plurilinguisme dans la formation professionnelle initiale［EB/OL］.（2023-12-20）［2024-02-02］. https://www.sbfi.admin.ch/sbfi/fr/home/formation/fpc/formation-professionnelle-initiale/plurilinguisme.html.

② Plurilinguisme dans la formation professionnelle initiale［EB/OL］.（2023-12-20）［2024-02-02］. https://www.sbfi.admin.ch/sbfi/fr/home/formation/fpc/formation-professionnelle-initiale/plurilinguisme.html.

单独评分，而是作为综合操作技能的一部分，由各州的考官来评定外语水平，但不会给学生出具类似CECR（欧洲语言共同参考框架）的相关语言水平证书。①

2.学生能力要求及测试

学生的外语能力参考CECR对A2/A2+及B1/B1+级别的外语听、说、读、写能力相关要求。学生如在职业学校接受外语教育，相关成绩会记录在专业技术经验中。考试的形式灵活多样，教师可根据学生的专业自由调整教学方式。根据《指南》规定，A2/A2+级别的口语考试可要求学生能够对客户提出简单问题并进行简要回答；B1/B1+级别则要求学生在面对客户时能就熟悉的话题简单、连贯地表达自己的观点或给客户提供专业建议。②

三、启示与借鉴

瑞士基本职业教育阶段是其基础教育阶段的重要环节。作为一个多语制国家，瑞士的外语教育经历了多年的探索和创新，取得了显著成效。外语教育为多元化学习提供了保障，也增强了该国的国际影响力。近年来，我国进行了一系列教育改革，实施高中分流，大力发展职业教育。但职业教育也需要全面发展的人才，高等职业教育也要有"国际交流功能"③，以适应"一带一路"建设及全球化发展的趋势。我国的高等职业教育建设相

---

① Plurilinguisme dans la formation professionnelle initiale［EB/OL］.（2023-12-20）［2024-02-02］. https://www.sbfi.admin.ch/sbfi/fr/home/formation/fpc/formation-professionnelle-initiale/plurilinguisme.html.

② Plurilinguisme dans la formation professionnelle initiale［EB/OL］.（2023-12-20）［2024-02-02］. https://www.sbfi.admin.ch/sbfi/fr/home/formation/fpc/formation-professionnelle-initiale/plurilinguisme.html.

③ 李梦卿，安培，王克杰.高等职业教育学位制度的理论循证与实践形态：兼谈我国"工士"学位制度建设［J］.教育发展研究，2014，34（21）：50-58.

对落后，在职业教育国际化发展的过程中，基础外语教育是一个关键问题。在研究了瑞士最新出台的《指南》后，很多举措对建设我国基础阶段高等职业教育有借鉴意义。

（一）根据专业需求确立外语教学语种

职业教育培训的是职业技术人才，专业种类多样。瑞士约有230种官方认可的职业教育，分布在商务、医疗卫生、零售、护理、信息技术等各个行业。① 职业教育的内容根据市场上实际需要的执业资质及就业岗位而定。其外语教育的语种选择，也会根据专业及市场需求而定。我国职业教育中的外语教学也可以参照专业和市场需求，不仅开设英语课程，还扩大至各个小语种。比如，某些外贸、信息技术等专业，需要与非洲、拉美等国家进行合作和交流，那么可以开设法语、阿拉伯语、西班牙语等专业，这些小语种在实际工作中需求量可能会比英语更大。

（二）建立校企联合的外语培养机制

瑞士的基本职业教育与大多数国家纯粹的学校教育体系不同，实行学徒制。在该模式之下，学生们每周有三四天去企业工作（有工资），进行实操训练，其余时间在学校上课，实现了理论与实践相结合。其外语教育也是一样。瑞士外语教学路径中的双语教学及日常专业实践教学需要外语教师与专业教师合作，或直接在企业中由专业教师教授外语。教学以学习技术为导向，在实际操作中使用外语。

我国的职业阶段外语教育也可以建立这种学徒制的校企联合培养机制。国内的职业教育常出现学校理论教育与企业实践脱节的情况，要想改

---

① 基本职业教育［EB/OL］.（2021-01-18）［2023-11-01］. https://www.eda.admin.ch/aboutswitzerland/zh/home/bildung-wissenschaft/bildung/berufsbildung-lehre.html.

变这种现状，就应以就业市场为导向，以用人单位的需求为目标，让理论教育与公司实践结合起来，以便学生毕业就能满足市场的需求，实现学习和就业顺利衔接。在外语学习的过程中，教师在学校进行基础语言训练，学生在公司使用外语订单、送货单等进行实践，通过这种"学+练"的模式，学生可以迅速掌握专业相关词汇、表达，并且在工作中经过反复练习，加强记忆，提高学习效率，取得很好的学习效果。

（三）教学及评估要契合职业教育目标

瑞士职业教育的三种教学模式都提到，教学根据不同专业内容提供不同的教学内容，注重交流、沟通能力，而非语法的正确与否。因此，教师往往要了解学生的专业。要么教师本身有专业技术背景，要么外语教师与专业技术教师合作。这种师资及教学模式更加适合接受职业教育的学生。外语语法不是学习重点，而是学生要掌握好这种语言的工具，以便在实际工作中进行交流。同时，对外语能力的评估也要根据不同专业选择不同的形式，考查学生对专业外语内容的掌握情况。

我国职业教育基础阶段的外语教学，也应该根据不同专业设计教学内容与教学模式。教学侧重点不应像普通高中一样侧重语法，而要侧重用外语进行专业交流的能力培养，从听、说、读、写四个方面展开。教师一定要有专业技术知识背景，掌握专业外语，才能保证教学质量。同时企业也可以开设跨企业课程，在学生实习时融入外语培训，有意识地让学生接触国外订单、邮件等，在实践中提高外语能力。

综上所述，瑞士基本职业教育阶段的外语教育政策从外语教育的范畴、课程设置、教学方式、师资、教学评估等各方面制订了详细的培养计划，该政策内容有别于普通高中教育，以市场为导向，十分有针对性，对我国基础阶段职业教育的外语政策制定有一定的借鉴意义。

公平视角下的法国高等教育解读

周　薇　北京第二外国语学院欧洲学院教师

摘　要：法国的大学和大学校均属于高等教育机构，后者承担着法国的精英教育。大学校及其预备班的生源与学生的家庭经济条件、家庭阶层联系紧密，因此被认为是造成法国教育机会不平等的重要因素。教育花费高昂、家庭阶层导致的自动选择和信息不对称等都是产生不平等的原因。针对这一问题，法国政府采取了教育改革、课程设置改革、设置奖学金等措施，各个大学校也响应国家号召，从财政、阶层、信息、录取等方面对处于不利家庭条件的学生进行帮扶，以应对与高等教育相关的教育公平问题。

关键词：法国高等教育；机会均等；大学校；预备班；家庭阶层

法国高等教育受到很多中国学子的青睐，这与其悠久的历史和法国教育政策息息相关。法国一些大学建校时间长、文化底蕴厚，如巴黎大学创建于1200年，是世界上历史最悠久的大学之一；同时，相对于英国和德国，法国公立大学学费低廉，学位也相对容易取得。这些都是国内中产家庭愿意选择法国作为留学目的地的原因。

但是要看到，因为国情不同、历史相异，法国的高等教育与中国高等教育有一定区别，同时也隐藏着自己的问题。近年来，中国的教育公平问题常被提及，本文就以此视角来解读一下法国的高等教育问题。

一、法国高等教育

在中国上大学需要通过高考，在法国上大学，也需要通过一个考试——高中毕业会考。参加毕业会考的高中生一半以上为普通高中学生，其余为职业高中学生和技术高中学生。1992年时会考通过率已经达到50%以上，2012年以来，会考的平均通过率达到80%以上，普通高中学生通过率通常高于平均值。例如，2023年，法国的会考总通过人数为672 400人，平均通过率为91%，比2022年低了0.2个百分点，其中普通高中通过率为95.7%（比2022年低0.4），技术高中通过率为89.8%（比2022年低0.8%），职业高中通过率为82.7%（比2022年高0.3%）。2022年中国高考报名人数为1193万人，全国普通、职业本专科共招生1014.54万人，录取率约为85%。可见，中国的高考录取率略低于法国，但是我们高考开展时间晚、人口基数大，能有80%以上的录取率也相当不容易。

但是，法国的大学，即université，与中国的大学并不完全相同。université是法国的公立大学，这些大学之间虽也有高低之分，但大部分创立于18世纪之前，历史悠久，水平相近，高中生只要通过毕业会考（平均分高于10分，满分20分）即可申请，所以从理论上说，近两年90%的高中毕业生基本都可以上公立大学。而在中国，所有高考生的梦想都是考上本科院校尤其是进入重点大学，因为其他大学不论教学质量还是学费都不那么令人满意，而这需要高考生付出巨大的努力。2023年本科录取率最高的是上海、北京和海南，录取率分别为79.19%、76.71%、67.19%，而录取率比较低的四川、广西、湖南，录取率分别为30%、31%、35.4%，平均来看本科上线率约为40%。可见，在法国能够进入公立大学容易很多，而我们会发现，在法国大学中，低年级学生的综合素质与中国经历过高考的本科大学的学生相比还是有一定差距的。不过，在法国大学，学生到了硕士阶段则要进行选拔，因此硕士和博士学生的综合素质会提高很多。

能和我们那些进入一本大学的高考生相比较的，应该是法国大学校（grande école）的学生。因为在法国学生想要进入大学校，一般需先进入预备班（classe préparatoire aux grandes écoles）进行为期两年的学习，然后参加各个大学校自己组织的（如巴黎高等师范学院）或联合组织的（如ESPCI考试、Avenir考试）选拔考试，根据成绩和排名进入相应的大学校学习。如果没有通过考试，学生只有复读一年，第二年再考，这种选拔入学制度和中国的高考比较类似。

大学校包括一些商业学校、工程师学校、新闻学校、高等师范学校等，学制通常为三年，获得学位相当于硕士，毕业生工作后一般会自动获得管理职位。在大学校预备班学习两年后获得的学历可被认证为大学二年级文凭，因此也属于高等教育范畴。

对于法国人来说，大学校因其严格的选拔制度和出色的教学配置，可以算作法国的精英教育机构，类似中国的名牌大学。大学校的就业前景也远超普通大学，比如，大学校的毕业生只有8%在职介所注册，而大学毕业生的注册率达到75%。另外，同等学力的大学校毕业生工资比大学毕业生平均高出4%。[1]

二、法国高等教育中的不平等问题

作为法国的精英教育机构，大学校，包括大学校预备班，却是造成法国教育机会不平等的因素之一。

教育机会不平等首先表现在教育花费上。与中国基本根据成绩升学不

---

[1] Grandes écoles et universités：atouts et inconvénients［EB/OL］.（2009-02-07）［2023-08-20］. http://www.lefigaro.fr/lefigaromagazine/2009/02/07/01006-20090207ARTFIG00185--grandes-ecol-e-s-universites-.php.

同，学生进入大学校预备班对学习成绩没有特别要求，看起来人人均有机会。但是，预备班学费不菲，根据机构性质不同，价格从每年750欧元到8500欧元不等，平均为4000欧元至6000欧元。而公立机构因其学费相对便宜，学生非常难进，需要和申报大学一样到法国高等教育入学网进行申报，机构根据材料选拔。

同时，其和中国学区房问题一样，好的预备班并不是人人上得了、上得起。顶尖大学校的生源基本来自为数不多的几个预备班。例如，三分之一巴黎高等商学院（HEC）的学生来自四个预备班：巴黎的亨利四世公立高中（Henri Ⅳ）和Ipesup私立学校，凡尔赛的圣吉纳维芙私立高中（Sainte-Geneviève）及杜埃的圣让私立高中（Saint-Jean）；三分之一的综合理工大学（Polytechnique）学生只来自两个预备班：巴黎的路易大帝公立高中（Louis-le-Grand）和凡尔赛的圣吉纳维芙私立高中。这些针对顶尖学校的预备班均位于大城市的昂贵街区，除了学费问题，高昂的生活费也会让普通家庭孩子望而却步。

大学校的学费相对于公立大学同样高出不少。比如，综合理工大学三年的学费分别为3500欧元、7750欧元和7750欧元，非欧盟国家学生的学费还要翻倍。商校就更贵了，巴黎高等商学院三年学费约为6万欧元。大学校的平均学费为每年7000欧元至10 000欧元，而公立大学的学费只要每年200欧元至500欧元，如巴黎第八大学学士阶段学费为170欧元，硕士阶段学费为243欧元。

显然，教育花费门槛会限制一部分学生的选择，低收入家庭的学生在选择预备班和大学校时是处于不利地位的。

家庭收入常常与父母的社会地位有很大关系，而学生家庭社会阶层不仅会影响到家庭收入，也与学生的学业选择挂钩。据法国一些社会学家的研究，社会文化出身对学生学业选择的影响在青少年阶段开始上升，此时学生对学业和职业的规划开始脱离理想主义，逐渐考虑到一些实际因素。①这种根据家庭出身所做出的"自动选择"或者"自我裁决"与学习成绩没有关系。比如，迪吕-贝拉特（Duru-Bellat）发现，不同出身的孩子在高中毕业后的职业选择差异很大，即使他们的高中会考成绩是一样的："一半以上中层干部家的男孩（30.5%的女孩）会选择商校预备班，而只有20.8%的工人家庭的男孩（9.3%的女孩）会做出同样选择。"②

社会学家对这种现象做出不同解读。如布迪厄（Bourdieu）认为，学业选择可以归咎于"机构化的文化资本"，即父母的文凭和"内化的文化资本"，后者又被他称为habitus（多译为"惯习"），即社会对个体的影响所导致的生存态度。③布东（Boudon）认为，当个人处于不同社会阶层时，会以不同的方式评估继续学习所带来的风险、代价和收益，从而做出不同的选择。④而根据比尔·劳的社群互动理论，不同的社交环境会带给学生不同的信息和社交网络，信息不对称会影响其对以后学习方向的选择，同在一个圈子里的孩子对学业的选择肯定会受到周围家长职业的影响。⑤

社会阶层的不同会造成学生在学业规划上的"自我裁决"，也会导

---

① DUPRIEZ V, MONSEUR C, VAN CAMPENHOUDT M. Le poids de l'origine socioculturelle des élèves et de leur environnement scolaire sur leurs aspirations d'études supérieures：les bases d'une comparaison internationale ［EB/OL］.（2015-03-07）［2024-09-15］. https://www.researchgate.net/publication/272438995_Le_poids_de_l'origine_socioculturelle_des_eleves_et_de_leur_environnement_scolaire_sur_leurs_aspirations_d'etudes_superieures_les_bases_d'une_comparaison_internationale.

② DURU-BELLAT M. Les inégalités sociales à l'école：Genèse et mythes［M］. Paris：Presses Universitaires de France, 2002：88.

③ BOURDIEU P. Les trois états du capital culturel［J］. Actes de la Recherche en Sciences sociales, 1979（30）：3-6.

④ BOUDON R. L'inégalité des chances：La mobilité sociale dans les sociétés industrielles［M］. Paris：Armand Colin, 1973.

⑤ LAW B. Community Interaction：a "Mid-Range" Focus for Theories of Career Development in Young Adults［J］. British Journal of Guidance and Counselling, 1981（9）：142-158.

致学生有不同的学习态度和不同的学业成绩。根据经济合作与发展组织（OECD）2012年针对15岁国际学生评估项目（PISA）的统计，法国是家庭社会地位与学业成绩联系最为紧密的国家。[1]而2019年的PISA调查结果仍显示，法国是教育最不平等的国家之一：20%家庭条件好的学生成绩优秀，而家庭条件不好的学生只有2.4%获得优秀。[2]

中等教育中出现的这些情况最终也会体现在高等教育中。一直以来，法国大学生的家庭出身都基本保持相同比例，占最多的是父母为高级管理人员的学生。同时，学历越高，这个比例越大，如根据2014年数据，学士学位父母为高管的占28%，硕士学位父母为高管的占33.9%，博士学位父母为高管的占35.2%，而父母为工人的比例分别为12.6%（学士）、7.7%（硕士）、5.1%（博士）[3]。

而在预备班和大学校，数据对比就更明显了。2017年的数据显示，从预备班到大学校，父母为管理人员的孩子超过50%，工人的孩子仅占6%，职员的孩子占10%，而从学生总数上看，管理人员的孩子在18岁至23岁年轻人中的数量不超过25%，工人和职员的孩子占总人数的38%。[4]

在几所顶尖的大学校，这种不平等现象愈加明显。在综合理工大学中，三分之二的孩子来自高管家庭，只有1%的学生来自工人家庭；在法

---

[1] PISA 2012：la France 1ère au classement général pour le creusement des inégalités par l'école [EB/OL]．(2013-12-05) [2024-09-15]．https://www.fondationpourlecole.org/blog/pisa-2012-la-france-1ere-au-classement-gencral-pour-le-creusement-des-inegalites-par-lecole/.

[2] Résultats Pisa 2019：le système scolaire français toujours aussi inégalitaire [EB/OL]．(2019-12-05) [2023-08-20]．https://unpeudairfrais.org/resultats-pisa-2019-le-systeme-scolaire-francais-toujours-aussi-inegalitaire/.

[3] L'origine sociale des étudiants français [EB/OL]．(2014-10-01) [2023-08-20]．https://www.data.gouv.fr/fr/datasets/l-origine-sociale-des-etudiants-francais-00000000/.

[4] Des classes préparatoires et des grandes écoles toujours aussi fermées [EB/OL]．(2021-04-09) [2023-08-20]．https://www.inegalites.fr/Des-classes-preparatoires-et-des-grandes-ecoles-toujours-aussi-fermees.

国国家行政学院，68.8%的学生来自高管家庭，而工人家庭的孩子只有4.4%；在法国高等师范学院，高管的孩子是工人孩子的20倍；工程学院情况稍好，但高管孩子也占46.5%。①

据统计，法国所有上市公司的执行总裁都毕业于大学校，法国中产阶级以上的人有70%毕业于大学校，在受到法国精英教育的企业高级干部中，他们的子女中67%的人之后也会受到精英教育而成为社会上层。而普通家庭的孩子只有24%之后会受到这种精英教育。可以说，这种教育机会不平等导致的一个结果就是社会阶级的固化。

三、法国的应对措施

在义务教育阶段，2014年法国政府开始对中小学财政拨款和优先教育地区进行改革，细化拨款标准和优先教育地图，对教育资源薄弱地区加大扶植，以减小义务教育阶段不同地区学生学业成功率的差距。

在高等教育阶段，从20世纪80年代开始，欧盟各国就注意到教育机会不公平的问题，并从宏观上进行了一系列的教育改革。例如，LMD改革（Réforme Licence-Master-Doctorat）和博洛尼亚进程（processus de Bologne），既是为了促进欧洲高等教育的协调一致发展，也为公立大学增加了竞争力。

法国在2014年对教育法进行修改，规定参加中学预备班的学生也必须在一所公立大学进行注册，这固然是一种增加大学生数量的办法（各国的高等教育入学率和大学生人数与国家形象挂钩），但同时也是对公立大学的补贴，因为大学不必提供任何资源，就可以收到学费和国家的补助。

高中毕业会考也进行了改革。对于2018年进入高中的学生，原先的三

---

① Des classes préparatoires et des grandes écoles toujours aussi fermées［EB/OL］.（2021-04-09）［2023-08-20］. https://www.inegalites.fr/Des-classes-preparatoires-et-des-grandes-ecoles-toujours-aussi-fermees.

个分科（理科、文科、经济科）将被12个专业所取代。学生在高二时，除了公共基础课，需在12个专业中选择3门必修课，1门选修课；高三时再在高二的3门必修课中选择2门必修课，选1门或2门选修课，各门课的具体时间安排见表1。

表1　2018级高中生每周时间安排表[①]

高二	高三
公共基础课：15小时30分	公共基础课：15小时
3门必修课：12小时	2门必修课：12小时
1门选修课：3小时	1门或2门选修课：3—6小时

该改革是为了让学生从高中时期就开始考虑自己的意愿和兴趣，根据兴趣选择专业，有利于将高中学习与未来大学学习有机联系起来。这样，学生对未来大学专业的选择势必更加多样化，也突出了公立大学多学科的优势。

在经济上，法国政府设立奖学金，对困难家庭的学生进行补助，其中最主要的便是CROUS奖学金。2006年，当时的法国总统希拉克制定了预备班数量为30%的目标，即大学校预备班中获得CROUS奖学金学生数量需达到30%。萨尔科奇当选总统期间（2007—2012年），又将30%的目标扩大至大学校。根据2010年法国大学校联盟（CGE）发布的《法国大学校阶层开放白皮书：实践、成果和展望》，联盟下属三分之一的学校实现了30%的学生为CROUS奖学金获得者的目标。

同时，大学校也响应国家号召针对教育机会不平等问题展开行动。早在2005年，法国大学校联盟便成立团队，专门负责促进大学校阶层多样性的工作。

---

① Réforme du lycée, quelles conséquences sur les choix de poursuites d'études? [EB/OL].（2019-01-15）[2023-08-20］. https://www.ipesup.fr/blog/2019/01/15/reforme-du-lycee-quelles-consequences-sur-les-choix-de-poursuites-detudes/.

各个大学校通过自己的基金会、助学贷款或其他方式提供经济上的支持。如巴黎政治学院根据家庭收入收取学费，2019年该校有三分之一的学生可以免付学费；国家行政学院开设专门针对贫困学生的预备班，为学生提供免费住房和财政帮助。①

一些大学校设立了机会均等项目，不仅在经济上为学生提供帮助，同时也提供文化资本方面的帮助。如"Emergence"（显现）项目会给学生安排精英领域的教父教母，让学生能够参加他们圈子的活动。埃塞克高等商学院（ESSEC）的"Une grande école：pourquoi pas moi?"（大学校：为什么不是我？）项目也是一样的思路，他们促进家庭困难的高中生与该校大学生结成辅导关系，通过学生间的长期接触帮助贫困学生跳出自己的圈子。

大学校也加大宣传，破除信息不对称。2018年底，几大商校和预备班联合发布慕课，旨在提供信息，帮助人们了解商校及其预备班在招生、课程、运行、毕业出路等各方面的情况，以破除人们对大学校和预备班的固有印象。法国最有名的精英电影学院——法国高等国家影像与声音职业学院（La Fémis）在高中生中加大宣传，为那些对该领域感兴趣的同学提供实习机会，而这部分人通过选拔考试的成功率达到16.7%，是平均值的四倍，这也同时增加了该校奖学金学生数量，2019年达到40%。

很多大学校在选拔考试上更加灵活，减少家庭阶层方面的影响因素，如增加面试成绩的权重。新闻记者培训中心（CFJ）取消了笔试，代之以按申请材料选拔。2013年巴黎政治学院选拔考试中取消了超出高中会考范围的综合文化试题。2015年法国高等国家影像与声音职业学院设立"Résidence"（停驻）项目，为未达到录取条件（如未通过高中毕业会考）的年轻人提供为期一年的导演培训。

---

① Dans les grandes écoles，la diversité sociale en progrès［EB/OL］.（2019-12-03）［2023-08-20］. https://start.lesechos.fr/apprendre/universites-ecoles/dans-les-grandes-ecoles-la-diversite-sociale-en-progres-13944.php.

此外，在录取方式上，大学校不再仅仅从预科班招生，增加了平行录取机会。学生在公立大学就读两到三年并获得学位后，可以申请各个大学校的平行录取，每个学校根据条件自行选拔。比如，有的学校要求学生参加几个大学校联合组织的平行录取考试，或者像综合理工大学一样有自己的招生条件，要求学生在大学时学习理科，并且理科成绩不低于13分（20分满分），还需要通过该校组织的面试、笔试和体育测试。

四、问题与启示

法国政府和各个大学校的一系列措施取得了一定成效，但仍有一些问题亟待解决。

根据2019年数据，大学校中获得CROUS奖学金学生数量平均值为27%，仍未达到30%的目标，而且与整个高等教育38%的平均值也有一定差距。另外，分布也严重不均衡，在8%到49%之间浮动，顶尖大学校的CROUS奖学金学生数量仍旧不高，如巴黎高等师范学院（ENS）为19%，巴黎高等商学院为15%，综合理工大学为11%。[1]

虽然很多大学校和预备班都在高中设置了"帮扶"项目，但这些项目通常不是在全国范围展开，而是针对特定高中的优等生，因此覆盖面有限。另外，数据显示，能够在这些项目中获益的学生，一半至三分之二来自中等家庭，而非平民家庭。[2] 同时，获益的人数也并不多。例如，以培养法国及国际高官为任务的国家行政学院每年仅有24个"帮扶"名额，而即使获得这个名额，学生也并不一定能够通过严苛的入学选拔考试。

---

[1] Etudiants boursiers：les grandes écoles affirment en accueillir autant que l'université［EB/OL］.（2019-12-04）［2024-09-15］. https://start.lesechos.fr/apprendre/universites-ecoles/etudiants-boursiers-les-grandes-ecoles-affirment-en-accueillir-autant-que-luniversite-1174822.

[2] "Prépas", élites et inégalités［EB/OL］.（2010-09-13）［2024-09-15］. https://www.lemonde.fr/idees/article/2010/09/13/prepas-elites-et-inegalites_1410470_3232.html.

法国高等教育的不平等问题应引起我国警示，但我们也应看到两个国家的教育制度在本质上是不同的，因此产生的问题也并不相同。

一方面，家庭经济情况构成了法国学生进入顶尖大学的第一个门槛，而中国的情况与之并不相同。中国的一本大学几乎均为公立大学，反而是三本大学学费高昂，换言之，在中国，进入顶尖教育最初的直接筛选条件是成绩而不是家庭经济条件，尽管经济条件好的家庭可以通过提供更多的教育资源来提高成绩，但毕竟只是间接因素。

另一方面，在中国，弱势家庭条件不会像法国那样成为进入顶尖学校的"心理"阻碍，导致"自动选择"或"自我裁断"。这与中国的国情相关。中国自古就有"有教无类"的教育思想，很多人还相信"寒门贵子"的说法，对于高等教育并没有像法国人对于精英教育的刻板印象。而且，在中国很多地区仍有着"万般皆下品，唯有读书高"的传统思想传承，很多家庭即使父母文化程度不高，也会鼓励孩子好好学习，尽量获得更高的学历。

尽管我国的教育传统、高等教育体制与法国并不相同，但教育公平问题目前也逐渐显现在我国的教育中。2017年北京高考状元熊轩昂在采访中说，"现在的状元都是这种家境又好又有能力的"，此言论一度引起舆论哗然。2019年北京某重点小学的学生家长开直升机进校园，又一次成为社会热点。2020年爆出了高考顶替案和高考舞弊案，热度迟迟不减。这些新闻之所以引起民众关注，都和教育公平问题有一定联系，对法国教育中该问题的研究有助我们更好地认识我国的问题并为解决我们的问题提供思路。

《费加罗报》网络版报道中的中国教育形象研究

陈　静　北京第二外国语学院欧洲学院教师
黄晓雪　北京第二外国语学院欧洲学院2022级硕士研究生

摘　要：本研究借助议程设置理论，从报道数量、报道议题、报道倾向、报道信源四个层面对法国主流媒体《费加罗报》网络版2017年至2023年117篇涉华教育报道进行分析，归纳报道呈现的中国教育形象与议程设置的影响因素。研究发现，党的十九大以来，《费加罗报》对我国教育事业保持关注，但多数报道缺乏客观公正立场，隐含意识形态，突显刻板印象，影响受众的情感判断与认知。该研究有助于揭示法国主流媒体涉华教育报道的议程设置，了解"他塑"形象的偏见与误解，从而有针对性地加强交流，建立自己的话语体系，展现客观真实、生动立体的中国教育形象。

关键词：《费加罗报》网络版；中国教育形象；议程设置

新时代赋予了中国教育事业新的使命担当。习近平总书记在党的十九大报告中首次明确提出"建设教育强国是中华民族伟大复兴的基础工程"，后又在党的二十大报告中首次将教育、科技和人才作为整体的战略部署用以推进中国式现代化建设。党和国家对教育事业的高度重视使得中国教育形象愈加立体丰满，成为"传递中国声音、讲好中国故事"的又一生动素材。

中国教育形象是中国形象的重要组成部分，是新时代教育强国建设的有力证明。关于国家形象，张毓强将其定义为"国家在开展各项事务及外交政策的过程中展现给世界的一面"，并提到"媒体的报道对于国家形象的树立起到重要的作用"。①中国教育形象被媒体话语建构与传播，从而影响受众情感与判断。特别是国际主流媒体的呈现与传播会深刻影响国际社会对中国教育形象的认知。

系统梳理相关文献发现，迄今为止，外媒构建的中国教育形象研究成果寥寥。刘晶对BBC纪录片《我们的孩子足够坚强吗？中式学校》进行了框架分析和词频分析，发现英国媒体在呈现中国教育形象时并未完全摆脱意识形态偏见与刻板印象，但媒介形象已从过去单纯的"被凝视者"转变为现在可学习借鉴的平等"对话者"。②罗琳、吴珺同样以纪录片为案例，分析美国、英国、日本三国拍摄的五部中国教育题材的纪录片如何通过塑造学生和教师的形象来表征中国教育体制及其成因。③此外，一些研究以教育的某项具体主题为切入点，来分析形象的构建与背后原因。苏蕾、刘沫彤以语义网络法和诠释包裹为路径，对中外媒体"双减"相关报道进行词频统计，研究中外媒体报道中有关我国教育形象的议题设置与话语策略。④吴佳妮等人综合运用文献计量学的量化方法及批判性隐喻分析的质性方法，以国内外新闻媒体对PISA的新闻报道中涉及中国教育的话语为研究对象，对比分析中外媒体话语表征的不同与背后原因。⑤综上，国内学术界关于外媒呈现的中国教育形象的研究主要以解析国外纪录片与对比中外媒体报道为主，研究对象国集中在英美与亚洲国家。而法国作为首个与中

---

① 张毓强.国家形象刍议[J].现代传播，2002（2）：27-31.
② 刘晶."他者"镜像下中国教育的媒介形象嬗变：基于BBC纪录片《中式学校》的框架分析[J].中国广播电视学刊，2017（6）：91-94.
③ 罗琳，吴珺.国外纪录片中的中国教育形象探析[J].中央社会主义学院学报，2022（1）：177-187.
④ 苏蕾，刘沫彤.中外媒体"双减"报道中的中国教育形象：语义网络与诠释包裹的路径[J].西安外国语大学学报，2023，31（2）：20-24.
⑤ 吴佳妮，黄依玲，白志勇."他者凝视"与"自我塑像"：PISA媒体报道中"中国教育形象"的话语生产机制研究[J].全球教育展望，2023，52（7）：35-53.

国建交的西方大国，其主流媒体有关中国教育的报道尚未受到关注。因此，本文以法国主流媒体《费加罗报》网络版涉华教育新闻报道为研究对象，挖掘法国主流媒体塑造的中国教育形象特点，并剖析其成因，以更好地继承、拓展、深化中国教育形象研究，为改善中国教育形象的传播寻找思路。

一、研究设计

（一）研究问题

本研究主要回答三个问题：①法国主流媒体《费加罗报》对涉华教育报道进行了怎样的议程设置？②涉华教育报道呈现何种中国教育形象？③法国主流媒体如此议程设置的背后原因有哪些？

（二）理论依据

议程设置理论是媒介传播相关研究的常用理论。该理论萌芽于沃尔特·李普曼的"拟态环境"概念。拟态环境并不是现实环境的镜子式的再现，而是传播媒介通过对象征式事件或信息进行选择、加工、重新并加以结构化后向人们提示的环境。马克斯韦尔·麦库姆斯和唐纳德·肖受其启发，并结合哈罗德·拉斯韦尔关于大众传播环境监视功能理念，正式创立了议程设置理论。后继学者伯纳德·科恩第一次对"议程设置"做出了概念性表述，他在《报纸和外交政策》中指出，"很多时候，媒介在告诉人们要'怎么想'这方面可能会失败，但是它们在告诉人们去'想什么'时却非常成功"。大众传播受到传播倾向、价值追求、报道风格等影响，在客观公正的新闻报道机制下设置议程：报道或者不报道某个议题，是否突出强调某个议题，报道的数量、主题、倾向如何设置，如何从现实世界中筛选、加工和整理，以塑造社会舆论环境，唤起大众关注共识。

大众传播的议程设置可以分为两个层面：外层设置和内层设置。外层设置主要是议程的显著性设置，落脚于媒体报道的定量层面，包括报道数量、报道体裁等。内层设置更加关注报道内部文本设置，包括新闻主题、信息来源、报道倾向等，建构对所报道国家的具体看法。

（三）研究语料

本研究将以《费加罗报》网络版涉华教育报道为研究对象。《费加罗报》是法国历史最悠久的报纸，也是法国国内发行量最大的全国性综合日报。法国报刊与媒体数据联盟（ACPM）官方网站数据显示，该报在2022年至2023年全国性日报发行量位居第二、网站与移动应用访问量位居前五。① 同时，《费加罗报》较早派驻外记者进行现场报道，独立采编能力强，其报道在国际社会的关注度和影响力较高。因此，《费加罗报》作为法国媒体的重要组成部分，对其的研究具有较强的典型性和普遍性。

本研究运用《费加罗报》网络版的关键词搜索功能，以 Chine+éducation、Chine+université（ou école）、Chine+enseignement（ou enseignant）、Chine+établissement scolaire、Chine+talent、Chine+système éducatif 等为关键词，对其在2017年10月18日至2023年10月17日期间发布的所有网络版新闻进行检索，过滤掉重复性文章后，共得到117篇有效报道，形成本文的研究语料。

二、《费加罗报》网络版涉华教育报道的议程设置

本研究运用议程设置理论，对《费加罗报》网络版涉华教育报道的外层设置与内层设置，即报道数量、报道议题、报道倾向、信息来源等进行深入分析，力求归纳其所呈现的中国教育形象，并解析其议程设置背后的逻辑。

---

① 参见 https://www.acpm.fr/Les-chiffres。

（一）报道数量

1972年，马克斯韦尔·麦库姆斯和唐纳德·肖在他们的论文中指出，"对公众而言，当大众传播媒体关于某一问题的报道量很大时，他们就很容易认为这个问题是当前最重要的"[①]。因此，统计《费加罗报》网络版涉华教育新闻数量，我们不仅可以直观看出媒体对中国教育的关注程度与变化趋势，还可以感知其希冀达到的受众效应。本研究将报道按年份进行划分，得到如图1所示的相关数据。

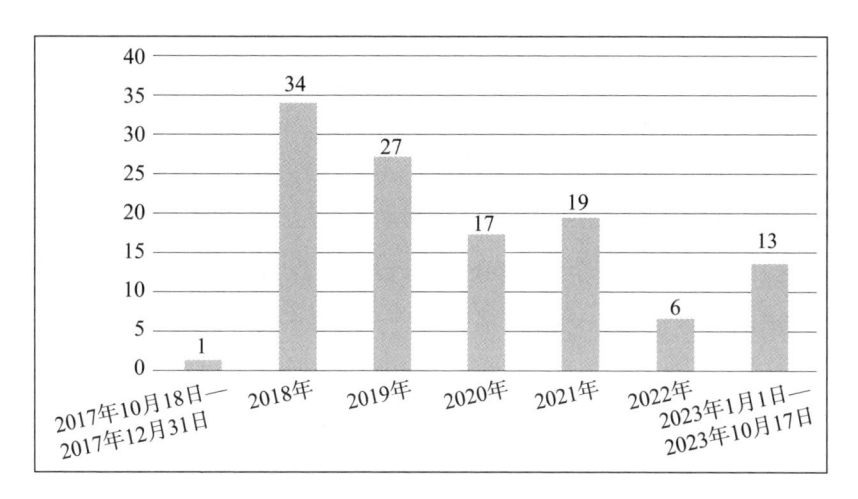

图1　涉华教育报道数量年份分布

从整体来看，《费加罗报》对我国教育领域持续保持关注。2018年作为提出"教育强国建设"的开局之年，法国媒体对我国教育领域的关注度达到高峰。2019年至2021年，我国不断推进教育强国建设，颁布了《中国教育现代化2035》《中华人民共和国家庭教育促进法》等法律，出台了职业教育改革、思政理论课改革创新等一系列意见纲要，推动了"双减"、

---

① MCCOMBS M E, SHAW D L. The agenda-setting function of mass media [J]. The agenda setting journal, 2017, 1 (2): 105-116.

线上教育等措施的落实与发展。这一阶段法国媒体相关报道呈现出数量稳定及关注度较高的特点。2022年，俄乌冲突爆发，且表现出愈演愈烈、不断升级的趋势，法国受此冲击，国内经济和社会问题频发，其媒体的关注重点也有所偏移，涉华教育报道数量跌至近几年最低。而从2023年1月至2023年10月中旬的数据来看，法国媒体对华教育话题的关注度正在持续恢复中。特别是最近阶段，中国先出台了意义深远的《中华人民共和国爱国主义教育法》(2023年10月24日)，接着又提出了对法国、意大利、德国等六国的免签政策 (2023年11月24日)，这一系列举动和措施引起包括《费加罗报》在内的法国媒体的高度关注。

（二）报道议题

报道议题指的是媒体选择报道的事实。媒介对特定议题的强调不仅可以提高这些议题的显著度，而且可以调动人们记忆中已有的与此有关的信息。这些信息随即会被个人、团体或机构用于形成与议题有关的意见。受众从传播的特殊信息中经过概括得出普遍性结论。[①] 通过归纳报道议题，可以窥见《费加罗报》在议题设置过程中有意选择、排除、强调的中国教育形象，以及该议题设置对受众认知与判断的影响。本研究对117篇新闻的议题进行提炼总结，发现《费加罗报》仅局限于报道中国的政府教育政策、教育内部问题、中外教育问题与香港教育体系等议题，具体见表1。

表 1　涉华教育报道议题分布

报道议题		报道数量	占比（%）	总占比（%）
政府教育政策	汉化政策	15	12.8	34.2
	爱国教育	5	4.3	
	教育内部改革	20	17.1	

---

① 郭镇之. 关于大众传播的议程设置功能 [J]. 国际新闻界，1997（3）：18-25.

续表

	报道议题	报道数量	占比（%）	总占比（%）
教育内部问题	教育成本高	3	2.6	29.9
	教育安全问题	13	11.1	
	教育不平等现象	4	3.4	
	教育水平	4	3.4	
	以学生为主的社会事件	7	6.0	
	疫情期间的教育	4	3.4	
中外教育问题	中外对比	11	9.4	26.5
	中外合作办学	10	8.5	
	留学生问题	5	4.3	
	孔子学院	5	4.3	
香港教育体系		11	9.4	9.4

由表1可以发现，"政府教育政策"相关报道占比最多。党的十九大以来，党和政府坚持深化改革，致力于增强教育改革的系统性、整体性、协同性，推进党的创新理论进教材、进课堂、进头脑，增强师资，减轻义务教育阶段学生作业负担和校外培训负担等。这些改革措施充分表明我国教育事业发生的格局性变化。① 而这一系列政策改革也成为法国媒体关注的重点。占比第二的报道围绕"教育内部问题"展开，涉及教育成本高、教育安全问题等。习近平总书记在《扎实推动教育强国建设》中曾提到，"我国在建设教育强国上仍存在不少差距、短板和弱项，实现从教育大国向教育强国的跨越依然任重道远"②。可见，教育强国建设并非一蹴而就，过程中难免会遇到问题与挑战，但法国媒体却故意夸大我国教育内部

---

① 赵婀娜，丁雅诵，吴月. 推动教育强国建设行稳致远［N］. 人民日报，2023-09-08（001）.

② 习近平. 扎实推动教育强国建设［J］. 求是，2023（18）：4-9.

问题，对我们在教育改革过程中取得的成就及民众的积极评价视而不见、置若罔闻，企图以此影响受众对中国教育形象的认知。此外，"中外教育问题"也是法国媒体关注的焦点之一，近几年来，我国不断开创教育对外开放新格局，全面提升教育国际合作交流水平。截至2022年12月31日，全国共有中外合作办学项目2180个[①]，中国内地国际化学校/国际部（含国际班）共有1243所[②]。因此，中外合作办学、中外教育体系差异等议题在《费加罗报》的报道中也有一定占比。最后，由于香港的特殊地位，其教育系统的风吹草动也颇受法国媒体关注。

（三）报道倾向

大众媒介难以为受众提供纯粹的客观报道，其新闻报道往往带有一定的倾向性。通过研究新闻报道倾向，可以看出媒体在报道中所持的立场，或想要达到的传播效果与影响。本研究在划分报道倾向的过程中遵循以下规律。

（1）正面报道

在这类报道中，媒体以正面的态度出现，表现出认可、赞同、鼓励等，如认可办学模式、鼓励教育合作等。

（2）负面报道

在这类报道中，媒体以负面的态度出现，新闻以批评、指责或肆意揣测后果为主，如指责汉化政策、批评教育不平等现象等。

（3）中性报道

在这类报道中，媒体并不表现出明显的倾向，主要进行客观事实类描述，如介绍政策调整、陈述突发事件等。

基于此，本研究将117篇涉华教育新闻划分为正面报道、负面报道和

---

① 参见《2022年度中外合作办学项目备案和审批情况统计表》。
② 参见《2023年中国国际化学校调研白皮书》。

中性报道三类，具体见图2。

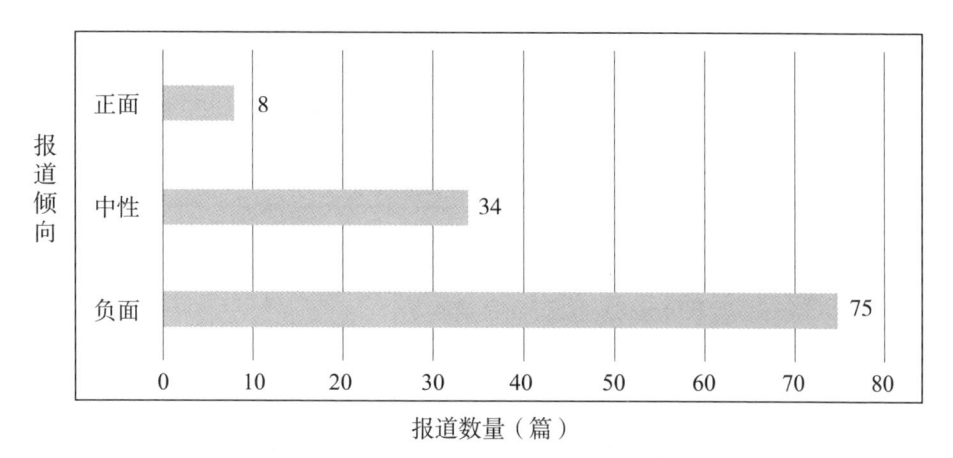

图2 涉华教育报道倾向统计

报道倾向	报道数量（篇）
正面	8
中性	34
负面	75

由图2可知，法国媒体涉华教育报道态度以负面为主，总占比超64%，而中性报道占比只有29%，正面报道最少，仅约占7%。进一步研究文本发现，其报道通过质疑我国的思想教育政策，重复报道教育安全问题、教育不平等现象等来固化受众认知。其看似站在道德制高点，实则歪曲事实、颠倒黑白，有意误导受众。中性报道涉及的话题较为丰富，内容和语言显示出保守与客观并重的特点，主要围绕新兴专业发展、教育政策调整、教育系统排名、突发事件等话题展开。正面报道则关注到我国教育合作深入发展、教育资源丰富、教育体系完善、办学方法可借鉴性高、教育数字化转型发展等方面。

（四）报道信源

信源指的是新闻报道的信息来源，即谁说的或谁提供的，包括官方、民间在内的各类机构与个人。在新闻报道中，新闻生产者往往会根据媒介立场与意识形态，从海量信息中筛选出其认为有新闻价值的内容进行呈现。信源的选择和使用频率实际隐含了新闻工作者对事件的主观态度。因此，分析《费加罗报》网络版涉华教育报道的信源与出现频率，有助于观测这一法国主流媒体报道的客观程度，同时也可以了解其报道的情感立场及想要达到的传播效果。本研究对117篇涉华教育报道的信源与信源国家进行提取整理，具体情况见表2、图3。

表2 涉华教育报道信源

报道信源						
媒体		政府机构及政府官员	国际或地方组织	专家学者	群众	模糊信源
中国	西方国家					
48	92	52	17	72	50	1

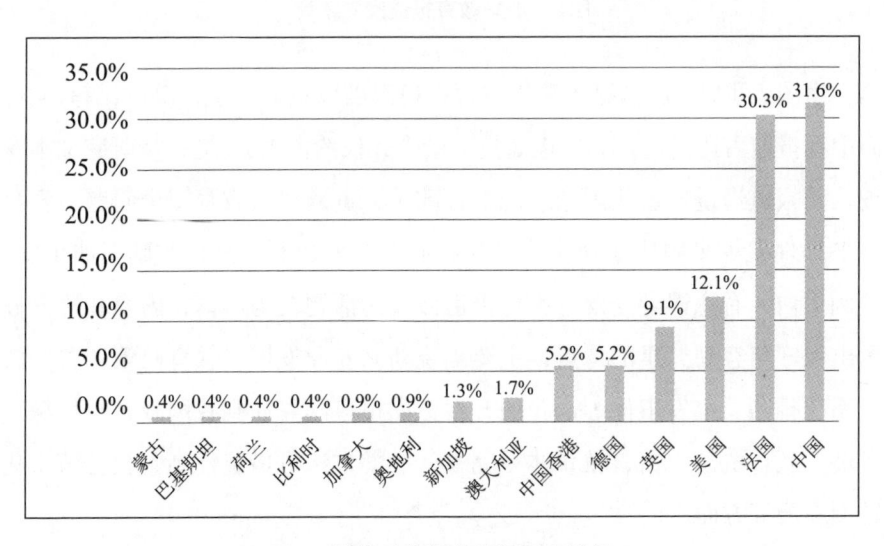

图3 涉华教育报道信源国家统计

蒙古 0.4%、巴基斯坦 0.4%、荷兰 0.4%、比利时 0.4%、加拿大 0.9%、奥地利 0.9%、新加坡 1.3%、澳大利亚 1.7%、中国香港 5.2%、德国 5.2%、英国 9.1%、美国 12.1%、法国 30.3%、中国 31.6%

如表2所示，西方国家媒体、专家学者作为信息提供者，出现频率最高。《费加罗报》受西方精英性质的新闻机构与意见领袖的影响，多次引用路透社、彭博社、《金融时报》、《纽约时报》等西方重要媒体的报道与汉学家、民族学家、大学教授等著名意见领袖的言论。正如阿兰·贝尔（Alan Bell）所说："新闻工作者也许喜欢说信源随处可见，但实际上他们选择信息的范围狭窄，在很大程度上新闻是权威信源告知的内容，处于劣势地位的信源则往往被忽略。"[1]对信息的来源国进行分析，可以发现《费加罗报》涉华教育报道看似把中国作为主要信源国家，但从整体来看，西方国家是最主要信息来源国，占比超60%。媒介想要通过援引信源来"真实地、充分地反映和提供新闻信息"，但由于报道者一方面可能无法深入接触与辨别，可能是有意为之，致使新闻客观性削弱，倾向性突显。综上，《费加罗报》涉华教育报道信源选择范围狭窄，且援引言论基本呈负面倾向，自身立场已暗含其中，影响了新闻传播的质量与受众对真相的认知。

三、《费加罗报》涉华报道中的中国教育形象

根据上述统计与分析结果，党的十九大以来，《费加罗报》对我国教育领域关注度较高，报道数量较为稳定。但通过进一步总结归纳，发现该报报道议题以偏概全，报道倾向固化，主要以负面为主，报道信源陈陈相因，难逃西方惯性思维。如此议程设置，会深刻影响受众认知与判断。具体来讲，《费加罗报》网络版涉华教育报道所呈现的中国教育形象主要有以下几个特点。

1. 坚持深化教育改革创新，但问题颇多

《费加罗报》能够敏锐捕捉到中国教育系统最近几年进行的一系列政策调整与创新。例如，在政策方面，看到我国积极开展思政教育、马克思主义教育、爱国主义教育等；在科技方面，关注到我国政府严格规定"小屏"使用时间、开展数字化教育等；在学科建设方面，注意到我国职业教育发展、学科领域拓宽等。但《费加罗报》在多篇报道中没有把重点放到具体改革创新上，而是受到西方媒体与意见领袖的影响，加上自身恶意判

---

[1] BELL A. The language of news media [M]. Oxford: Wiley-Blackwell, 1991: 192.

断,或妄言我国加强思想、技术控制,或借大众舆论间接对"禁止使用手机""中学摄像头试点""真正男子汉训练营""开设电竞专业"等提出负面批评并进行质疑,只为抹黑我国在教育改革方面做出的巨大努力。事实上,我国政府始终坚持改革是教育事业发展的根本动力,但同时也深知改革创新绝非一朝一夕之功,需要不断调整深化。而法国媒体报道内容则一味以偏概全,无视我国教育系统取得的重大改革成果,使报道客观性荡然无存。

2. 大力发展中外合作办学,但误解不断

通过梳理报道议题,可以看到法国媒体对于中外教育相关话题的关注度很高。数篇新闻涉及中国与包含法国在内的其他国家之间的教育合作,如中国在巴黎城市大学建设住宅、中法研究机构合作、库克在清华大学任职、中国留学生增多等。党的十九大以来,我国加强同世界各国的互容、互鉴、互通,与世界一流教育机构开展的高水平合作不断增多,同时进一步打造"留学中国"品牌,汇天下英才而教之,留学生数量不断增加。但与此同时,面对中国教育快速发展与对外开放水平不断提高的情况,法国等西方国家对中国教育崛起感到恐慌,服务于国家战略的媒体携带偏见,想要激活受众对中国的误解,从而对报道进行了"留学生间谍""孔子学院文化渗透"等负面议程设置。教育部思想政治工作司司长魏士强曾强调指出,"深入推进世界各种文明的交流互鉴,这就需要我们以开放包容的姿态培养越来越多的国际化人才",习近平主席多次强调,"作为中外语言文化交流的窗口和桥梁,孔子学院属于中国,也属于世界"。因此,中国鼓励出国留学、支持孔子学院建设,是为了促进中外文化的交流互鉴与多元发展,而绝非如法国媒体所捏造的刺探机密与文化渗透。《费加罗报》的涉华教育报道充斥着意识形态和刻板印象的痕迹。

3. 教育工作高质量发展,但依旧任重道远

《费加罗报》数篇报道通过中法对比,突显了中国教育体系的完善。

例如，中国在"数字敏捷性"上跃升至第四，远超法国；教师在线课程和研讨会培训率100%；在国际青少年知识评估方面，中国位列第一；中国更加重视数学教学；国际学生评估项目位居前列；等等。我国教育工作高质量发展，成绩斐然，百花齐放。但教育强国建设任重道远，依旧面临许多问题与挑战。而这往往成为法国媒体报道的热点。例如，其借"三孩政策"指责中国教育成本高，无视我国着力降低教育成本，持续深化"双减"的做法；以"盗用高考分数""名校抢夺高分学生""西藏就业困难"为借口批评教育领域出现的不平等现象，却丝毫不提及我国相关法律的不断完善，对"唯分数""唯文凭"的破解，以及党的二十大对"促进教育公平"的重大部署。《费加罗报》在针对"教育内部问题"的报道中突显负面倾向与固有偏见，故意夸大事实，无视教育发展既是前进的也是曲折的这一客观规律。众所周知，教育发展并非一蹴而就，取得成绩也绝不能一劳永逸，扎实推进教育强国建设，需要攻坚克难，不断突破，久久为功。法国媒体对此一味选取负面角度进行报道，背离了新闻报道应该客观真实的原则。

四、《费加罗报》网络版涉华教育报道议程设置原因

党的十九大以来，法国主流媒体《费加罗报》能够关注到我国党和政府对教育的高度重视、教育强国建设的扎实推进与教育领域的高质量发展，但在议程设置的过程中质疑、误解与偏见依旧突显，产生了负面的舆论效应。那么，是什么导致《费加罗报》做如此设置议程呢？下面将结合中法教育现状、国家利益等因素对《费加罗报》议程设置背后的逻辑进行分析。

第一，近年来，中国教育强国建设取得的显著成效，让法国不得不正视中国教育的优势。在最近发布的世界一流学科排名中，我国共有17个学科名列世界第一，相较2017年增加了10个。长期以来，中国师生在国

际学生评估项目和TALIS（教师教学国际调查）中表现优异，让中国的基础教育享有很高的国际声誉。2021年10月7日，联合国教科文组织教师教育中心在上海正式揭牌。2023年11月9日，联合国教科文组织也通过了在中国上海设立教科文组织国际STEM教育研究所的决议，这标志着教科文组织一类中心将首次落户中国。中国积极推动基础教育、学科建设、教师培训等行稳致远，不断吸引全球目光。而法国近些年教育发展不断遭遇瓶颈，面临教师短缺、教师继续教育率低、教育数字化转型挑战性大、国际学生评估项目排名靠后等问题。因此，面对教育事业蓬勃发展的中国，一方面，法国媒体想要通过对比中法教育系统反思自身弱点，通过交流、学习、借鉴中国方案促进本土教育改进；另一方面，法国媒体又难以摆脱西方中心主义，对中国教育崛起、经济崛起充满忌惮，因而在报道中再现刻板印象，对中国教育领域的成就和发展漠然处之或审视批评。

第二，教育是国家软实力提升的助推器，具有重大意义。16世纪以来，全球先后形成的5个科学和人才中心相继崛起，成为世界强国。这一历史进程表明，教育是实现国强民富最深刻、最持久和最磅礴的力量。[①] 学者王岳川指出，在全球化日渐深入的今天，文化冷战正酣，各国都试图将自己的意识形态与文化向其他国家和民族播撒。在这样的语境中，教育成为构筑国家文化安全防线的堡垒和推进国家文化战略的手段。[②] 中国始终注重教育高质量发展，并不断深化对外开放战略，统筹"引进来"与"走出去"，孔子学院、中外合作办学、来华留学教育等一系列工作稳步发展。这对文化大国法国来说，无疑是一大挑战。因此，法国媒体一方面报道成功案例，用以借鉴和完善法国教育系统，促进其文化的对外传播，另一方面则出于对本国国家利益与经济利益的维护，更多地表现出警惕、进行质疑与批判。他们有意设置议程，对中国进行诘难，从而突显自身优

---

① 中共教育部党组.高标准高质量开展主题教育 奋力建设教育强国[J].求是，2023（10）：22-26. 这里的5个科学和人才中心指16世纪的意大利、17世纪的英国、18世纪的法国、19世纪的德国和20世纪的美国。

② 易鑫.教育：国家软实力提升的助推器[N].中国教育报，2013-03-16（003）.

势，增强法国教育竞争力与国家软实力。

综上，在针对中国教育的言说过程中，《费加罗报》既想通过报道中国方案帮助完善法国教育系统，又想借机提高本国教育的影响力，维护国家利益。因此，其涉华教育报道呈现出"亦敌亦友"的复杂态度。当然，除此之外，中法关系、意识形态差异、媒介间的相互影响、内部媒介机构的权力牵制、利益牵扯、市场迎合等也会影响报道的议程设置。

结 语

纵观《费加罗报》关于党的十九大以来的涉华教育报道，虽然对中国教育改革、中外教育合作、教育工作成效等方面保持关注，但超半数报道依旧囿于西方中心主义与利益关系，意识形态突显，刻板印象复现，缺少客观书写与平等对话。在了解媒介议程设置与影响因素之后，我们应该如何回应？习近平总书记在中共中央政治局第三十次集体学习的重要讲话中指出，我国要加强国际传播能力建设，讲好中国故事，传播好中国声音，形成同我国综合国力和国际地位相匹配的国际话语权，营造良好的外部舆论环境。[1]因此，面对"他塑"形象的偏见与误解，我们需要积极建立自己的话语体系，"自塑"中国客观真实、生动立体的教育形象。此外，李全庆提到要以开放的心态迎接外媒的进入，要加强政界、商界的交流合作，通过外媒多样化的报道与各种民间交流，改善国外公众对我国国家形象的认知。[2]

综上，了解法国媒体等西方媒体涉华教育报道的议程设置，识别隐含的意识形态、刻板印象与利益关系，有助于加强和改进对外传播工作，展示真实立体全面的中国教育形象。

---

[1] 习近平在中共中央政治局第三十次集体学习时强调 加强和改进国际传播工作 展示真实立体全面的中国［J］.中国广播电视学刊，2021（7）：1-2.

[2] 李全庆.中国国家形象建设的道、势、术［J］.人民论坛，2016（28）：50-51.

法国高等教育生态转型和可持续发展政策译述

董格言　北京第二外国语学院欧洲学院 2024 级硕士研究生

摘　要：当今时代，生态保护问题已经越来越受到国际社会的重视，在此大背景下高等教育的任务是让全体公民为生态转型做好准备。法国著名气候学家让·茹泽尔（Jean Jouzel）领导的多学科工作小组在 2022 年完成报告《加强高校可持续发展教育，提高全民生态转型意识》，报告旨在为法国的各高校、研究所、相关政府部门及协会组织在加强可持续发展教育方面提供指导和支持。具体的工作规划包含改革所有高等教育课程、加大公共机构的指导和支持、加快和加强高等教育机构的参与等。在法国，可持续发展教育已成为高等教育政策的一个重要组成部分。政策在推行过程中仍面临一系列挑战：生态转型配套的数字基础设施更新迭代缓慢，原有的高等教育教学体系已有惯性制约，教育生态系统各参与主体协调困难等。这些行动逻辑和改革方式为我国实现高等教育生态文明建设提供参考。

关键词：法国；高等教育政策；生态转型；可持续发展

引　言

应对全球变暖和生物多样性锐减问题已经变得越来越迫在眉睫。联合国政府间气候变化专门委员会（GIEC）与生物多样性和生态系统服务政府间科学政策平台（IPBES）的报告总结了科学家所做的工作，也充分且明确地证明了这一点。[①]"生态转型"这一概念涵盖更广泛的范围，包括环境、经济、社会和文化等多个方面。在国家层面上，法国政府于2019年组织本国公民达成的《公民气候公约》[②]提出了149项建议[③]，以确保国家履行《巴黎协定》的有关承诺。2020年，法国高等教育、研究与创新部（MESRI）（简称"高教部"）提交了《2021—2030研究计划法案》[④]。法案规定高校有进行"加强可持续发展教育、提高生态转型意识"公共服务的义务。这一规定希望通过促进公民对生态转型相关概念的理解，让所有人都参与到社会转型中来，为未来的生态转型做好准备。因此，为了培养高校师生及所有相关人员适应生态转型所必须具备的素养和技能，法国高教部在2022年2月18日出台了报告《加强高校可持续发展教育，提高全民生态转型意识》，由让·茹泽尔领导的工作小组在报告中阐明了他们的目标，即提高大学生对生态问题的认识，确保大学生拥有与之相关的知识和技能，使他们能够作为公民和专业人员为生态转型采取行动[⑤]。这一举措将促进法国高等教育生态转型加快进程。

[①] JOUZEL J，ABBADIE L. Sensibiliser et former aux enjeux de la transition écologique dans l'Enseignement supérieur［EB/OL］.（2022-02-16）［2023-02-16］. https://www.enseignementsup-recherche.gouv.fr/fr/sensibiliser-et-former-aux-enjeux-de-la-transition-ecologique-dans-l-enseignement-superieur-83888.

[②] 参见 https://www.conventioncitoyennepourleclimat.fr/。

[③] 参见 https://propositions.conventioncitoyennepourleclimat.fr/。

[④] LOI n° 2020-1674 du 24 décembre 2020 de programmation de la recherche pour les années 2021 à 2030 et portant diverses dispositions relatives à la recherche et à l'enseignement supérieur (1)［EB/OL］.（2020-10-26）［2024-09-15］. https://www.legifrance.gouv.fr/loda/id/JORFTEXT000042738027/.

[⑤] JOUZEL J，ABBADIE L. Sensibiliser et former aux enjeux de la transition écologique dans l'Enseignement supérieur［EB/OL］.（2022-02-16）［2023-02-16］. https://www.enseignementsup-recherche.gouv.fr/fr/sensibiliser-et-former-aux-enjeux-de-la-transition-ecologique-dans-l-enseignement-superieur-83888.

一、法国高等教育生态转型和可持续发展的背景

（一）社会变迁推动高等教育模式变革

随着环境问题、人口问题、数字化发展等全球性挑战的加剧，生态教育的重要性日益凸显。生态问题背后隐藏的是人的价值取向问题，人类要认识环境、了解生态、获得保护地球生态系统和防止生态危机的知识和技能，就必须借助教育手段。生态教育于20世纪60年代末、70年代初应运而生。1972年联合国在斯德哥尔摩举行第一次人类环境会议时提出"人类只有一个地球"的口号，标志着生态教育在世界范围内的兴起。[①]在这样的背景下，法国意识到应通过投资高等教育与研究来应对全球性挑战，并推动国民经济的长期可持续发展，所以法国高等教育生态转型的规划与实施极具时代意义。2022年，欧盟发布《欧洲大学战略》（*European Strategy for Universities*），提出大学应该成为欧洲绿色和数字化双重转型变革的关键角色。[②]这要求高等教育体系不仅传授知识，还需要培养学生的环境保护意识，使他们能够在未来的职业生涯中做出负责任的决策。随着高等教育进入大众化阶段，法国面临着教育资源紧缺和不平衡的问题。为解决这一问题，法国在发展传统教育的同时，也非常重视教育信息化的发展。[③]法国高等教育的生态转型和可持续发展需要综合考虑环境、社会、技术等多方面因素，培养能够应对未来挑战的复合型人才。这个任务需要以高等

---

① 赵秀芳，苏宝梅. 生态文明视域下高校生态教育的思考［J］. 中国高教研究，2011（4）：66-68.

② Commission Communication on a European strategy for universities［EB/OL］.（2022-01-08）［2022-12-12］. https://education.ec.europa.eu/document/commission-communication-on-a-european-strategy-for-universities.

③ 徐佳. 法国高等教育结构：简介与启示［J］. 世界高等教育，2020，1（1）：36-49.

教育为突破口，进而扩展到全社会。

（二）产业转型促进高等教育形式变化

教育系统一方面要依据国家创新发展和数字化战略要求来推进其数字化转型，另一方面要依据系统自身构成和技术发展要求来形成转型实践逻辑。① 随着技术的发展和产业结构的调整，新兴产业如信息技术、绿色能源、生物科技等对人才的需求日益增长。生态转型离不开数字化转型，教育数字化转型要求法国政府能够提供更加科学、便利、高效的教育数字化服务，因此完善教育生态系统成为该战略的一项重要措施。② 新兴产业需要具备新技能和新知识的专业人才，由此推动高等教育机构革新课程设置，支持数字教学工具的研发和应用。例如，发起数字化培训、研究和组织空间（E-Fran）项目③征集大赛，包括数字技能培训、教学研究创新和课程动画设计制作等④。同时，为了更好地适应产业转型，法国高等教育机构越来越重视与企业的合作，包括共同研发、实习实训、定制课程等，旨在让学生能够直接接触到行业最前沿的技术和理念，提高毕业生的就业竞争力。

此外，产业转型不仅关注当前的经济效益，还强调可持续发展。这就要求高等教育在培养专业人才的同时，也要注重培养学生的可持续发展意识，如环境保护、社会责任等。随着各个产业进行生态转型，在职人员对继续教育的需求也在不断增加，因此法国高等教育机构开始注重终身教育，为

---

① 许秋璇，吴永和. 教育数字化转型的驱动因素与逻辑框架：创新生态系统理论视角[J]. 现代远程教育研究，2023，35（2）：31-39.
② 凌鹊，王艳. 法国教育数字化转型的动因、路径与挑战：基于《2023—2027年教育数字化战略》的分析[J]. 电化教育研究，2024，45（2）：121-128.
③ "数字化培训、研究和组织空间"项目（Espaces de formation, de recherche et d'animation numériques，简称 E-Fran）。
④ E-Fran：des territoires éducatifs d'innovation numérique [EB/OL]. (2021-11-10)[2023-07-11]. https://www.education.gouv.fr/e-fran-des-territoires-educatifs-d-innovation-numerique-326083.

社会各界提供再教育、技能提升等服务，帮助在职人员适应产业变革。

二、法国高等教育生态转型和可持续发展政策

（一）进行高等教育课程模式革新

高等教育课程模式的革新旨在转变所有的高等教育课程。随着博洛尼亚进程的实施，法国的教学形式及文凭种类有了更加多样化的发展，既有长期课程，又有短期课程，既开设普通与职业化课程，又区分应用性和研究性培养训练；学生既能就读综合性大学，又能报考专业学院。除了传统的大学学士、硕士、博士三类文凭，还有其他多种文凭。[①]博洛尼亚进程主张高等教育要适应企业对人才的需求，大学和企业应联合促进经济的发展，高等教育要通过其在专业学科方面的教学和研究任务来强化教育职能，培养专业型人才，这弱化了高等教育对人格的塑造功能[②]，生态转型意识需要加强。法国高等教育课程模式的革新规模大、范围广，不仅涵盖本科、硕士、博士及继续教育等各个教育阶段，还包括私立学校和法国高教部监管之外的教育机构，课程模式革新确保了高等教育系统的每个阶段都能参与到生态转型中。

高等教育课程内容的革新聚焦于四个主题：全球生态环境受到的影响、地区生态环境受到的影响、社会和政府的重要性及如何加入环境治理。[③]这些主题的选择体现了生态问题的多维性，确保学生能从不同的角

---

① 徐佳. 法国高等教育结构：简介与启示［J］. 世界高等教育，2020，1（1）：36-49.
② 尹毓婷. 21世纪法国高等教育改革研究［J］. 青年记者，2009（8）：90-93.
③ JOUZEL J, ABBADIE L. Sensibiliser et former aux enjeux de la transition écologique dans l'Enseignement supérieur［EB/OL］.（2022-02-16）［2022-02-16］. https://www.enseignementsup-recherche.gouv.fr/fr/sensibiliser-et-former-aux-enjeux-de-la-transition-ecologique-dans-l-enseignement-superieur-83888.

度理解和分析生态问题。为此，高等教育机构需要在课程设计、教师培训、资源分配等方面进行全面的规划和调整。从2000年起，法国高等教育机构开始为部分学生群体提供关于可持续发展和环境治理的教育，直到2019年，由于受到来自社会各方的压力，这种趋势加速发展。高等教育机构逐渐意识到，为应对生态转型的挑战，需在教育、研究和校园生活等各个方面采取行动。

（二）制定战略规划以构筑未来生态教育

法国高教部认为，高等教育机构要建立一个有效的战略规划，构筑起未来教育的框架，同时通过实践教学激发学生的学习动力。

实施能力导向与目标规划框架的策略部署，这种策略部署强调技能和能力的发展，更加关注学生如何运用所学知识和技能解决实际问题，促使教育者关注学生毕业时应具备的技能和能力，确保教学活动与这些预期成果紧密对应，进而提高教育的有效性。

技能参考框架定义了学生需要达到的核心能力，这些能力与生态转型直接相关。例如，理解生态系统的互动、识别环境问题的原因和后果、评估解决方案的可行性等。

技能汇总表提供了一个框架，用于评估和追踪学生各项能力的进展。这将有助于教师识别学生在哪些方面表现良好、在哪些方面需要获得额外的教学支持。

描述性文件详细说明了每项能力的具体表现，以及学生如何展示他们已掌握的知识和技能。此外，五项基本能力——考虑系统方法、制订前瞻性分析、共同构建诊断和解决方案、实施转型、负责任的行动——构成了一个全面的框架，使学生能够充分理解并参与到生态转型中。

这些方法不仅能够很好地适应学生的需求，而且还为教师提供了更大的教学自由，使他们能够根据学生的具体情况去调整教学方法。同时，各个高等教育机构应设定明确的目标：在未来5年内确保所有法国大学本科二年级的学生都受到关于生态转型的教育。这一教育阶段涵盖了最广泛的学生群体，能为推进高等教育生态转型打下坚实的基础。

（三）改进教师教育体系以培养未来的教育者

改进教师教育体系，使其能够更好地应对高等教育生态转型，是一项重要的任务。[1]教师教育课程应包含可持续发展、环境科学、社会责任等方面的内容，确保未来的教师能够在课堂上有效地传授这些知识和价值观。

在教育、教学与培训专业职业硕士（MEEF）课程中引入生态转型内容。法国教师群体人数众多，通过教师教育改革引入和推动生态转型有着很重要的意义。法国高教部提倡将专业硕士课程55%的时间用于教授基础知识，包括生态转型相关的内容、资源和教学实践。这种时间分配旨在确保未来的教师能够在小学教育中对生态转型概念有深入的理解。对于职业高中的未来教师，他们课程中的生态转型内容与技能的针对性和实用性比普通高中更强，他们要对自己的专业经验及教学实践进行深入反思，更好地理解生态转型的复杂性，并探索如何将这些概念融入教学中。

在教师与督学的继续教育中引入生态转型，是法国大学每个国家教师与教育学院的一个重要任务。法国是实行督学制度的国家。督学制的落实，依靠学区的支持和协同。学区与法国教育部各主管部门相互配合，参与学校教育教学质量的督导与评估。[2]因此，教育内容需要更加关注体系、科学和教学这三个关键领域，法国高教部应确保这种继续教育能够推广到更大范围的教学人员中，不局限于少数教师，也包括为教学督导（如国民教育的督学和地区教学的督学）提供专门的国家层面的培训，以确保他们

---

[1] 赵秀芳，苏宝梅.生态文明视域下高校生态教育的思考[J].中国高教研究，2011（4）：66-68.

[2] 方友忠，马燕生.法国学区制的发展状况及启示[J].世界教育信息，2015，28（19）：47-48，53.

在评估和指导教学质量时具备最新的有关生态转型的知识和技能。

（四）促进政府部门与高等教育机构协作

促进政府部门与高等教育机构的协作，对于加强生态转型教育和提高公民意识至关重要，这种协作可以采取多种形式，确保生态转型和可持续发展的理念被广泛地传播和实施。

一方面，通过国家战略导向制订各类高等教育框架引领未来高等教育的发展方向。法国从国家层面进行战略性导向，并制订各类高等教育框架，这体现了对生态转型的重视。通过多部门协同合作，确保高等教育机构在策略和操作层面积极响应生态转型的需求，形成推动高等教育生态转型的合力，这也有助于促进各高校之间及与中小学之间的衔接和合作。此外，将生态转型纳入高等教育框架和国家学历教育，要求在制订教育课程和学位授予标准时，需要考虑到与生态转型相关的知识和技能，确保学生能够获得应对当前和未来环境挑战所需的知识和技能。

另一方面，高等教育机构的自治与互动构建动态的教育生态。法国于2013年通过立法确认的"简政放权"式的改革，顺应2007年以来扩大大学权限与责任的发展趋势——大学的自治权尤其是"教学自主"权限扩大，国家在其与大学的关系上，在一定程度上由一个事前审批者的角色转变为事后评估者的角色。[①] 随着自治带来的战略发展空间扩大，不少大学加快向职业界开放的步伐，增强将自身融入区域的社会职业环境意识和大学人才培养专业化意识，并基于为学生的职业生涯考虑，在就业指导、职业融入、继续教育等方面与国家、地方公共团体、企业等开展战略合作。[②] 在可持续发展和社会责任方面，高等教育机构应利用教学自主权，结合各

[①] 黄硕.法国高等教育立法的新近发展及其对中国高校治理的启示[J].复旦教育论坛，2019，17（3）：24-30.

[②] 黄硕.法国高等教育立法的新近发展及其对中国高校治理的启示[J].复旦教育论坛，2019，17（3）：24-30.

自的特点和社区的需求，来积极探索和实施与可持续发展相关的教育改革。同时，高等教育机构之间的合作可采取多种形式，包括共同开展研究项目、共享教育课程及购买或共享某些服务。例如，欧洲高校的结构性合作，共同颁发文凭和认证，促进学生和教职人员的流动性，加强不同机构间的联系。高等教育机构还应积极参与所在地域的生态转型项目，与地方政府、企业、非政府组织及公众合作，共同推动生态转型项目和活动。

（五）营造"教学相长"、师生互动发展的教学氛围

知识迭代与职业能力评估是教职人员的成长之路。为应对生态转型的挑战，高校需要对教职人员进行有针对性的培训，以此来更新他们的知识储备，使教职人员掌握跨学科教学的方法，从而更有效地把与生态转型相关的内容融入教学中。高校通过开发和汇集教学资源，为教职人员提供必要的行政支持和便捷的资源获取方式，建立多学科部门评估教职人员的教学成果，通过同行和专业机构来评估教职人员的工作情况，以此来促进教职人员的专业能力成长。同时，教职人员也可通过自学、参与研讨会或工作坊等形式提升自己的跨学科教学能力。

学生参与共同构建更加包容的生态教育环境。学生是高等教育生态转型过程中的主力军，因此调动学生参与其中的积极性便显得至关重要。鼓励学生发声，以促进学生的参与度，让学生能直接表达自己的观点和建议，这种即时的反馈能迅速地帮助教师调整教学方法和内容。同时，校友通过分享他们的经验，可以帮助学校更好地了解毕业生在职场上的实际需求，从而及时调整教学策略和课程设置，使之更加符合社会和职场的需求。教职人员与学生共同打造教育与教学环境，鼓励学生积极参与到教育活动中，不仅参与学习内容的选择和开发，还参与教学方法的设计和评估。教职人员不再是单向传递知识的角色，而是成为学生的引导者和协作者，他们与学生一起探索知识，共同解决问题。

（六）法国高等教育生态转型的实施办法（2022—2027年）

负责高等教育的部委应发挥好协调机构的作用，实现对高校战略发展的引领[1]，通过设立专项工作组促进高等教育生态转型，包括确定短期和长期目标、制订实施计划、监督进度等，专项工作组主要工作如下。

一方面，建立一个全面的参考框架，涵盖教育领域的核心知识和技能。这个框架应该基于共同的知识和技能基础，为不同的教育类型和教育层次提供指导，同时开展区域协调。所谓"区域协调"，是指在一个学区内部或跨学区的既定区域，在共享计划的基础上，在主管高等教育的部长领导下，高等教育机构和研究机构之间以合并、共同体或联合的方式开展研究协作、技术转让。[2] 与各种类型的合法教育机构合作，确定相关教育领域的专家组。专家组的成员由教师、学生、协会专家和行业代表组成，负责确定各自领域的核心知识和技能，确定评估方法，以确保不同教育类型和教育层次的学生能够获得相关的知识和技能并被认定。

另一方面，在高等教育认证过程中加入生态转型要素。建立一个包括高等教育工作者在内的专业性网络，该网络包括教师、研究人员、行政人员及其他教育工作者代表，促进各个高等教育机构在生态转型方面的信息和经验交流，确保高等教育机构在课程设计、研究方向和校园运营等方面充分考虑环境可持续性发展的需求。设立一个管理国家教育和科学资源的中心，该中心负责收集、更新、编辑和提供各种教育资源，这些资源包括知识库、研究报告、专家资源库、教学模块及其他教育机构开发的资源。通过建立门户网站、搜索引擎等工具，促进高等教育机构间的资源共享和

---

[1] 王选华.法国未来十年高教发展蓝图绘就［J］.教育家，2016（21）：49.
[2] 黄硕.法国高等教育立法的新近发展及其对中国高校治理的启示［J］.复旦教育论坛，2019，17（3）：24-30.

利用，包括与现有的高等教育网络（如UVED、ONERC等）的协同工作，以提高资源的可访问性和使用效率。从不同的高等教育机构收集数据，利用专家、网络和各种资源获得全面的视角。每年发布一份年度报告，总结生态转型在高等教育领域的发展动态。到2027年，对这一公共政策的执行情况进行评估，以决定其效果和影响，确保生态转型被全面纳入高等教育课程中。

三、法国高等教育生态转型和可持续发展的困境

随着教育数字革命的进一步加速，法国学校、教师、学生等相关群体都尚未做好充分准备应对生态转型，因此法国高等教育生态转型和可持续发展出现了多个困境，如生态转型配套的数字基础设施更新迭代缓慢、教师教学能力与数字技能割裂、教育生态系统参与者协调困难等。

主要困境之一是教育投资的有效性和公平性问题在一定程度上阻碍了欧洲高等教育数字化的发展，缺乏基础设施成为欧洲高校数字化转型的最大障碍。[1]首先，数字基础设施的更新和迭代需要大量的资金支持。虽然法国在教育领域的投资相对较多，但是面对数字化转型的需求，现有的资金投入可能还不足以覆盖所有高等教育机构的需求。其次，数字基础设施的更新不仅仅是硬件的更换，更重要的是人才的培养。目前，法国可能面临专业人才不足的问题，这一问题将导致政府无法有效地支持高等教育的数字化转型。最后，不同高等教育机构在资源分配上的差异可能会导致数字鸿沟的问题，即资源丰富的学校能够更快地实现数字化转型，而资源较少的学校则可能落后。为了应对上述困境，法国需要在政策支持、资金投入、人才培养等方面进行战略调整，以确保高等教育生态转型能够顺利进行。

---

[1] 郭玉婷.欧洲高等教育数字化发展的政策演进、现实困境与启示[J].中国高教研究，2023（11）：55-61.

主要困境之二是教育生态系统各参与主体协调困难。教育生态系统涉及诸多利益相关者，强调多元主体协同发力，动态协调参与者以达成价值共创。[①]这些参与主体包括政府部门、教育机构、教师、学生、企业及社会各界等，每个群体的目标和需求可能不完全一致。例如，政府可能更关注教育的普及和公平，学校可能更注重自身的声誉和学术成就，而企业则可能更关注毕业生的实际技能和就业能力，不同的目标使得各参与主体在推动生态转型时难以形成统一的行动方向。虽然各方都是教育生态系统的重要组成部分，但在实际操作中，他们之间的沟通和协作机制并不健全，缺乏有效的沟通渠道和协作平台，使得各方难以及时地分享信息、协调立场和整合资源，这给实现教育生态的有效转型带来了障碍。要解决这些协调方面的困难，需要建立更加有效的沟通和协作机制，确保各方能够在教育转型过程中发挥作用，并协同推进。

结 语

随着全球环境问题的日益严峻，生态保护和可持续发展已成为迫切需要解决的全球性问题。高等教育机构作为知识和创新的源泉，承担着培养未来领导者、创新者和公民的责任，因此在培养学生的可持续发展意识和技能方面发挥着至关重要的作用。法国加强高等教育中生态转型与可持续发展教育的策略涉及课程改革、政府部门的支持、高等教育机构的积极参与等，通过这些策略的实施，可以有效地提升高校师生对可持续发展问题的认识，增强他们对生态环境保护的责任感。法国的高等教育机构在可持续发展教育方面的实践，可以为我国的高等教育生态文明建设提供借鉴和启示。首先，法国高等教育体系的生态转型，特别是在治理结构上的改

---

① Numérique pour l'éducation 2023-2027：la vision stratégique d'une politique publique partagée［EB/OL］.（2023-01-17）［2023-07-11］. https://www.education.gouv.fr/strategie-du-numerique-pour-l-education-2023-2027-344263.

革，为我国高等教育的发展提供了重要的参考。通过借鉴法国高等教育的经验，有利于推动我国高等教育生态文明建设，提高高等教育的质量和国际竞争力。其次，法国高等教育体系强调技能和应用知识的培养，注重理论与实践的结合，这对于我国进一步明确技能本位的人才培养目标、调整课程设置、增强实践教学环节以培养学生的职业技能和实际工作能力来说，不无借鉴意义。再次，法国鼓励大学与企业合作，促进学术研究与产业发展的互动，这对我国来说也有启示，需要加强高等教育机构与产业界的联系，通过校企合作、实习就业等方式，使教育内容和人才培养更贴近市场需求。最后，法国高等教育体系注重终身学习，为全体公民提供各种继续教育的机会。我国也应发展更加灵活多样的终身教育体系，鼓励各类人群参与继续教育，以适应快速变化的社会和经济环境，更好地适应生态转型。

跨文化研究

跨文化商务合作失败案例分析

李孟玲　北京第二外国语学院欧洲学院 2022 级硕士研究生

摘　要： 爱德华·霍尔认为，人是文化的存在物，文化即交流。在一次真实的跨国商务洽谈经历中，我们看到，一方的盛情款待却给了另一方拒绝合作的理由，表面啼笑皆非的故事背后隐藏着深层而广泛的因素，即各文化间的互不了解及利用自身文化解释别的文化的现象。本文从中国与西欧对待宴请共餐不同的认知模式、中国的待客之道、面子观念及中西方不同的饮食传统和日常习惯的角度试图探索本文案例中商务合作失败的原因，并呼吁相关企业员工培养文化敏感性，以更好地理解他国文化，促进国际商业交流繁荣发展。

关键词： 跨文化交际；国际商务；饮食文化；礼貌；面子

引　言

前一段时间，笔者从一位远在欧洲的朋友那里听说了一件趣事。她公司的三位欧洲同事来到中国，与原以为有机会合作的几位材料供应商见面洽谈。回去之后，这三位欧洲同事认真地向笔者这位朋友询问道："你们国内C市的人是不是很能吃？还吃不胖？"她仔细思考了一番，根据她对国内南北方人的饭量的个人了解，认为C市的人不算大饭量，人们吃不胖也不太科学，回答道："不是吧，为什么这么问呢？"

欧洲同事说："哇，我真的惊呆了，我们去看产品，他们一定要请我们吃午饭，一共就五六个人，点了15个菜以上，我从没见过这么多菜，那是我此生吃过的最丰盛的一顿午饭，而且不止一个材料供应商这样，连续几天都是这样，所以我想是不是这个城市的人都很能吃，可是我在街上看到的人都不胖，如果都那么能吃，是不是天生吃不胖啊？"

事件的后续是：由于他们公司非常在意环保，并且认为中国材料供应商存在食物浪费的习惯，于是决定不和这几位中国材料供应商合作，继续去其他国家考察，选择了新的合作伙伴。

当然，影响商业合作的因素有很多，如产品的质量、价格、生产周期、公司的口碑、运输成本等，这些不在我们的讨论之列，我们的问题主要聚焦于中方请吃饭这件事对跨文化商业合作的影响。从上述事件描述中我们可以看到，中国公司盛情邀请，点了一大桌子佳肴以示热情和重视，却让外方颇为不解，他们甚至因为6个人吃不完这么多菜，认为中方浪费食物，进而怀疑中方公司不注意环保，与外方的企业文化相悖，因此降低了合作的可能性。

这个事件从表面看来是文化差异导致的问题，甚至有些令人啼笑皆非，但究竟为什么会这样呢？其中涉及哪些因素呢？这几位洽谈人员忽略了什么东西呢？我们将从跨文化交流的角度出发，对这些问题进行一一的分析与回答。

一、吃饭与商务合作的联系——不同的认知模式

爱德华·霍尔（Edward T. Hall）在《无声的语言》中说："人是文化存在物，受隐蔽规则束缚。"[①]人们的思想、话语和行动受到文化的影响之深超出平常人的想象。从出生以来，人便受到社会环境和文化规则的塑

---

① 霍尔. 无声的语言［M］. 何道宽，译. 北京：北京大学出版社，2010：93.

造，形成一套特定的认识世界和维系社会关系的方式，并默认这套行为方式是应然的并具有普遍意义，人们难以意识到自己的许多认知和行动源于文化中的隐形规则，也难以想象世界上别的文化中存在着与自己截然不同的认知方面。只有在实践中，在跨文化的交流当中，人们才有机会看到，原来在不同的文化中人们面对同样的问题有不一样的看法和解决方式。我们用爱德华·霍尔的"模式"一词来进行解释。

霍尔认为，同一群体的成员共享一些模式，他们看见相同的事物靠模式结合为一体。[①]例如，对装饰艺术十分敏感的人来说，客厅的家具及其摆设兼具实用功能、装饰功能及社交功能，人们能在一瞬间洞察一间客厅的主人是否有品位、平时的社交生活是否丰富、是否注重生活质量，更在意房屋的舒适度还是装饰排面等，而另一些人则只对客厅的整体效果做出反应。在此，家装设计师与普通人在面对客厅装饰时分别拥有两种不同的认识模式。在霍尔看来，人们通过观察和分析事物的细节，发现隐藏在细节背后的深层意义，并将这些意义相互关联起来，从而形成对事物整体的理解和判断。

回到我们本文的案例中，中方邀请外方商务洽谈伙伴共进午餐，这与中国文化传统息息相关。饮食在中华传统文化中的地位向来重要。而围绕饮食展开的社交活动也源远流长，自周朝起便有了一国君主宴请大臣的记载，历史上著名的政治标志性事件也往往通过一顿饭作为开端，如楚汉争霸时危机四伏的"鸿门宴"、三国纷争时巧借雷声摔筷使曹操放下防备的"煮酒论英雄"、宋太祖平定天下后借宴请功臣而收回大权的"杯酒释兵权"……一顿饭，在中国文化中不仅是一顿饭，中国人素有在饭局中商讨要事的文化传统，而且在当今的商务合作中，这常常是不可或缺的一个环节。我们可将其视为商务洽谈中的一个模式，即借饭局表明合作态度。饭局越丰富，越能表明中方合作的诚意与对合作方的重视。这是中华传统文

---

① 霍尔.无声的语言[M].何道宽，译.北京：北京大学出版社，2010：96.

化中的一项隐形规则。

然而，中华传统文化之外的人未必明白这一隐形的文化规则和模式。霍尔提到，只有在自己的层次上分析时，模式才有意义。[①]社会心理学家亨利·泰弗尔（Henri Tajfel）等人提出了社会认同理论，在同一情景下，人们分为团体内（in-group）成员和团体外（out-group）成员[②]，外方在面对中国文化时，属于团体外成员，在本文的案例中，宴请午餐以表心意的做法却是团体内的成员共享的模式，于是二者对待这顿午饭便有着不同的认知和看法。中方遵循以往的商业洽谈惯例，邀请对方享用午餐以表合作的诚意，点一桌子菜以表自己的重视，并希望对方享受多样的中国美食，给对方留下热情慷慨的好印象，但这层信息并未被对方捕捉到，因此中方的意图在这个意义上便落空了。

在以西欧为代表的西方世界中，商务洽谈的模式与中国的模式有所不同。一位在法国学习生活了10年的葡萄酒从业人士表示，据他所知，商务洽谈及正式的流程操作基本都在上班时间、上班地点完成，鲜少涉及工作时间之外，即便有双方共进晚餐或共酌几杯的情况，也是白天完成签约之后的个人行为。在他们的商务洽谈模式中，饭局并不占有重要的位置，也不是必要的环节。因此很多人并不将其视为合作谈判的关键影响因素。

从本案例中欧洲同事的回答中也可窥见端倪："我们去看产品，他们一定要请我们吃饭。"在这位欧洲同事看来，他们一行的目的是看产品，一起吃饭不在他们的计划之内，因为这不属于他们商业运行模式的一部分，因此也难以把吃饭和商业合作联系在一起，而中方却坚持请他们吃饭，因为这属于中方商业合作模式中的重要环节之一。由此，围绕着吃饭与否、吃饭与商业合作是否有联系的问题，外方和中方的看法截然不同，这就难免产生中方释放的信号无法被外方接收到这种情况。

---

① 霍尔. 无声的语言［M］. 何道宽, 译. 北京: 北京大学出版社, 2010: 96.

② TAJFEL H, TURNER J C. An integrative theory of intergroup conflict［J］. The social psychology of intergroup relations, 1979（5）: 33-47.

二、面对来客——传统礼仪与社交礼貌

在中华文明悠久的历史传统中，中国人民素来讲究礼仪问题，尤其是在面对远道而来的客人时，热情的中国人民常常摆上一桌好菜，以示自己的待客之道。宴饮来客包含着丰富的文化含义和广博的礼仪成分，承载着社交规则和礼俗风尚。[①] 例如，在宋代，拜访他人的来客投帖拜谒，为表盛意，主人需要设宴款待。庆历年间，天章阁待制滕宗谅因事被贬到岳阳当地方官，有人前来拜访，递上名帖求见，滕宗谅 "召坐置酒，高谈剧饮"[②]，如主人未按常例接待来访者，通常认为来访者不受礼遇。北宋时期，依旧例，监司巡察至某地第三日，当地政府要设宴款待。文潞公（彦博）被派到北京大名府任职期间，汪辅之刚被任命为管理运河事务的管员，"初入谒，潞公方坐厅事，阅谒，置按上不问，入宅，久之乃出，辅之已不堪。既见，公礼之甚简"，汪辅之很失望，因为主人没有设宴款待他，最后只能悻悻而归……从访客汪辅之的表现来看，他对文彦博的接待态度相当不满，以致日后"密劾潞公不治"[③]，这包含着对自己受到"非礼遇"的一种回击。由此可见，在中华传统文化中，宴饮来客与礼制息息相关，是主人礼待客人的表现，也是社会礼俗的规范要求。宴请礼仪从古绵延至今，深深植根于中国人的精神世界，在日常的交往生活中占据着重要的地位。

在西方，宴请文化同样源远流长，从古希腊时期柏拉图的《会饮篇》到达·芬奇的传世名作《最后的晚餐》，西方人民同样讲究宴请礼仪，只是这样的宴请往往存在于亲朋好友之间，属于私人领域内的社交范畴，是一项较为私密的活动。公司合作伙伴间的宴请活动较少出现。与前文提到

[①] 纪昌兰.礼俗之间：宋代的宴请礼仪与风俗传统［J］.江西社会科学，2022，42（5）：56-64.
[②] 范致明.岳阳风土记［M］.北京：中华书局，1991.
[③] 邵伯温.河南邵氏闻见前录［M］.北京：中华书局，1985.

的中国的宴请活动不同，不论是亲朋好友的拜访，还是政治外交上的出访活动，都涉及宴请接待。

在本文的案例中，外方合作伙伴不远万里跨越大洲大洋从欧洲来到中国，中方按照基本礼仪接待远道而来的客人，请对方享用丰盛的中国美食，在中方眼里这是基本的礼仪，或者用跨文化交际中众多社会学家的说法，这是中华民族的礼貌原则之一。

但是，由于不同的风俗习惯和社会制度，每种文化中礼貌的概念不尽相同，对礼貌的界定受到文化习俗的影响，关注点各有侧重，表现方式也各不一样。异域文化背景的人在没有对中国文化充分了解的情况下，往往察觉不到中国文化中的礼貌方面。

三、宴席排场——面子观

在周代时，中国的宴席方式就已基本完备，据《周礼·天官·膳夫》记载："凡王之馈，食用六谷（徐、黍、稷、粱、麦、菰），膳用六牲（牛、羊、猪、犬、雁、鱼），饮用六清（水、浆、醴、凉、醫、酏），羞用百有二十品，珍用八物，酱用百有二十瓮。"[1]饮食已经超出生理需求的范畴，主要彰显用餐人的身份与地位，当时社会上行下效，餐食与用餐人的地位、声望的联系一直保留至今。

如今，这一讲究排场的饮食特点仍然显著。在中国人民眼中，排场是宴席举办者经济实力、社会地位、自身形象、待客态度的综合表现。[2]通常，请客设宴时的菜肴数量数倍于就餐者的食量，品类花色远超日常生活。这也就解释了在本案例中中方点远多于来客食量菜肴的原因。这涉及中国人讲究宴席排场的历史传统和文化风俗。

---

[1] 周礼［M］.钱玄，钱兴奇，王华宝，等，注译.长沙：岳麓书社，2001：31.
[2] 余世谦.中国饮食文化的民族传统［J］.复旦学报（社会科学版），2002（5）：118-123，131.

此外，我们还可以用面子观念进行分析。戈夫曼认为，一切人际互动都是维护自己与对方的面子。[①]Brown 和 Levinson 在戈夫曼的面子理论的基础上提出了"积极面子"和"消极面子"。积极面子指的是良好的自我形象，消极面子指的是自身的各项自由不被侵犯。[②]

如果熟悉上文论及的中华宴席传统，我们便知道请客的排场大不仅能显示中方的慷慨大方与热情款待，从而维护中方的积极面子，还意味着中方对外方的尊敬与重视，这也是维系外方积极面子的一种行为，或者用中国人常挂在嘴边的说法，这叫"给面子"。在十分重视人际关系的中国文化中，对方的面子和自己的面子一样重要。因此，在任何交流中，中国人首要考虑的往往是对方的面子，并且尽量避免损害对方的面子，始终努力给对方面子。本案例中的 15 道菜便是中方给外方面子的表现。中方想要显示出自己对远道而来的未来合作伙伴的尊敬与重视，因此盛情款待。通过这种方式，中方希望让外方感到有面子，从而获得外方的好感，通过盛大的宴饮与外方建立良好的关系，以增加合作的概率。

遗憾的是，这些努力并未被外方人员感受到。此外，除了外方人员对中国文化和传统习俗不了解，此处的文化冲击还涉及中国人和欧洲人不同的饮食文化。

四、中西生活习惯与饮食文化之不同

中国人在古老的农耕文明影响下，早已养成了一日三餐的饮食习惯，且有早餐吃好、午餐吃饱、晚餐吃少的说法。而在以西欧为代表的西方世界，受历史传统和宗教习俗的影响，虽然人们也讲究一日三餐，但人们往

---

① GOFFMAN E. On face-work：an analysis of ritual elements in social interaction ［J］．Psychiatry，1955（18）：3, 213-231.

② BROWN P，LEVINSON S C. Politeness：some universals in language usage ［M］．Cambridge：Cambridge University Press，1987.

往更注重早餐与晚餐，午餐往往跳过或简单应付，这带来了两种文化下人们对午餐的重视程度和观念的不同。因此，在本案例中，中方人员认为午餐吃好、吃多是非常正常的，中午也是宴请的时机，然而，外方人员由于长期以来将午餐视作可有可无，并且少有准备盛大午餐的经历。因此，对于这位欧洲同事发出"那是我此生吃过的最丰盛的一顿午饭"的感叹，我们也就可以理解了。

在古希腊时期，希腊人饮食简朴、丰盛但不奢华，形成了独特的地中海饮食结构。到基督教统治时期，肉体和灵魂相互对立，教义告诉人们饮食是诱惑的来源，饮食能带来身体上的快感，教徒应当对抗口腹之欲，以此磨炼意志、证明信仰之忠诚。基督教的七个恶魔之一便包括饕餮（Gluttony）。由此，在漫长的基督教历史中，禁食或节食的观念深入人心，一直到今天，这种节制的观念仍然深深影响着大部分西方人。因此，西方少有讲究饮食排面的现象，这几位欧洲同事的"我从没见过这么多菜"的说法也就其来有自。

与西方不同，中国更讲究礼教伦理。早在战国时期，孟子便对追求饮食这一人性欲望做出了肯定，《孟子·告子上》中对食物的说法深入人心："食色，性也！"《论语》中的"食不厌精，脍不厌细"也能说明这一点。

此外，中西方共餐制与分餐制的差别也造成了不同文化对待食物的不同处理方式。普通中国家庭基本采用共餐制的进餐方法，餐桌上所有的菜大家共享，为避免餐食量少，点餐时尽量多点，而西方分餐制的方式则给予了进餐人更多的个人自主性，自己点自己的那份，能吃多少点多少。因此，这也是中西方饮食习惯上的一大不同点，对于本案例中外方人员不习惯一大桌子菜的现象，也能提供一个方面的解释。

五、国际商务人员的文化敏感性

研究人员将文化敏感性定义为对跨文化商业惯例的认识及应对和管理

文化差异的能力。[①]如今，这是一个全球化的时代，不同文化之间的交流愈加频繁，信息科技和运输事业的发展使得生产全球化成为可能，国际间的商务合作每天都在大量发生，文化敏感性在跨文化的商业关系中起着重要作用。这要求相关企业的从业人员具备一定的跨文化交流能力及文化敏感性，掌握一定的世界文化知识和跨文化沟通能力，以此应对跨文化交流带来的问题和挑战，促进国际间的商务交流与合作。

在本文的案例中，双方似乎都对对方的文化习惯和传统习俗不太明白，中方按照自己的文化惯例接待外方，为了表示热烈欢迎与合作的诚意，中方盛情款待，点了远超用餐人数数倍的菜品佳肴，以此表示充分给外方面子，希望获得外方的好感，而外方对这一点并不明白，如此丰盛的午餐与欧洲文化中简朴随意的午餐形成鲜明对比，甚至造成了一定程度的文化冲击，远超出就餐人食量的菜量让欧洲人员误以为中国企业浪费无度。而实际上这并不是中国人饮食的常态，甚至在普通人的家宴中，剩余的菜会被打包或者分几天吃完，中国人民对待食物同样爱惜节制。只是在商业场合，为了显示排面和对外方的重视，中方在传统观念中的礼貌原则的影响下，感到这顿饭必须慷慨丰盛。而且两方人员也并未就相关问题做出任何解释和沟通，而是默认对方能够懂得这顿饭蕴含的隐形信号，由此双方在各自不同的文化层面上理解对方并做出行动反应，导致隐形的讯息无法被正确接收，甚至造成误会，以至于对合作的达成产生负面影响。

因此，鉴于全球化程度日益加深，全球商业环境日益活跃，跨国企业需要有一定文化敏感性的员工，对世界文化具有基本了解，掌握跨文化交际的基本技能，如此才能在国际商业领域取得成功。

[①] SHAPIRO J M, OZANNE J L, SAATCIOGLU B. An interpretive examination of the development of cultural sensitivity in international business [J]. Journal of international business studies, 2008, 39 (1): 71-87.

结　语

　　人是文化的产物，受到自身文化的滋养、塑造和限制。在面对不同的文化时，人往往在枷锁之中，而理解与沟通则是打开枷锁的钥匙。围绕着跨文化商务合作中宴请吃饭的具体案例，我们探讨了中西方对待这一事件不同的认知模式，中国人从数千年前沿袭至今的待客礼仪与面子观念，以及中西方文化中对待午餐的不同习惯和饮食文化。在日益加深的全球化浪潮中，国际商务合作会越来越多，类似的情景也一定会反复出现。为了更好地达成合作，从业人员需要对不同文化有一定的敏感性，以此降低文化差异对商务合作的负面影响，促进国际交流日益繁盛。

文化维度视角下跨文化冲突与融合

——以系列电影《岳父岳母真难当》为例

黄晓雪　北京第二外国语学院欧洲学院 2022 级硕士研究生

摘　要：随着跨文化交际的深入推进，文化差异日益受到人们的关注。由于不同民族所坚持的文化维度不同，跨文化冲突难以避免。为了更好地促进文化交流互鉴，正视、缓解、规避文化冲突就显得极为重要。法国喜剧电影《岳父岳母真难当》通过鲜活的交际案例，生动再现了多元文化背景下的跨文化冲突与矛盾，为我们深入解析文化差异所导致的文化冲突提供了参考蓝本。本文以系列电影《岳父岳母真难当》为例，借用荷兰学者吉尔特·霍夫斯泰德文化维度理论，探析电影中呈现的跨文化冲突具体表现，同时结合电影后续和睦共处的跨文化融合实践，提出应对相关矛盾冲突的可行策略。

关键词：跨文化冲突；文化维度理论；《岳父岳母真难当》；跨文化融合

世界经济与科技的飞速发展推动跨文化交流越来越频繁。但在这一过程中，语言思想、社交礼仪、行为方式等多方面的不同易使交际双方失误频发，矛盾突显，从而产生心理障碍与交际困难，阻碍各国间的交流互鉴与多元发展。因此，识别跨文化冲突的关键驱动因素、推动不同文化的有效融合，是当今跨文化时代所面临的重大挑战和急需解决的问题。

电影作为一种视觉艺术，是虚拟与现实的结合，是人们了解不同文化、历史与社会现象的载体。系列电影《岳父岳母真难当》凭借幽默风趣的法国喜剧传统和电影中引发争议的社会问题获得巨大成功。电影关注到同一时空下的多国文化冲突，展现了不同文化单元的人们在交际时遇到的障碍、误解与解决方式，引发了人们对跨文化冲突与融合的思考。本文以跨文化视角，借由霍夫斯泰德的文化维度理论分析系列电影《岳父岳母真难当》中展现的文化冲突，同时基于电影中呈现的不同文化之间求同存异的互动模式，尝试提出当今时代应对跨文化冲突的可行策略。

一、《岳父岳母真难当》概述

系列电影《岳父岳母真难当》由菲利普·德·肖伏隆执导，分别于2014年、2019年、2022年上映。影片以喜剧的口吻处理不同种族的混合婚姻问题，讲述了一对布尔乔亚夫妇克劳德·韦纳伊与玛丽·韦纳伊的家庭故事。他们是一对比较"旧式法兰西"的父母，虔诚的天主教徒，热爱国家，尊崇戴高乐主义，但一直被迫保持着开放的心态。在第一部电影中，他们的第一个女儿嫁给信奉伊斯兰教的阿尔及利亚人，二女儿嫁给信奉犹太教的以色列人，三女儿嫁给了中国人。这对夫妇把希望寄托于小女儿身上，但最终落空，小女儿嫁给了信奉天主教的科特迪瓦人。在第二部影片中，家庭矛盾转移，这对老夫妻实施了一系列不可能实现的计划，试图把女儿女婿都留在法国国内，让他们爱上法国，同时他们还要为科特迪瓦亲家的女儿做婚礼准备。在第三部电影中，四位女儿邀请了丈夫的父母一同来法国庆祝韦纳伊夫妇结婚40周年。四对父母的到来使得相处的困难再上一层楼，出现了很多误会与矛盾。但在三部电影中，跨文化交流并不止于冲突矛盾。但是随着时间的推移，大家努力改变，从冲突不断到逐渐和谐相处、团结共事。三部影片不仅给观众带来愉悦的体验，同时也激发了对多元文化背景下跨文化冲突的深入反思，并为跨文化融合的实践提供了借鉴和参考。

二、基于文化维度理论的跨文化冲突探析

美国跨文化传播学者萨默瓦认为跨文化交流就是拥有不同文化感知和符号系统的人们之间进行的交流。[①]韦纳伊一家来自五个国家,拥有不同的宗教信仰,文化感知、交流方式各不相同,有各自独特的心理、社交与物理世界。在复杂的跨文化交流过程中,冲突与分歧是难以避免的。

根据《岳父岳母真难当》的情节与内容,可以结合霍夫斯泰德文化维度理论对电影中典型的跨文化冲突进行划分。文化维度理论是最具影响力的跨文化理论之一,被广泛地运用于跨文化交际实践之中。霍夫斯泰德通过对IBM跨国公司的11.6万名员工进行文化价值观调查,归纳了不同文化之间所表现出的差异,而后进一步补充完善,总结得出五大文化维度,分别是:权力距离、个体主义与集体主义、阳刚气质与阴柔气质、不确定性规避、长期导向与短期导向。下面结合该理论对电影中呈现的跨文化冲突现象进行解析。

(一)权力距离

霍夫斯泰德在《文化与组织:心理软件的力量》一书中把"权力距离"定义为:"在一个国家的机构和组织中,弱势成员对于权力分配不平等的期待和接纳程度。"在这里,机构是指社会的基本单位,如家庭、学校、社区等。[②]在权力距离较大的社会,亲属、上下级之间的等级概念比较强,反之,在权力距离较小的社会,等级概念比较弱。

在影片中,三位女婿都直接称呼妻子父母的名字玛丽(Marie)和克

---

① 萨默瓦,波特,麦克丹尼尔.跨文化传播[M].闵惠泉,贺文发,徐培喜,等译.北京:中国人民大学出版社,2020:47.
② 霍夫斯泰德,霍夫斯泰德.文化与组织:心理软件的力量[M].李原,孙健敏,译.2版.北京:中国人民大学出版社,2010:49.

劳德（Claude），只有来自中国的凌超在和妻子的父母打招呼时说"岳母好，岳父好（bonjour belle-maman, bonjour beau-papa）"，这样的称呼遭到妻子父亲的厌恶，"别叫我岳父，这很烦人（évitez de m'appeler beau-papa, ça me crispe）"。按照中国传统文化，子不言父名，女婿在外会尊称妻子的父亲、母亲为岳父、岳母。"岳"字取自泰岳，也就是泰山，这样的称呼不仅表现出岳父、岳母形象的高大，晚辈对长辈的尊敬，同时包含了晚辈希望长辈长寿的美好祝愿。而在法国等西方国家，人们更加强调代际平等与作为主体的"我"。亲人、熟人之间称呼名字即可，并不注重长幼有序。中国女婿的尊称在法国不仅不受到偏爱，权力距离过高反而会给交际对方带来不适，产生跨文化冲突。

（二）个体主义与集体主义

霍夫斯泰德认为，个体主义更强调个人的权利、隐私和自我实现，人与人之间缺乏紧密联系。而集体主义指人们从出生起就融入强大而紧密的群体中，这个群体为人们提供终身的保护，以换取人们对于该群体的绝对忠诚。[1]虽然在大部分情况下，两种主义并存，表现形式多样，但其中一种会更加突显。

在影片中，大女婿和二女婿因为割礼而争吵，中国女婿凌超希望劝和，反而不被理解，遭到二人的冷嘲热讽，认为中国人从来不努力和别人进行交流。在家庭聚餐时，中国女婿考虑到大家的饮食习惯与宗教戒律，将猪肉替换成了鸵鸟肉，结果被岳父吐槽肉质太干而无法下咽。三位女婿与岳父所持观点与表现不同，究其原因，是每个人所坚持的个体主义与集体主义维度不同。西方人更加注重个体主义，勇于维护自身的合法权益与行为自由，所以大女婿和二女婿为了维护自身的宗教理念进行争辩。而在

---

[1] 霍夫斯泰德，霍夫斯泰德.文化与组织：心理软件的力量［M］.李原，孙健敏，译.2版.北京：中国人民大学出版社，2010：80-88.

东方,特别是中国,人们更加主张和平共处,重视集体的和谐与稳定,所以在很多时候集体利益会优先,维护集体的面子。

(三)阳刚气质与阴柔气质

霍夫斯泰德认为,不同社会的心理编程在阳刚气质与阴柔气质这个维度上的差异不但是社会性的,更是情绪性的。因此,霍夫斯泰德将这一维度定义为:"当情绪性的性别角色存在明显不同时,男性被认为是果断的、坚韧的、重视物质成就的;女性被认为是谦虚的、温柔的、重视生活质量的,这样的社会被称为阳刚气质的社会。当情绪性的性别角色互相重叠时,即男性和女性都被认为应该谦虚、温柔和关注生活质量时,这样的社会被称为阴柔气质的社会。"[①]换言之,具有阳刚气质的社会,男性扮演着更重要的角色,更加重视物质成就;而具有阴柔气质的社会,男女之间更加平等,更加关注生活质量。

在第一部影片中,科特迪瓦女婿将女人比作"可瓜分的蛋糕"(partager le gâteau),引发了妻子的不满,产生了性别歧视的跨文化冲突。在第二部影片中,移民葡萄酒生产商称法国女性为"la petite française",并在谈论时充满了对女性的评价与揶揄,遭到了韦纳伊先生的批评与反对。从阳刚气质与阴柔气质来看,非洲国家阳刚气质更加突显,女性没有受到太多尊重。而法国显然属于阴柔气质的社会,特别是随着女性主义的发展,更多的人勇敢地站出来为女性争取更多合法权利与更加公平的对待。科特迪瓦女婿和酒厂老板对女性的评价在法国是不被接受的。

(四)不确定性规避

对于不确定性规避,霍夫斯泰德将之定义为,"某种文化中的成员在

[①] 霍夫斯泰德,霍夫斯泰德.文化与组织:心理软件的力量[M].李原,孙健敏,译.2版.北京:中国人民大学出版社,2010:126.

面对不确定的或未知的情况时感到威胁的程度。此外，这种感觉经常通过紧张感和对可预测性的需求表现出来"[1]。高度不确定性规避社会的人对于未知的事物具有高度的紧张感，整体社会往往会制定规范提前预防。与之相反，低度不确定性规避社会的人们生活更加随遇而安，对未知事物的包容性和接受度较强，很少受到规章制度的约束。

在影片中，信仰天主教的岳父、岳母不理解犹太教的习俗，认为对新生儿进行割礼太过残忍。而另一位信奉穆斯林教的女婿也会在孩子6—8岁的时候对其进行割礼。虽然两个民族进行割礼的时间并不相同，但不可否认的是，两者都受到了高度不确定性规避社会状态的影响。在婴儿或儿童时期进行宗教割礼，抓住了小孩子疼痛神经不敏感的时刻，帮助宗教信徒规避未来的疫病风险。而中国女婿很容易接受任何一个宗教的规则：割礼、弥撒、祈祷等，包容性很强，这是源于宗教方面的低不确定性规避。

（五）长期导向与短期导向

在文化维度理论发展过程中，霍夫斯泰德的理论不断完善，纠正了西方中心主义倾向，更多地关注到东方文化的特征。由于该维度涉及的按社会地位处理关系、节俭、坚持不懈、羞耻感、维护面子、稳定、尊重传统、礼尚往来等观念都是儒家所提倡的价值观，因此其也被称为"儒学动力"[2]。

在影片中，中国女婿受到中国传统儒家文化的影响，注重礼节，含蓄，不习惯直言不讳。他称呼妻子的父母为岳父、岳母，其实是维护对方的积极面子；面对两位姐夫的冲突，也尽力顾全两人的面子维持和平相

---

[1] 霍夫斯泰德, 霍夫斯泰德. 文化与组织：心理软件的力量［M］. 李原, 孙健敏, 译. 2版. 北京：中国人民大学出版社, 2010：177.

[2] 杨金滢. 基于霍夫斯泰德的文化维度模式看电影《孙子从美国来》的中美文化差异与融合［C］//北京大学对外汉语教育学院. 第十二届东亚汉语教学研究生论坛暨第十五届对外汉语教学研究生学术论坛论文集. 北京：北京师范大学国际中文教育学院, 2022：6.

处；对于岳父的法式幽默，也可以"彩衣娱亲"，时刻捧场。中国女婿的父亲也是如此，出于羞耻感和考虑面子，在受邀前往法国前，反复嘱咐妻子饮酒不要失态。而岳父和其他几位女婿更加注重当下的利益和当下的感受，在多数情况下直来直去。例如，岳父直接表达对称呼的不满；非洲女婿直接表达吃法国精致的菜肴，吃不着什么好东西；大女婿和二女婿直接传达出中国人沉默的刻板印象；等等。他们在相处时未充分顾及彼此的面子及长远的家庭关系。

通过上述归纳可以看出，价值观念、思维方式、宗教信仰等文化差异，使得日常沟通不顺畅、信息传达不对称，给不同民族跨文化生存与交流带来挑战。但除了对冲突情节的渲染，影片中也呈现了一家人通过长期相处与反思，抛弃民族中心和文化偏见，相互理解、顺应对方文化语境，弥合文化冲突的和谐局面。这为探索文化融合模式和策略提供了参照。

三、跨文化冲突的应对策略

在影片中，韦纳伊夫人是弥合文化冲突、修复家庭关系的先行者，她说道："现在世界已经改变了，我们应该宽容、开放，接受世界。"[1]因此，在韦纳伊夫人的组织下，在长期相处交流过程中，韦纳伊一家不断改变，从冲突不断、矛盾重重到相互理解、相互包容，并顺利举办了小女儿的婚礼、亲家女儿的婚礼和40周年结婚纪念日活动。

实际上，跨文化交流与跨文化冲突具有相互依存的关系。一方面，跨文化冲突往往源于跨文化交流过程中产生的误解和分歧。另一方面，通过进一步的跨文化交流，我们可以推动冲突的缓解和文化的融合。因此，为建立"和而不同"的世界，需要不同民族、不同文化之间持续开展交流对话。现代全球化视野下的"和而不同"语境中的"对话"预设着平等和差

---

[1] 申华明.浅析法国喜剧电影成功的原因：以《岳父岳母真难当》为例［J］.科教文汇（下旬刊），2015（27）：160-161.

异，并倡导文化间平等对话，平等是对话的基础，没有差异则没有"对话"的必要。[①]故此，面对跨文化冲突，我们需要像电影中展现的那样，正视文化差异，营造沟通环境，尊重社会或家庭集体的利益，主动应对跨文化冲突。笔者结合电影中的跨文化融合实例，将具体应对策略归纳为以下四点。

第一，平等对话的前提是学会倾听。贾玉新指出，倾听意味着谦卑、恭敬、敏感、同情和情感换位；倾听从心开始，是全身心的投入，是情感、认知和行为的通力付出和投入，倾听是平等对话、和平协商、扩大共识、延伸自我、扩大文化认同的平台，是构建和谐的开场白。[②]跨文化对话应始于倾听，而不是西方所倡导的说服。在跨文化交际过程中，倾听体现了对对方文化的尊重与接受，而一味地说服可能会更加凸显文化差异。在电影中，岳母说耶稣是上帝之子，大女婿、二女婿虽并不信奉天主教，但他们选择了倾听与尊重，只是在岳母离开后对孩子说到，"外婆有些夸大了，耶稣只是一位先知"，从而避免了直接的文化对立。

第二，选择处于支配地位的文化作为交流连接。当一个组织比其他组织强，这个强势组织就会起支配和控制作用，并且在通常情况下继续按他们在本土文化背景下的规矩行事。[③]在电影中，四位来自不同国家的女婿生活在法国，法国文化无处不在，与其自身文化相比，处于支配作用。在两种或多种文化共存的时候，处于上风的文化对交际双方起到更好的连接作用。正如为了迎合岳父的文化喜好，表达对法兰西文化的认同，三位女婿陪着岳父一起唱法国国歌，支持法国球队。再如，大女婿、二女婿虽都是各自宗教的虔诚教徒，但为了家庭关系的和谐，也主动融入法国传统天主教家庭，跟岳父、岳母一起参加天主教的弥撒。

---

① 杜维明.儒家传统与文明对话［M］.彭国翔，编译.石家庄：河北人民出版社，2007：70-84.

② 贾玉新.文化全球化与跨文化对话：全球视野下的跨文化交际研究［J］.跨文化交际研究，2009，1（0）：3-15，364.

③ 刘宏，李素英.跨文化冲突的研究［J］.商业时代，2003（14）：12-54.

第三，抛弃族裔中心，采取文化顺应。文化顺应与文化支配策略相反。交际双方要规避民族中心、刻板印象，相互尊重，主动了解对方历史文化、风俗习惯、宗教信仰，维护对方的积极面子，避免跨文化冲突。例如，在饮食方面，韦纳伊夫人会考虑各位女婿的宗教戒律与饮食习惯，准备不同口味的饭菜。同时，这对夫妇还前往四位女婿的家乡旅游，希望通过亲身体验深入了解对方文化，增进彼此之间的理解和融合。三位女婿联手堆雪人，分别用了犹太人的帽子、中国人的长相、伊斯兰的大胡子来装饰，欣赏、尊重彼此的文化。几对父母之间也可以对酒当歌，一起跳尊巴舞（科特迪瓦）和广场舞（中国），营造了其乐融融的跨文化相处氛围。

第四，谨言慎行，有效进行文化回避。多数跨文化冲突产生的原因是触碰到了对方的禁忌。例如，在电影中，中国女婿想借助特色菜蒸狗肉来向家人表达中国做饭食材的多样性，却忽视了法国文化中对狗的理解，特别是岳父、岳母家还拥有自己的宠物狗。在这种情形下，中国女婿的意图不仅未能如愿传达，而且触碰了对方的"逆鳞"。再如，岳父口无遮拦地开玩笑，说到了法国巴尔贝斯（移民聚集地）就好像到了阿尔及利亚的巴布瓦德，还需要带护照，那里的人都不像法国人。[①]当法国移民二女婿听到岳父说的话，非常气愤，觉得岳父有排挤、歧视移民的倾向。这里的两次文化冲突都反映了交际的一方没有考虑到另一方的禁忌心理。因此，在跨文化交际过程中，我们应把敏感信息减少到我们能做的最低程度，或避开不恰当的举止话题，将交际引向新的话题，从而避免触碰对方的"逆鳞"，推动有效互动。

综上所述，在当今这个崇尚多元共存的时代，交际双方需要"各美其美"，积极维护、推动本民族文化的传播与发展。然而，对于那些来自不同文化背景的交际对象，则需要"美人之美"，认真倾听、尊重并适应对方的文化习俗。最终，交际双方要达到"美美与共"的境界，相互欣赏、

---

① 程娟娟.顺应论视角下跨文化冲突语用分析：以法国电影《岳父岳母真难当》为例[J].青年文学家，2020（17）：151-153，155.

借鉴，主动避免文化冲突的发生。只有这样，我们才能推动不同文化相互交融，早日实现"天下大同"的美好愿景。

结　语

　　跨文化冲突是指不同形态的文化或者文化要素之间相互对立、相互排斥的过程。在跨文化交际过程中，会出现显性文化、价值观、制度文化、思维方式等差异，因此跨文化冲突在所难免。《岳父岳母真难当》系列电影，通过紧凑的故事情节，向我们呈现了跨文化交际过程中可能出现的冲突与影响，同时也提供了面对如此矛盾冲突时化解的方法与途径，为我们知晓、应对、弥合、避免跨文化冲突提供了线索。

　　本文以系列电影《岳父岳母真难当》为例，运用文化维度理论探究了不同文化之间的差异原因与融合可能，为推动跨文化交流提供思路。同时，值得注意的是，电影作为一种文化载体，本身也蕴含着大量出品方所在国家文化的特性。借此，我们可以更加了解法国的文化特质，洞悉法国对中国持有的认知与态度，从而因地制宜，有针对性地推动中国文化"走出去"，减少因刻板印象而产生的跨文化交际失误，更好地做到"和而不同、美美与共"。

翻译研究

醉舟航行：贝尔曼理论下《醉舟》的汉译本对比分析

马硕阳　北京第二外国语学院欧洲学院 2021 级硕士研究生

摘　要：兰波是象征主义的代表人物，其作品在中国历经多个时期的译介，《醉舟》作为兰波代表作之一，已有多个译本问世。安托瓦纳·贝尔曼在其著作《翻译批评论：约翰·邓恩》中开创性地提出了一种操作性较强的翻译方法。本文将在贝尔曼的翻译批评理论指导下，选取王以培及葛雷、梁栋合译的两个不同译本，以阅读与重读译文、阅读原文、寻找译者和译本分析四个阶段对《醉舟》的译文进行对比分析，以期对该诗的翻译与阅读提出建设性意见。

关键词：《醉舟》；兰波；贝尔曼；翻译批评

安托瓦纳·贝尔曼（Antoine Berman）是法国当代著名翻译理论家和翻译实践家，他在其著作《翻译批评论：约翰·邓恩》（*Pour une critique des traductions: John Donne*）一书中，开创性地提出一种超越了康德所认为的评判对错式和现代翻译学派所支持的判断优劣式的批评路径，具有较强的操作性。[1]过去，翻译界对翻译批评的实施过程缺乏详细讨论，英国

---

① BERMAN A. Pour une critique des traductions: John Donne [M]. Paris: Édition Gallimard, 1995: 13.

学者彼得·纽马克，国内学者张佩瑶、王宏印等人先后对翻译批评的程序发表了自己的见解，但在操作性和完整度上仍略有欠缺。[①]

贝尔曼则继承利科、姚斯、海德格尔等人的思想，以现代阐释学作为理论基础，同时借由本杰明的翻译理论，阐明了自己追求翻译真实性的分析路径。这一方法为之后的翻译批评提供了可能的方向。本研究基于贝尔曼的翻译批评理论，尝试对《醉舟》的两个汉译本展开对比分析。

一、兰波与《醉舟》

兰波在法国文学史上虽是转瞬即逝的"流星"，却是法国象征派诗人的代表人物，被誉为"现代诗歌的先驱"。《醉舟》作为这位天才少年带给巴黎的见面礼，充满了他对自由的追求，也是体现其通灵者身份的代表作品。事实上，兰波其人正如他的诗歌一般，神秘且难以捉摸，他留给世人最宝贵的遗产便是浩瀚的作品。

兰波的诗歌充满隐喻和抽象的表达方式，因此对其译介需要具备高度的文学素养与翻译技巧。国内外对于《醉舟》的研究主要围绕对作品或对作者的深入分析、与其他作者的对比研究及对不同译本的翻译研究。

首先，诗歌赏析及对作者的研究最为普遍，有学者围绕《醉舟》中"我"与"舟"的物我合一[②]，"舟"行于"海"的象征手法[③]及虚实结合的

---

① 洪溪珧.一个操作性强的翻译批评方法：安托瓦纳·贝尔曼的翻译批评路径评述［J］.民族翻译，2013（2）：23-30.
② 郭晓岱.兰波诗歌名作《醉舟》浅析："我"在《醉舟》中［J］.法语学习，2017（3）：24-32，62.
③ 胡蓉.《醉舟》的文化阐释［J］.河南科技大学学报（社会科学版），2005（2）：58-61.

写作特点[1]展开讨论，梳理出自然、景色、色彩三大意象[2]，完成了对"通灵之作"的阐释，并分析了兰波诗学的现代性[3]、《醉舟》的神话机制[4]与整体逻辑[5]，最终认为兰波实现了古代与现代的完美结合[6]。

其次，在对比研究中，既有文献主要集中在对诗人写作风格、写作手法的整体探讨，但并非专门针对《醉舟》展开。已有学者讨论兰波与庄子作品中人的"异化"问题[7]、兰波与李白作品中关于"梦"与"醒"的共同之处[8]、兰波与海子诗歌的共同主题"出走与返乡"[9]等。

最后，对于诗歌翻译的研究相对较为缺乏，有学者总结了民国时期兰波作品的汉译情况[10]，另有研究分析了中国在译介过程中对兰波形象中叛逆性、革命性、先锋性等特点的构建[11]。

---

[1] 张有恒.航程中的"虚与实"：分析《醉舟》的写作特点[J].文学教育（下），2020（12）：130-132.

[2] 袁艺庭.通灵之舟：兰波《醉舟》的意象分析[J].名作欣赏，2021（24）：82-83.

[3] FELMAN S.《TU AS BIEN FAIT DE PARTIR, ARTHUR RIMBAUD》: Poésie et modernité[J].Littérature，1973（11）：3-21.李建英.兰波诗学的现代性[J].外国文学研究，2020，42（6）：16-26.

[4] JESI F, RUEFF M. Lecture du *Bateau Ivre* de Rimbaud[J].Po&sie，2008（2）：32-45.

[5] MURPHY S. Logiques du *Bateau Ivre*[J].Littératures，2006（54）：25-86.

[6] 布吕奈尔，高佳华.兰波：古代与现代的结合[J].外国文学研究，2020，42（6）：27-40.

[7] 胡博乔."醉舟"与"梦蝶"：谈谈兰波与庄子作品中人的"异化"问题[J].外国语文，2013，29（S1）：15-19.

[8] 庞程.梦与醒之间的超越：兰波与庄子、李白作品之比较[J].文学教育（中），2014（5）：6-7.

[9] 李仕华."出走与返乡"：论兰波与海子诗歌的共有主题[J].当代文坛，2015（6）：117-120.

[10] 彭建华.民国时期兰波作品的汉语翻译[J].徐州工程学院学报（社会科学版），2017，32（6）：63-68.

[11] 熊辉.百年中国对兰波的译介与形象建构[J].广东社会科学，2015（5）：170-177.

自20世纪20年代首次译介起，兰波在中国的译介已有近百年历史，大致经历了三个时期，相关翻译作品以"点""线""面"的形式出现[①]，在中国文学领域内占据重要地位。《醉舟》一诗前后出现了程抱一、飞白、施颖洲、张秋红、葛雷和梁栋及王以培等译者的译本。通过综合考虑出版时间、译本销量、再版数量、译本接受情况和读者评价等各方面因素，最终选择王以培及葛雷、梁栋合译的两个译本进行对比研究。

二、《醉舟》的对比分析

贝尔曼在其著作中提到了翻译批评的六个步骤，分别为对译本的阅读、对原文的阅读、寻找译者（翻译主体）、对译本和原文的对比分析、译本的直接接受问题及提出富有建设性意见的批评。其中，本研究在确定研究对象及撰写过程中已经涉及最后两个步骤，贝尔曼亦在著作中提到对译本接受问题的研究可以与其他阶段相结合。故本文主要通过前四个步骤对两个译本进行对照，在分析过程中融入对翻译批评的看法。

（一）阅读与重读译文

贝尔曼认为人并非天生就是译本的读者。在这一阶段，需要脱离原作，将译本视为独立的作品反复阅读。通过反复阅读译本，尝试发现文本区域的缺陷之处与精彩之处，在阅读这些文本时所产生的"印象（impression）"，即为后续工作的方向。

王以培译本（简称"王译"）具有强烈的文学性，使用了大量的四字词语及叠词，与汉语的阅读习惯与表达方式相契合。同时，整首散文诗中绝大部分诗句遵循了诗歌的节奏韵律，语言凝练、流畅且富有诗意，可称

[①] 李欣. ETUDE CONTRASTIVE DES VERSIONS CHINOISES DU *BATEAU IVRE* DE RIMBAUD—AU CHAMP DE LA THEORIE DE L'EQUIVALENCE FONCTIONNELLE [D]. 西安：西安外国语大学，2015.

为真正的诗作。

> 咿咿呀呀的红种人已把他们当作活靶,
> 赤条条钉在彩色的旗杆上。①
> 在思如泉涌的岁月,我一次次冲撞着暗礁,
> 就像歇斯底里的母牛,②

葛雷、梁栋译本(简称"葛梁译")语言通顺流畅,用词偏向口语化、日常化,在字里行间仍偶尔呈现出逐字翻译的痕迹,并未完全脱离法语的句子结构。同时,该译本善用动词,表达出独特的风格,使语言兼顾长短句,更易于理解。

> 被称作"牺牲品""永恒的搬运夫"的波涛上跳荡,
> 毫不遗憾,一连十夜我的眼未见灯光!③
> 比醇酒还烈,比琴声还辽阔,
> 在阳光下酿成爱之辛酸的棕红!④

总体来看,王译与葛梁译的风格不同,各有侧重。在阅读译文的过程中,我们都能发现译本的缺陷之处与精彩之处,关于这些文本区域与原文在忠诚程度上的区别,将在译文分析中进行讨论。

---

① 兰波.兰波作品全集[M].王以培,译.北京:作家出版社,2023:136.
② 兰波.兰波作品全集[M].王以培,译.北京:作家出版社,2023:138.
③ 兰波.兰波诗歌全集[M].葛雷,梁栋,译.北京:北京燕山出版社,2016:116.
④ 兰波.兰波诗歌全集[M].葛雷,梁栋,译.北京:北京燕山出版社,2016:117.

（二）阅读原文

在贝尔曼的翻译批评体系中，对原文的阅读是一种文本预分析。译者在第一次接触作品时，应以读者的身份对作品内容进行解读，尽可能多地理解作者的创作意图。在这一阶段，第一，要确定原文的文体特征，必要时可以通过对重要段落的解释进行分析；第二，要充分了解原文的作者，包括阅读作者的其他作品及关于这位作者及其时代的各种作品。[①]

《醉舟》写于1871年，这位17岁的少年凭借这部作品震惊了整个巴黎，诗歌隐喻了兰波从童年到青春期的过渡，是他放弃传统诗歌形式的具体实践。其最显著的特征，一为"醉舟"的意象，二为通感的使用，三为百行的亚历山大体。

首先，"醉舟"即作者本人，正如兰波自己所言的"Je est un autre（我是其他）"，他在这里通灵成了一叶小舟，脱离纤夫的控制，随水漂流。开篇第一句即呈现了人船合一的写法，写出了顺流而下的场景，却未出现"舟""船"之类的字眼。这一意象已经深化于内在的"我（je）"，而非简单的拟人手法。他在创作这首长诗之前从未见过海洋，诗中的场景皆来自他的想象，源自他看过的画册，也正是这样的思想漫游造就了兰波思想与灵魂对自由与反抗的双重向往。

其次，通感作为《醉舟》及兰波作品的整体特点，在全诗中频繁出现，如用味觉"douce（甜蜜）""sur（酸）"表达的视觉"l'eau verte（绿水）"，以及将视觉与嗅觉混合的"noirs parfums（黑色香气）"。兰波认为杰出的诗人都应该是通灵者，需要长期、复杂的感官错位才能创作出真正的诗篇。

最后，全诗共25节100行，百行的亚历山大体，通篇皆为交叉韵，整体富有节奏性和音乐性。其中，阴韵即结尾为轻音，如"impassibles-

---

[①] BERMAN A. Pour une critique des traductions：John Donne［M］. Paris：Édition Gallimard，1995：67-68.

cibles""equipages-tapages"等;阳韵即结尾为重音,如"haleurs-couleurs""anglais-voulais"等。此外,还有近音词、类韵、头韵等手法,共同营造出和谐且朗朗上口的韵律节奏。

至于兰波本人,与他在诗中的描述相似,也与他写作时的年纪相符:仍然是一个孩子。他在创作的几年间一直保持着孩子的年纪,仿佛恐惧成年之后会失去幻想与通感的能力。创作这首长诗前,巴黎公社运动刚刚失败,作为巴黎公社的坚定支持者,兰波不可避免地在诗中流露出对理想破灭的失意与无奈。

(三)寻找译者

至此,我们完成了对作品的初步阅读,对原作与译作都产生了一定认识,但距离真正的文本分析仍有一定距离。长期以来,翻译界都忽视了译者主体性的问题,将译者抽象为一个虚拟的存在,并未像对待作者一般去了解译者的生活和经历。贝尔曼认为,译者研究是一个极其重要的方法论转向,因为"翻译的阐释学任务之一就是考虑翻译主体"[①]。因此,在这个阶段,必须考虑"谁是译者"的问题。这意味着需要搜集译者的信息,并进一步确定译者的翻译立场、翻译计划和翻译视野。

1. 翻译立场

正如法国哲学家阿兰所言,"一个文字就是一个誓言",贝尔曼认为翻译立场是译者的选择,也是对译者的一种约束。它是译者的动力,是一种"妥协",是译者作为翻译主体在"翻译冲动"的驱使下与翻译规范之间的妥协。[②]

[①] BERMAN A. Pour une critique des traductions:John Donne [M]. Paris: Édition Gallimard, 1995:73.

[②] BERMAN A. Pour une critique des traductions:John Donne [M]. Paris: Édition Gallimard, 1995:75.

王以培先生是中国人民大学文学院教师，自2001年起在三峡淹没区旅行写作，作为作者和译者出版了多部作品。王先生第一次接触兰波是在恩师金丝燕的课堂上，他在《中华读书报》中这样记录："记得金老师在讲这首诗的时候说：'这首诗是天书，没有人能读懂。'当时我暗下决心：我必须读懂。"① 由此，他开启了与兰波的相识之旅。从读兰波到译兰波，王以培秉持着一种信念，他认为他与象征主义诗歌的偶遇与这些诗歌中传达出来的"契合"观念不谋而合。他在《兰波作品全集》的译后记中这样写下，"正是由于有这样的信念，我才在漂泊的旅途中不辞辛苦地译完了这本书。"② 王以培十分欣赏兰波，带着这样的欣赏，他开始与北外法语系的诗友陈树才合译兰波的作品。

起初的念头用王以培自己的话说是"一时冲动"，但这份冲动获得了东方出版社编辑刘丽华的关注，于是她决定帮二人出版译作。但在翻译的过程中，陈树才因其他诗歌暂缓了对兰波作品的翻译，于是王以培独自完成了这场译作的"长跑"。

大体上来说，王以培先生译诗的动机主要有两个方面。一方面，出于对兰波的热爱，这份热爱不仅是译诗开始的钥匙，还是能够使译诗得以完成的关键保证。另一方面，在接受出版社的邀请后，他需要履行译者的责任。而在翻译观方面，无论从发表的评论来看还是从译文的文体来看，我们都能感受到王以培先生"以诗译诗"的翻译主张。他认为译诗是一种再创造，要先吃透原诗的意思③，再写出"中国的兰波"，这一点与贝尔曼的翻译观不谋而合。

葛雷、梁栋夫妇致力于翻译法语诗歌，但并不常在公开场合表达自己的翻译立场或观点。贝尔曼曾表示，除了译者本人在各种场合表明的立

---

① 王以培．"醉舟"航程：从读兰波到译兰波［N］．中华读书报，2012-03-21（14）．
② 兰波．兰波作品全集［M］．王以培，译．北京：作家出版社，2023：386.
③ 王以培．通灵"醉舟"：兰波长诗《醉舟》赏析及启示［J］．名作欣赏，2017（13）：54-58.

场，立场也可以从译文本身重建，因为译文含蓄地反映了译者的立场。从这个角度看，葛梁二人曾翻译《兰波诗全集》《马拉美诗全集》《瓦雷里诗歌全集》等作品，且完成翻译的时间较早，对象征主义文学有独到见解。王以培曾表示在学生时期使用的讲义中就包含北大法语系葛雷老师的译作，陈树才先生也曾评价："兰波的《奥菲利亚》如果不是碰到葛雷，不能产生如此强烈的艺术感染力。"[1] 在序言中，二位很少提及自己的翻译动机或立场，而是选择用大段篇幅记录作者的一生，这两位是竭尽全力为作者和原文服务的译者。

可以认为，葛雷、梁栋两位译者是象征派诗歌翻译的先锋，抱有翻译全集的雄心壮志。他们追求对于原作的忠诚和译者的隐身，对自身翻译的选择和观念并未做出过多解释或说明，只以呈现翻译作品为目标，因此其翻译风格被批评为"译文体"。

2. 翻译计划

翻译计划是由翻译立场和待译作品的具体要求决定的。一方面，它决定了译者如何实现文学翻译。另一方面，它承担翻译任务，也就是说，选择翻译的"模式"和"风格"。[2]

王以培的译作收录于《兰波作品全集》，在2000年首次由东方出版社出版。该书的腰封上评价为"本书是国内第一部兰波作品全集"，其在内容上的确更加丰富，包括《阿尔蒂尔·兰波作品全集》的原序《阿尔蒂尔·兰波》，并收录了兰波的日记和书信，使读者首次发现兰波在离开文坛后的人生轨迹，能够更全面和深入地了解诗人。但其在收录作品的数量上却不及葛雷与梁栋在1997年合译的《兰波诗全集》。随后，该译本在2011年由作家出版社再版，增加了《兰波归来》的再版序言，并将2000年

---

[1] 严迎春. 诗歌翻译：是语言的摆渡是相遇时互放的光芒［N］. 文艺报，2016-07-08.

[2] BERMAN A. Pour une critique des traductions：John Donne［M］. Paris：Édition Gallimard，1995：76.

版的译后记替换为《通灵者,今安在?——纪念兰波诞辰150周年》,抒发了译者十年间的所思所想及对兰波孤独反抗的感慨。而译文只是稍做修改,基本保持了原貌。

葛雷、梁栋合译的《醉舟》最早收录于由浙江文艺出版社出版的《兰波诗全集》中,该书于1997年首次面世,几乎包含了兰波全部的文学作品。随后,该诗集于2016年由北京燕山出版社再版,并重新命名为《兰波诗歌全集》,同时删去了1997年版本中的书信、法国文学界对兰波的文学批评及兰波的生平年表,使该译本成为单纯的文学作品。

葛雷是一位严谨的译者,他在译序中用20多页的篇幅记录兰波的生平及外界对他的评述,而他本人对诗歌唯一主观的"侵入"则是对翻译计划的解释。他认为"七星文库"版的兰波全集最具权威性,但同样参照了其他多个版本,慎重选择了诗歌作品和附录内容。

3. 翻译视野

贝尔曼从现代阐释学中借用了"视野(horizon)"这个概念,视野可以近似定义为"一组'决定'了译者的感觉、行为和思维的语言、文学、文化和历史参数"[①]。

回顾《醉舟》翻译的历史背景,两个译本都于20世纪末进行译介,当时中国正处于对兰波作品翻译的成熟阶段。[②]相较于新中国成立后的暂时沉寂,新时期的译介逐渐加强了对象征主义诗歌文学性和艺术性的关注,不再将注意力局限于与巴黎公社运动及工人阶级革命相关的诗作,涌现了一大批优秀的翻译作品。程抱一、钱春绮、王道乾、飞白等前辈在这一时期先后发表译作。同时,不同历史时期下对于词语的翻译会有所差异,或带有历史色彩,如"英吉利""欧罗巴""弗兰德"等。

---

① BERMAN A. Pour une critique des traductions:John Donne[M]. Paris:Édition Gallimard,1995:79.
② 熊辉. 百年中国对兰波的译介与形象建构[J]. 广东社会科学,2015(5):170-177.

除了历史视野，社会因素和文化因素也对译诗产生影响。这一点虽并未在《醉舟》一诗中直接呈现，但王以培与葛雷、梁栋在译者序言中都回避了兰波与魏尔伦的情感纠葛，这与当时的社会文化环境有关。2000年前后，尽管中国正处于世界化的进程中，但译者对于作者的感情经历仍持保留态度，选择性地忽略这些方面。而《醉舟》在诗歌内容上并无过多需要回避的内容，故通过翻译能够较好地传递作者的想法。

（四）译本分析

贝尔曼提出令翻译具有可读性和吸引力的四个原则分别是论述的清晰性、自反性、离题性和评论性，为了避免呈现复杂、封闭的空话，翻译批评一定要遵循以上四个原则。①

王译与葛梁译都较为完整地尊重了原诗的形式，只在个别诗句和标点上做出改动或调整。其中，两个译本都将原诗的句号"."大量更换成了感叹号"！"，并增加了省略号"……"，以表示延续。前述已经分析了两个译本的翻译风格，下面将以具体例子分析两个译本与原文之间的对照及二者间的区别。

例1

（原文）　Comme je descendais des Fleuves impassibles,
　　　　　Je ne me sentis plus guidé par les haleurs；
（王译）　沿着沉沉的河水顺流而下，
　　　　　我感觉已没有纤夫引航：②
（葛梁译）当我沿着不动声色的长河顺流而下，

---

① BERMAN A. Pour une critique des traductions：John Donne [M]. Paris：Édition Gallimard, 1995：89-91.
② 兰波. 兰波作品全集 [M]. 王以培, 译. 北京：作家出版社, 2023：136.

小舟仿佛摆脱了纤夫的拖引，[①]

首先，在例1中，"Fleuves impassibles"被译为"沉沉的河水"和"不动声色的长河"，在词义上都符合使用规范，但Fleuves一词首字母大写，结合对诗歌的赏析，此处的长河暗指来自家庭与社会的权威压迫，因此"沉沉"能够更好地传达出单词背后的社会文化因素，表达兰波此时感受到的压力与沉重。

其次，例1作为全诗的开篇首句，两个译本中对其象征手法的处理也有所不同。作为象征主义诗歌的扛鼎之作，《醉舟》最广为人知的便是"舟"的意象。原诗只在个别地方直接出现了bateau（舟）或表达此含义的单词，如voiliers（帆船）等。多数情况下，主语以"je（我）"为主，频率高达24次，契合了兰波"Je est un autre（我是其他）"的人生理念。在译诗时，王译采取了与原作类似的翻译策略，不仅在首句中还原了"我"的意义，全诗范围内也基本与原作对等。葛梁译选择在开篇点明"我"即"小舟"这一象征意象，而在后文则多数尊重"我"的译法。客观而言，一方面，这种处理方式便于部分读者理解并带入"小舟"，引导其深入体验全诗的海上航行；但另一方面，其会破坏诗歌朦胧之美，有损诗性。

最后，在标点选择上，王译将原诗的"；"替换为"："，从形式上暗示小舟的海上旅程即将开始。相较而言，葛梁译选择"，"则缺少这一功能。

例2

（原文）　Des Peaux-Rouges criards les avaient pris pour cibles,
　　　　　Les ayant cloués nus aux poteaux de couleurs.

[①] 兰波. 兰波诗歌全集［M］. 葛雷，梁栋，译. 北京：北京燕山出版社，2016：116.

（王译）　咿咿呀呀的红种人已把他们当作活靶,
　　　　　赤条条钉在彩色的旗杆上。[1]
（葛梁译）红皮肤的印第安人乱喊着向他们猛射,
　　　　　把他们赤条条地钉在彩色的木柱上。[2]

在这里,"Peaux-Rouges"象征着印第安人,王译选择忠于原文,保持"红种人"的字义,葛梁译则倾向解释性翻译,在明确了"印第安人"后又增加了对其"红皮肤"的描述。能够看出,葛梁译再次选择对意象进行解释,这也是该译本的特点之一。

此外,这两句诗描绘了印第安人射击时的景象,反映了暴力、混乱的斗争。王译使用了"咿咿呀呀"的译法,富有节奏感,但这种含蓄的表达削弱了血腥暴力的程度。王以培对《醉舟》的整体处理是温和而诗意的,仿佛笼罩在"忧郁和眩晕"[3]的氛围下,这一特点在下文的例3、例4中仍会出现。葛梁译选择用"乱喊"加强混乱的激烈程度,准确传达出原作的情感,但在句子处理上有口语化的倾向。

例3

（原文）　Qu'on appelle rouleurs éternels de victimes,
　　　　　Dix nuits, sans regretter l'œil niais des falots.
（王译）　据说这波浪上常漂来遇难者的尸体,
　　　　　可一连十夜,我并不留恋灯塔稚嫩的眼睛。[4]
（葛梁译）我在被称作"牺牲品""永恒的搬运夫"的波涛上跳荡,

---

[1]　兰波.兰波作品全集[M].王以培,译.北京:作家出版社,2023:136.
[2]　兰波.兰波诗歌全集[M].葛雷,梁栋,译.北京:北京燕山出版社,2016:116.
[3]　兰波.兰波作品全集[M].王以培,译.北京:作家出版社,2023:3.
[4]　兰波.兰波作品全集[M].王以培,译.北京:作家出版社,2023:136-137.

毫不遗憾，一连十夜我的眼未见灯光！①

对比两个译本，例3明确体现出葛梁译忠于原文的翻译观，尽管译者对翻译进行了诗歌化的处理，补充了"波涛""跳荡"，但仍能看出强烈的翻译痕迹，冗长的句式也对阅读产生了影响。而王译则将"永恒的搬运夫"巧妙地转化为"尸体"，虽扩大了原词的意义范围，但语言上更加流畅。

更为重要的是，例3中的第二句中，葛梁译省略了"niais"的翻译，没有传递出"幼稚""愚蠢"的意义。选段出自全诗的第4节，是诗人漂流旅程的开始。此时，独得酒神慧眼的兰波刚刚挣脱枷锁，正沿着长河顺流而下，纵使一路上充斥着"牺牲品"与"尸体"，但他乐在其中，寻找着自由。"l'œil niais des falots"象征的是过去陈旧的压迫，特别是形容词"niais"表达了兰波的态度，如果忽略这个重要的词，那么读者可能无法理解"falots（风灯）"的象征意义。而王译虽然注意到了该词具有表达象征意义的作用，但译者本人一贯的风格弱化了原词消极的情感态度。

例4

（原文） J'ai heurté, savez-vous? d'incroyable Florides,

　　　　Mêlant aux fleurs des yeux de panthères, aux peaux

（王译） 你可知我撞上了不可思议的佛罗里达，

　　　　在鲜花中渗入了豹眼和人皮！②

（葛梁译）我撞上难以置信的佛罗里达

　　　　披着人皮的野豹的眼睛和花朵相混淆，③

---

① 兰波.兰波诗歌全集［M］.葛雷，梁栋，译.北京：北京燕山出版社，2016：116.

② 兰波.兰波作品全集［M］.王以培，译.北京：作家出版社，2023：138.

③ 兰波.兰波诗歌全集［M］.葛雷，梁栋，译.北京：北京燕山出版社，2016：118.

原文中的"人皮"是对"豹子"的一种修饰，表示"披着人皮的猎豹"。王译将二者并列，认为"豹眼"和"人皮"是两个事物，并且延续一贯的翻译风格，削弱了画面的血腥与残忍，与原作有所出入。相比之下，葛梁译则尊重了原文，甚至在"豹"前增加了形容字眼"野"，强化了豹子的凶猛与野性。

例5

（原文）　L'âcre amour m'a gonflé de torpeurs enivrantes
　　　　　Oh! que ma quille éclate! Oh! que j'aille à la mer.
（王译）　心酸的爱情充斥着我的沉醉、麻木，
　　　　　噢，让我通体迸裂，散入海洋！①
（葛梁译）烈性的爱酒使我头晕目眩堕入醉乡。
　　　　　让我的船心迸裂，让我化入大海！②

例5出自原诗的第23节，兰波的航程已几近尾声，不同于出发时的信念昂扬，此时的他开始痛哭，开始悔恨，月亮凄冷无情，阳光苦涩带刺，因此在翻译时要准确传递作者的忧郁、眩晕与昏沉。王译遵从原文，直译了"l'âcre amour（心酸的爱情）"，而葛梁译在原义上有所引申，补充了"烈性"和"酒"，随后又点明"头晕目眩"和"醉乡"，将眩晕感具象化，意义更明确，但损失了含蓄之美。

另外，"quille"一词意为"造船的龙骨"，是船底部的重要构件，连接船首和船尾。对于普通读者来说，这个词过于专业，可能会造成阅读障碍，两个译本在这一问题上都做了较好的处理。王译继续将"舟""我"合一，将贯穿、连接船舶整体的龙骨类比为人的"通体"，葛梁译用"船心"将专业词语进行日常化处理，便于读者理解。

---

① 兰波.兰波作品全集［M］.王以培，译.北京：作家出版社，2023：140.
② 兰波.兰波诗歌全集［M］.葛雷，梁栋，译.北京：北京燕山出版社，2016：120.

例6

  （原文） Ni traverser l'orgueil des drapeaux et des flammes,
      Ni nager sous les yeux horribles des pontons!
  （王译） 无心再经受火焰与旗帜的荣光
      也不想再穿过那怒目而视的浮桥。①
  （葛梁译）也不再穿越旗帜与火焰的骄傲，
      或是游弋在浮桥可憎的眼波下。②

  例6作为整首长诗的结尾，以航行的失败与梦想的幻灭结束全文，兰波不得不选择驶离运棉者的航道，离开翻滚飘摇的浪花。作为巴黎公社坚定的支持者，这首写于运动失败之后的《醉舟》在多个细节处都刻画了一个信念受挫、无可奈何的革命者形象，如上文提到的"l'œil niais des falots"及诗中的"frêle comme un papillon de mai（脆弱的五月之蝶）"等。

  从译文角度来说，两版在面对"pontons"一词时都选择了"浮桥"的译法。ponton有三重含义，一为趸船、浮桥，指浮在水面上的平台；二是作为仓库、营房或牢房等用的船只，用来押运犯人；三为测量石块所用的梯形框。单纯从词义考虑，前两种译法都合乎常理，并且第一个含义较为常见，也见于程抱一和飞白先生的译文中，分别为"浮桥"和"趸船"。然而，结合历史视野，巴黎公社运动失败后，被俘的社员曾被囚禁在类似的船只上被流放，甚至在拿破仑战争期间，英军也使用类似的船只运送法国俘虏。③

  这一点王以培先生在已发表的论文中有所提及，甚至由此联想到福柯

---

① 兰波. 兰波作品全集［M］. 王以培，译. 北京：作家出版社，2023：141.
② 兰波. 兰波诗歌全集［M］. 葛雷，梁栋，译. 北京：北京燕山出版社，2016：120.
③ 王以培. 通灵"醉舟"：兰波长诗《醉舟》赏析及启示［J］. 名作欣赏，2017（13）：54-58.

在《疯癫与文明》中提到的欧洲中世纪愚人船。虽不清楚王以培先生在考虑到历史因素的情况下仍选择"浮桥"译法的理由，但结合多方面因素考虑，笔者认为张秋红先生的"囚船"在翻译角度更为贴切，既传词达意，又暗喻了历史背景。

结 语

诗性是文艺作品的最高特性，海德格尔推崇"诗意的栖居"，陶渊明选择"诗歌一样的生活"，昆德拉指出"小说要写得像诗一样"。在面对像《醉舟》这样诗意色彩浓厚的作品时，译者扮演着至关重要的角色。译诗不仅需要译者具备翻译专业技能，还需要对译入语拥有极强的理解及运用能力。

根据贝尔曼提出的翻译分析方法对《醉舟》的两个汉译本进行分析，我们可以体会到不同译本的魅力。王以培先生身兼译者和作者双重身份，他注重还原作品的诗歌性和韵律性，强调翻译的诗意；葛雷和梁栋先生作为经验丰富的翻译家，更侧重信息的准确传达，倾向以明确的话语解析诗意，二人具备丰富的象征派诗歌翻译经验，在动词的使用上别具一格，如"抛""跌"等，让读者有灵光一现之感。无论如何，两个译本虽在语言风格和修辞上各有侧重，但都尊重了翻译的伦理，即尊重原文，保证了翻译质量。

诚然，在面对经典作品时，无论是翻译还是迁移都无法全然还原原文，造就真正的"中国兰波"。一方面，法语独特的时态在翻译过程中无法保证完全对等，原诗使用的未完成过去时、简单过去时、复合过去式、直陈式现在时等时态，完成了记叙与幻想的沟通、过去与现在的连接，这一点在翻译过程中不可避免地流失了。另一方面，并非所有读者都熟知源语言国家的文化历史，因此外国作品必然会在一定程度上造成文化壁垒。原文中的"Flamands（弗拉芒）""Hanses（汉萨）"等暗含历史色彩的词语会对阅读造成障碍，而译者在注释中也并未做出解释。

　　一言以蔽之，王译最大限度还原了原诗的象征意象与诗歌韵律，葛梁译则选用日常语言对象征手法做出解释，保留原文的意义。作为译文的读者，笔者认为两个译本可以进行对照阅读，在初读时选择葛梁译，了解诗歌大意，复读时侧重王译，以便领略原诗的绚丽文字之美。

跨文化视角下汉法歌词的翻译研究

——以《水调歌头·明月几时有》法文版为例

李云涛　北京第二外国语学院高级翻译学院2022级硕士研究生

摘　要：全球化背景下各文化间的密切交流丰富了世界文化多样性的形式与内涵。随着中国国际影响力的提升，其经典文化作品的外文译本也逐渐传至海外，《水调歌头·明月几时有》便是其中之一。在《中国智慧中国行》节目中，法国女青年爱黎翻译并演唱了这首著名的诗词，本文将以其法文版歌词翻译为研究对象，探寻外国译者能否跨越文化障碍，传递出原文的感情色彩和文化内涵，实现跨文化翻译。基于此，本文通过文本分析法拆解法文译文，简要论述译者在跨文化翻译中采取的直译、意译、归化和异化等策略，探讨跨文化翻译的可译性与不可译性，并且最终得出结论：跨文化翻译绝非简单的字对字翻译，而是实现两种文化的跨越与适应。不过，跨文化翻译仍然存在文化障碍，尤其是在发挥空间有限的歌曲翻译中。

关键词：跨文化翻译；歌词翻译；跨文化交际

近年来，中国的国际影响力不断攀升，其传统文化也越来越受到国际关注。在如今强调文化多样性的背景下，中国不断实现与世界文化的交流互鉴，增强文化自信，助推中华文化"走出去"。在这一跨文化传播中，翻译是其中至关重要的一环，而无论何种传播方式，都离不开翻译。此外，在跨文化语境下，译者不仅需要克服语言障碍，还要考虑文化差异。

在中国走向世界的同时，"文化自信"也成为核心关键词。为了更好地传播中华传统文化，发扬伟大的传统文化精神，电视节目《中国智慧中国行》应运而生。作为通俗理论节目，《中国智慧中国行》共有10期，力求从不同的切入点展现优秀的中华传统文化，也为中外文化深入交流提供了高质量平台。在《民为邦本》篇，爱黎受邀参与节目，独立翻译并演唱了苏轼的诗词《水调歌头·明月几时有》。作为中华文化的爱好者，爱黎不仅学习中文，还在中国定居创业，对中华传统文化有一定的了解，这也为其翻译苏轼诗词提供了文化前提。《水调歌头·明月几时有》用词考究，意蕴极美，体现了中国传统文化的音律美、意象美、底蕴美，蕴藏着中国古人的哲思。作为外国人，译者的翻译是否准确？跨文化翻译是否可行？在此基础上，本文将从跨文化的角度分析法文歌词的翻译策略，探讨跨文化翻译的可译性与不可译性。

一、跨文化交际与跨文化翻译

根据格哈德·马勒茨克（Gerhard Maletzke）的定义，跨文化交际是"不同文化的人与人之间的交往"[①]。在日常生活中，人与人之间的交往主要通过语言来实现，而在跨文化语境下，文化间的交流主要借助媒介（口译、笔译等）来实现。由于文化具有差异性，因此充当媒介作用的中间人（译员）不仅要熟悉本国文化，还要尽可能熟悉他国文化，才能尽可能地减少文化障碍，促进文化交流。除此之外，在跨文化交际过程中，中间人对各方文化的理解程度直接或间接地影响着跨文化交际的最终效果，因此跨文化翻译也是核心一环。

20世纪90年代，著名比较文学和翻译研究学者苏珊·巴斯内特

[①] 马勒茨克. 跨文化交流：不同文化的人与人之间的交往[M]. 潘亚玲，译. 北京：北京大学出版社，2001：31.

（Susan Bassnett）和安德烈·勒菲弗尔（André Lefevere）率先提出，翻译学应在东西方文化比较研究的背景下进行研究。随后，在集体著作《文化建构：文学翻译研究论集》①中，他们提出了翻译研究的"文化转向"，为翻译学研究提供了新思路。如今，全球化助推文化多样性的发展，这使得以文化研究为切入点的翻译研究逐渐兴起，成为热点议题。例如，雅克·德里达（Jacques Derrida）打破原文–译文二元对立的传统模式，提出"延异"等概念，深刻影响着翻译研究的走向。除此之外，许多相关学者都对这一议题展开深入讨论，为跨文化翻译的发展提供了崭新视野。

跨文化翻译是跨文化研究的一个重要方面。让–路易·科尔多尼耶（Jean-Louis Cordonnier）在其文章《翻译的文化层面：部分核心概念》的摘要中指出，"文化问题现已成为研究翻译理论的重要领域。在这方面，我们仍处于考古土壤表层，换言之，处于研究文化的存在方式及其与翻译方式的互相层面"②。跨文化翻译是另一种文化的再现，其重要的社会功能之一就是介绍外来文化的特点，传播其价值观，实现文化多样性的发展。因此，跨文化交际与跨文化翻译密不可分。

二、歌词翻译介绍

中国的诗歌翻译最早可追溯到春秋时期，《越人歌》被认为是中国历史上最早的翻译作品③，完成了从越语到楚辞的翻译转化。然而，中国的歌词翻译研究却鲜有人问津。一方面，传统的翻译研究不认为歌词翻译是翻

---

① BASSNETT S, LEFEVERE A. Constructing cultures: essays on literary translation [M]. Clevedon: Multilingual Matters Ltd., 1998.
② CORDONNIER J-L. Aspects culturels de la traduction: quelques notions clés [EB/OL]. [2024-02-21]. https://www.erudit.org/fr/revues/meta/2002-v47-n1-meta691/007990ar/.
③ 马祖毅. 中国翻译简史："五四"以前部分 [M]. 增订版. 北京：中国对外翻译出版公司，1998：5.

译研究的一部分；另一方面，歌词翻译研究难有起色，毕竟既熟悉音乐韵律又深谙翻译之道的研究者实在是少之又少。①

相反，在西方世界，研究学者越来越意识到歌词翻译的重要性。朱莉亚·安德鲁（Giulia D'Andrea）认为，在翻译歌词时，"用于演唱的目标语言文本不仅要忠实于原语文本及词曲风格，还要兼顾歌曲可唱性原则"②。在进行歌词翻译时，必要的修改是允许的，但不能干扰歌曲整体的音乐节奏，因为歌词翻译最终要服务于歌曲的呈现。

有鉴于此，本文将对《水调歌头·明月几时有》歌词的法文译本进行分析，探讨译者能否克服跨文化障碍，在兼顾可唱性的条件下实现跨文化翻译；抑或是文化因素阻碍其对歌词背后隐藏的文化信息的理解，导致出现跨文化翻译失误。

三、《水调歌头·明月几时有》文化背景介绍

跨文化传播形式多样，当诗词碰上音乐，就会迸发出无限的火花。《水调歌头·明月几时有》的歌曲版本无疑是一次成功的创新改编。每逢中秋佳节，大街小巷回荡着这首缠绵清冷的曲调，传递出异乡人在节日时无法与亲人团聚的含蓄内敛、深沉真切的思乡之情。

该首曲目的歌词出自中国宋代著名诗人——苏轼之手。苏轼出身书香门第，与其父苏洵、其弟苏辙并称"三苏"。苏氏父子经常吟诗作赋，即兴骈句，不时相聚，其乐融融。然而，苏轼步入仕途后，却屡遭挫折。失望之下，苏轼远离政坛，孤身一人背井离乡。这首《水调歌头·明月几时有》作于宋神宗熙宁九年（1076）中秋节，彼时苏轼39岁，独居密州。尽

---

① 覃军，周倩.歌曲翻译的名与实：兼评彼得·洛的《歌曲翻译：歌词与文本》[J].燕山大学学报（哲学社会科学版），2022，23（1）：28-34.

② D'ANDREA G. Sur la retraduction des chansons [J]. Parallèles，2023（35）：140.

管苏轼对政治感到失望，但这首词表达了他对社会和未来的乐观态度，以及对家庭团聚的渴望，后被改编成歌曲，成为经典。

本词中，作者在宴饮之际遥望天边明月，心中泛起对亲人的无限怀念。通过形象描写，这首词唤起人们对孤寂、遥远世界的遐想，月亮如此纯洁，可亲人如此遥远。月亮是自然界最浪漫的事物景象之一，容易让人产生联想，而月光也象征着作者诚实与直率的个性。因此，这首词围绕月亮展开想象和思考，将人世间的喜怒哀乐融于对宇宙和人生哲理的探究之中，既反映了作者复杂矛盾的情感，又表现了其热爱生活、积极向上的人生态度，是苏轼作品中充满哲理、思想深刻的典范之作。

四、跨文化翻译视角下《水调歌头·明月几时有》法文歌词分析

《水调歌头·明月几时有》蕴含着深刻的古人哲思，包含了作者的真情实感。那么，在法文演绎版本中，译者如何把握诗词的情感意象，同时兼顾歌曲的音律美、节奏美？在语码转换过程中，是否会出现语义流失的现象？在跨文化语境下，是否会出现文化障碍，影响文化情感表达？本文将以法文版《水调歌头·明月几时有》的歌词为例，简要分析其使用的跨文化翻译策略。

表1是《水调歌头·明月几时有》中文原词及法文歌词译文。

表1 《水调歌头·明月几时有》中文原词及法文歌词译文

中文原词	法文歌词
明月几时有？ 把酒问青天。	Lune, et ses mythes d'antan? Mystère de la nuit des temps.
不知天上宫阙， 今夕是何年。	Ses palais célestes impériaux, Quel an fêté là-haut.

续表

中文原词	法文歌词
我欲乘风归去， 又恐琼楼玉宇， 高处不胜寒。	Le vent pourrait m'emporter, Dans sa cité de jade glacée, Là, scintillent dans les cieux.
起舞弄清影， 何似在人间。	Ses ballets de flocons bleus, Fous tels nos émois.
转朱阁，低绮户， 照无眠。	Mes nuits blanches, Elle anime, ronde, Sous mon toit.
不应有恨， 何事长向别时圆？	Nous ne pouvons que l'aimer, Quand nous sommes séparés?
人有悲欢离合， 月有阴晴圆缺， 此事古难全。	Nous, tantôt joie, tantôt peine, Lune, tantôt croissant, tantôt pleine, Cycle de l'Univers.
但愿人长久， 千里共婵娟。	Mais la Lune, sa lumière, Unit tous les cœurs sur Terre.

（一）直译

与传统的文学翻译不同，在本文探讨的语境下，该法文版本最终要服务于歌曲的演绎，因此译者在翻译时需要考虑音乐节奏，这无疑将对译文的最终呈现产生影响，甚至可能出现跨文化传播失误。经过分析，笔者发现本篇译文最直观的翻译现象之一就是采用的直译策略较少。由于诗词中涉及大量的中国传统文化意象，考虑到中法语言和文化差异及音乐节奏的限制，译者只在涉及具体事物时才采用直译，如"何年（quel an）"、"风（le vent）"及"玉宇（cité de jade）"等。

此外，经典名句"人有悲欢离合，月有阴晴圆缺"为直译："Nous, tantôt joie, tantôt peine；Lune, tantôt croissant, tantôt pleine"（我们，时而欢快，时而痛苦；月亮，时而弯曲，时而圆满）。通过比对可知，尽管存在文化和语言上的差异,但法国听众仍能领会原歌词所传达的信息,因此翻译是成功的。因为无论何种文化,人类对月亮的情感寄托是相似的,直译策略足以令人理解歌词的含义。但是为了遵循歌曲的韵律和节奏,译者不得不进行省略,导致歌词表达略有欠缺。

（二）意译

中国诗词博大精深,《水调歌头·明月几时有》中含有大量中华传统文化元素,如果对中国文化不甚了解,很容易出现误译。例如,"天上宫阙""朱阁""绮户"等具有中国特色的表达就很难逐字翻译。

"宫阙"是古代皇帝居住的宫殿。然而,由于中法两国的历史和建筑风格不同,没到过中国或不了解中国历史的法国人很难想象"宫阙"为何物,因此直译不可行,不利于跨文化理解。对此,译者选择了"palais"（宫殿）一词来实现翻译目的。根据法文权威词典注释,"palais"是"vaste et somptueuse résidence d'un chef d'État, d'un personnage de marque, d'un riche particulier"（国家元首、显要人物、富人居住的宽敞豪华的住所）。尽管"palais"一词无法让法国听众联想到气势恢宏的故宫等中国传统古建筑,但中国文化语境下的"宫阙"与法国文化语境下的"palais"都具有相似含义,而且"palais célestes impériaux"（皇家空中宫殿）能够让人联想到空中楼阁的壮观景象,虽和原文"宫阙"相去甚远,但译者努力构架起了跨文化的桥梁,尽量弥补翻译中缺少的文化元素,在不可译的文化枷锁下以意译抒情。

遗憾的是,在翻译"宫阙""绮户"时,译者不再选择具体鲜明的直译表达,而是通过意译表达人物的心境,原因有二：一是音乐节奏具有局限性,二是中法文化存在差异性。因此,为了尽可能地传递原词含义,译者试图绕开直译,通过提取词中意象传递核心思想。不过,中国古文诗词短小精练,韵味十足。"不应有恨,何事长向别时圆？"寥寥数词,作者豁达开朗、乐观超脱的性情便跃然纸上。如何在有限的时间、空间内实现跨文化翻译？译者采取意译策略，将译文处理为："Nous ne pouvons que l'aimer, Quand nous sommes séparés?"（当我们分别时，我们只能怀着爱意？）。从翻译的忠实原则来看，这无疑是失败的。但是，当我们跳出传统的文学翻译，从词曲传唱、节奏美感等角度来看，这个版本提供了歌曲演绎的可能性。然而，译者仅仅译出 aimer（爱）而省略"恨"，体现了译者的主观能动性，但不利于听众对歌曲内容的思考与延伸想象。

"此事古难全"和"但愿人长久，千里共婵娟"属于高频的中国传统文化元素，人们常常引用这两句诗词来表达对无常的惋惜和对远方亲人的思念。法文版的"Cycle de l'Univers"（宇宙循环往复）以不同的表达方式呈现了相同的效果，而"Mais la Lune, sa lumière, Unit tous les cœurs sur Terre"（但是月亮的光辉将你我在大地相连）只是强调了后半句的含义，没有对情感进行升华，因此译文不够贴切，影响跨文化理解。

（三）归化与异化

在分析了翻译策略之后，本节将从归化与异化的角度探讨语言、文化和美学方面的问题，以进一步研究跨文化翻译的可译性与不可译性。

1995年，学者劳伦斯·韦努蒂（Lawrence Venuti）在其《译者的隐形：翻译史论》一书中首次明确提出了"归化"和"异化"两个概念。一般来说，"归化"是指译者尽量贴近目的语读者，采用读者习惯的目的语思维和表达方式传达原文内容，以便读者接受和理解译文。相反，"异化"则是译者向原文作者靠拢，在符合原语表达方式和内容的前提下，有意违背目的语的传统译法，力图保留原文的独创性、差异性和异域风情。[1]

总体而言，译者同时采取了上述两种翻译策略，但无论从选词、表达来看还是从修辞方面，译者都偏向采取归化策略进行跨文化翻译。

---

[1] 陆玲超. 归化异化视角下李商隐诗歌中双关语的传译：以许渊冲的译本为例[J]. 大众文艺，2023（2）：84.

1. 异化

在歌词翻译中，必须考虑音乐节奏，而这一限制在无形中迫使译者必须遵循歌词的原始结构：句子过长或过短，都不利于音乐的表达，因此翻译有得有失。本文探讨的法文译本的实用性和节奏感高于文学表现力，更全面地展现了中国传统诗词的结构，有助于传播中华传统文化。

表2为异化案例：

表2 《水调歌头·明月几时有》中三句中文原词和法文歌词

中文原词	法文歌词
转朱阁，	Mes nuits blanches，
低绮户，	Elle anime，ronde，
照无眠。	Sous mon toit.

通过对比可知，译者用三个词组成三个短句，歌词朗朗上口、铿锵有力。然而，如果对照其他文学翻译，大多数译本几乎放弃了原词的句子长短句结构，因为外文短句难以传达高度凝练的中国诗词意象。以下为许渊冲版本的《水调歌头·明月几时有》英文译文。

The moon goes round the mansions red; Through gauze-draped window soft to shed; Her light upon the sleepless bed.[1]

在许渊冲的版本中，译文多为长句，可唱性不高，诗词原本的长短句结构也丢失了，但就文学性而言，许版更胜一筹。由此可见，在翻译歌曲时，为了契合音乐节奏，译者只得采用与原词相似的结构进行翻译，但难免存在意义缺失。在修辞上，"人有悲欢离合，月有阴晴圆缺"采用了

---

[1] 许渊冲.宋词三百首（中英对照）[M].北京：五洲传播出版社，2011：185.

对偶的修辞手法，译者也在此基础上将其译为"Nous，tantôt joie，tantôt peine；Lune，tantôt croissant，tantôt pleine"（我们，时而欢快，时而痛苦；月亮，时而弯曲，时而圆满），重复使用一个句法结构，形成排比句，还原了原词结构，将听众带入如梦似幻的仙境中，直白的译文也直接向听众传达了作者的思想感情。

在这两种不同的文化语境中，译者通过异化策略，成功地将中文修辞移植到法文语境中，实现了跨文化翻译。

2. 归化

尽管歌词翻译省去了大量中华传统文化内涵，但译者十分擅长运用归化策略，通过合理的选词打造与原词如梦似幻般的意象氛围。在此译文中，译者运用了不少语音修辞，其中包括叠韵（allitération）和类韵（assonance）。

提到叠韵，法文中的经典案例出自拉辛的诗剧《安德洛玛克》："Pour qui sont ces serpents qui sifflent sur vos têtes？"[①]句中重复的辅音［s］，模拟出低沉如蛇般的"嘶嘶"音，生动形象。译者也采取了类似的修辞手法，例如：

> Cycle de l'Univers.
> Mais la Lune，sa lumière，
> Unit tous les cœurs sur Terre.

辅音［r］的重复，宛如作者深沉的叹息，既反映了作者对世事无常的感叹与无奈，又怀有对亲朋好友的思念与祝福，侧面刻画出一个哀而不伤、豁达开朗的诗人形象。

类韵则是指诗句重复元音。

---

① RACINE J. Andromaque［M］. Paris：Flammarion，2015：117.

例1

    Lune, et ses mythes d'antan,
    Mystère de la nuit des temps.
    Ses palais célestes impériaux,
    Quel an fêté là-haut?
    Le vent pourrait m'emporter,
    Dans sa cité de jade glacée,
    Là, scintillent dans les cieux,
    Ses ballets de flocons bleus,
    Fous tels nos émois.

令人惊讶的是，译者在词的上阕翻译中几乎全都运用了类韵的修辞手法。法文元音饱满圆润，歌手在演唱时能给听众带来听觉上的享受，提升歌曲的质感。

除了语言表达，译者还擅长描绘意象。在她的诠释下，法文版歌曲显得更加宁静平和。例如，作者以拟人的手法问天："明月几时有，把酒问青天？"而在译文的处理中，译者直接以月亮开篇，解构了原词的意象情感，打造一个静谧和谐的新场景："Lune, et ses mythes d'antan, Mystère de la nuit des temps."（月亮，蕴藏无限神话；自古以来充满神秘。）鉴于部分法国听众对苏轼并不熟悉，直译可能导致跨文化理解障碍，难以传达中国诗词独有的意境美，同时无法兼顾译文长短，影响歌曲演绎，因此此处归化策略是可行的。

例2

| 起舞弄清影， | Ses ballets de flocons bleus, |
| 何似在人间。 | Fous tels nos émois. |

从本句可以看出译者在翻译时放弃根据原词进行翻译，因为中文诗词具有特殊性，一方面讲究平仄押韵，另一方面行文对仗工整，外文难以在限制诸多的情况下呈现中文诗词的神韵美，因此译者另起炉灶，用新的意象代替，但没有突出原词的对比效果（一静一动：清冷月宫与喧嚣世界），尽管如此，原词与译文都营造出了梦幻般的视觉效果。

3. 省略

由于文化差异和音乐节奏的限制，译者不得不进行删改，尤其涉及文化内涵和个人情感方面。

例1

我欲乘风归去，　　　　Le vent pourrait m'emporter,
又恐琼楼玉宇，　　　　Dans sa cité de jade glacée,
高处不胜寒。　　　　　Là, scintillent dans les cieux.

原词中的"欲""恐""寒"体现了诗人内心的复杂情绪，官场失意、背井离乡，苏轼以词为媒，道出了自己渴望避开世俗纷扰，却又割舍不下的矛盾之感，极具美感。然而，译文将"高处不胜寒"省去，只是营造了幽美清冷的天宫环境，歌词背后的文化符号已经缺失，听众难以真切实感地体会原词情绪，无法共情作者，导致跨文化理解障碍，省略策略体现了跨文化翻译的不可译性。

例2

人有悲欢离合，　　　　Nous, tantôt joie, tantôt peine,
月有阴晴圆缺，　　　　Lune, tantôt croissant, tantôt pleine,

原词不仅有"悲"与"欢"，还有"离"跟"合"，但在法文译本中，译者省略了后两个。一方面，如果逐字逐句地翻译原文，显得译文冗长，不符合音乐节奏；另一方面，"悲"和"喜"指的是人生经历的不同境遇和由此产生的不同心境，但译者只用"joie"（欢乐）和"peine"（痛苦）来表示相聚之幸和离别之苦，略显不足。但这也符合中文和法文的语言习惯，即汉语重复较多，而法文重复较少。

结　语

雅克·德里达提出，"我不相信任何东西是不可译的，或者说是可译的"[1]。作为解构主义的代表人物，他的思想为翻译研究开辟了全新的哲学视角。解构主义颠覆了自柏拉图以来建立的哲学体系，瓦解了传统形而上学和根深蒂固的逻各斯中心主义，打破了原文与译文二分的传统。[2]

从解构的角度看，翻译的可译性与不可译性既对立又统一。作品的意义是可变的、多重的，并非固定不变。在大多数情况下，翻译是一种跨时代的行为，跨越语言、国家和文化。《水调歌头·明月几时有》是中华优秀传统文化的瑰宝，体现了苏轼的乐观主义精神。当然，每个人在演唱或聆听时都有自己的理解。作为外国人，如果没有广泛接触中国传统文化，没有对苏轼生平的具体了解，译者很难将原文神韵翻译出来。更何况，译文还要跟随歌曲的音乐节奏，所以翻译难度就更大了。

通过分析，我们可以判断译者最终呈现的翻译文本已经失去了原词的大部分文化内涵，只能通过归化的策略对歌曲进行重新解读，这就体现了跨文化翻译的不可译性。不过，在情感表达方面，虽然译者模糊了诗人的存在感，但译文所传达的情感与原文是一致的，体现了对远方友人和亲人的思念和祝愿之情，并通过"Nous ne pouvons que l'aimer, Quand nous

---

[1] DERRIDA J, VENUTI L. What is a "relevant" translation? [J]. Critical inquiry, 2001, 27（2）: 178.

[2] 张政, 王赟. 翻译学导论 [M]. 北京: 清华大学出版社, 2018: 169.

sommes séparés？"（当我们分别时，我们只能怀着爱意？）等直抒胸臆，直白地体现了作者豁达的心境。可以说，译者在有限的译文篇幅中捕捉到了原词的核心思想，再通过个人的理解和感受将其二次呈现，体现出跨文化翻译的可译性。

吕世生和汤琦认为，"诗歌不可译"的命题揭示了一种对经典跨文化可译性的悲观看法，它本质上是一种静态的经典价值思维方式。而人类翻译诗歌的历史实践表明，经典跨文化翻译的可能性是不断发展的。[①]歌曲《水调歌头·明月几时有》的法文译本实现了最终的翻译目的，但歌词中的文化符号难以准确传达。尽管如此，该法文译本是一次创新，回答了"跨文化翻译是否可行"的问题。从歌词翻译的角度来看，符合彼得·洛博士（Peter Low）提出的歌曲翻译五项原则：可唱性（singability）、词意（sense）、自然性（naturalness）、节奏（rhythm）和韵脚（rhyme）[②]，因此跨文化歌词翻译是可行的。

然而，从跨文化的角度来看，原词的文化内涵被大量删减，译者也因种种限制而无法完整地呈现原曲。然而，文化是动态的，翻译也绝非一成不变。如果译文能将一种文化的异域特色带到另一种文化中，在一定程度上可以说是成功的，跨文化翻译也就成为可能。总而言之，跨文化翻译绝非简单的字对字翻译，而是实现两种文化的跨越与适应。但是，跨文化翻译必然存在文化障碍，尤其是在发挥空间有限的歌曲翻译中。

[①] 吕世生，汤琦.莎士比亚十四行诗经典价值跨文化翻译阐释：以黄必康仿词全译本为例[J].中国翻译，2022，43（3）：131-138.

[②] LOW P. Translating song：lyrics and texts[M]. New York：Routledge，2017：79.

翻译传播学视角下的诗歌翻译

——以《将进酒》为例

赵泽君 北京第二外国语学院欧洲学院 2022 级硕士研究生

摘 要：李白是唐代的著名诗人，他的诗歌常常表现出豪放、奔放的个性，以及对自然、人生的热爱与追求，对后世影响深远。《将进酒》是李白的代表作之一，表达了他豪情壮志、奔放不羁的人生态度和对自由与快乐的追求。翻译可以促进中国与世界文明的交流与互鉴，在不同文化之间建起桥梁，是文化得以传播和发展的重要途径。翻译的本质是传播，只有将翻译与传播两者结合起来，才能使信息的跨文化传播达到完美的效果。本文主要以《将进酒》两个法译本为例，尝试从翻译传播学视域探讨诗歌作品的外译策略问题。

关键词：翻译传播学；《将进酒》；法译本

李白在历史上拥有重要的地位，他是中国文学史上最杰出的诗人之一，被尊称为"诗仙"。他的诗歌数量众多，题材广泛，给后世留下了丰富而宝贵的文学作品。《将进酒》是李白的代表作之一，标题的意思为"劝酒歌"，是咏唱喝酒放歌之意。这首诗是诗人正值仕途遇挫之际，酣畅淋漓地借酒兴诗，感叹人生易老，抒发了自己怀才不遇的悲愤心情，以诗人个人的经历和感悟为基础，以其奔放的情感和豪迈的气势，展示了诗歌的独特魅力。诗中的豪情不仅仅是个人情感的宣泄，更是对人生哲理和境界的思考和追求。

一、翻译传播学

翻译传播是在异语环境下的信息传递，不仅包括语言的翻译，也要考虑文化、社会背景等因素对信息准确传达的影响。将传播学的理论和方法引入翻译学，有助于拓展翻译学的研究范围，以确保翻译能够适应并满足不同受众的需求。因此，翻译属于传播的一种形式。20世纪末，国内翻译界学者就将翻译与传播相联系。吕俊认为"翻译的本质是传播"，提出翻译学是"传播学的一个特殊领域"的观点[1]；谢柯与廖雪汝认为"无论从翻译的定义来看还是从翻译的性质来看，翻译的本质是传播"[2]；唐卫华认为"翻译即传播"[3]；张生祥认为"翻译与传播互为一体"[4]；尹飞舟等人在《翻译传播学十讲》中明确了传播、翻译、翻译传播三者的概念及其关系：传播是人类信息的传递活动，包括同语信息传递和异语信息传递；翻译是符际转换活动；翻译传播是异语场景中人类借助翻译实现的信息传递，是有符际转换（主要是语言转换）的传播。[5]余承法等人从翻译传播学角度出发，分析了翻译六个要素间互相关系，针对翻译传播四个阶段提出策略，构建了湖湘文化"走出去"策略体系，对形成湖南的文化建设和政治经济建设的良性互动具有战略意义和现实价值。[6]从许多学者的研究来看，在

---

[1] 吕俊.翻译学：传播学的一个特殊领域［J］.外国语（上海外国语大学学报），1997（2）：40-45.
[2] 谢柯，廖雪汝."翻译传播学"的名与实［J］.上海翻译，2016（1）：14-18.
[3] 唐卫华.论翻译过程的传播本质［J］.外语研究，2004（2）：48-50.
[4] 张生祥.翻译传播学：理论建构与学科空间［J］.湛江师范学院学报，2013，34（1）：116-120.
[5] 尹飞舟，余承法.翻译传播学论纲［J］.湘潭大学学报（哲学社会科学版），2020，44（5）：170-176.
[6] 余承法，万光荣.翻译传播学视域下湖湘文化"走出去"策略体系建构［J］.湘潭大学学报（哲学社会科学版），2021，45（1）：180-185.

翻译过程中，除了要注意翻译学的概念，还应该注意传播方面的知识，将两者结合起来，才能使信息的跨文化传播达到完美的效果。

翻译传播学是传播学的一个分支，因此传播学可以为翻译传播学提供理论支撑。美国学者哈罗德·D. 拉斯韦尔（Harold D. Lasswell）在其著作《社会传播的结构与功能》中提出了传播过程的五个要素，详细说明了传播的关键组成部分，即 Who（says）、What（to）、Whom（in）、What channel（with）What effect，分别为传播者、受传者、讯息、媒介和效果。翻译传播是通过语际转化实现的传播活动，即讯息发生了从原语到译语的转化，因此翻译传播过程比一般传播过程多了一个环节，即翻译。[①]译者是不可缺少的要素。我们将拉斯韦尔传播模式的五个要素扩展为六个要素并应用到翻译中，则为传播主体、译者、传播信息、传播受众、传播媒介、传播效果等六个方面内容。

国内关于李白的诗歌大多以英文译本为研究对象进行研究。严苡丹探讨了诗歌翻译中译者风格的研究，从语体、体裁和译者自身三个层次对英译本进行分析，发现不同译者在翻译同一作品时会体现出不同的风格，译者风格有一定的独立性。[②]廖倩与罗迪江以许渊冲的"三美"翻译原则和庞德创意翻译思想为理论，对比分析李白《长干行》的两个译本，研究这两个翻译思想的异同和如何通过翻译再现原文。[③]还有学者从生态翻译观、格式塔意象翻译模式、认知语言学视角、文化负载词及目的论等角度，对李白诗歌的英译本进行剖析。在法国，中法学者的李白译介研究主要有赴法留学生徐仲年的法语专著《论李白》，其全面探讨了李白的时代、生平、个性及其诗歌艺术；巴黎四大远东研究中心研究员胡若诗出版专著《中国

[①] 尹飞舟，余承法，邓颖玲. 翻译传播学十讲［M］. 长沙：湖南师范大学出版社，2021：40.

[②] 严苡丹. 诗歌翻译中译者风格的研究：以李白诗歌英译本为例［J］. 兰州大学学报（社会科学版），2011，39（2）：145-150.

[③] 廖倩，罗迪江. 许渊冲"三美"翻译原则和庞德创意翻译理论对比研究：以李白《长干行》为例［J］. 牡丹江大学学报，2018，27（12）：103-105.

诗的高峰：李白和杜甫》，她通过考察李白的人生观和价值观认为李白的基本哲学倾向是道家，理想主义和自由精神主导他的世界观，她还结合绘画艺术，对李白的诗歌美学进行创新性的分析。从整体来看，在翻译传播学视角下，借用传播学5W模式分析李白诗歌法译本的研究成果相对较少。因此，本文以《将进酒》两个法译本为例，尝试从翻译传播学视域探讨诗歌作品的外译策略问题。

二、翻译传播学视角下的《将进酒》法译研究

笔者所使用的《将进酒》的译文分别来自2004年出版的《中国古典文学萃选》(*Anthologie de la littérature chinoise classique*)和2014年出版的《唐诗选》(*Choix de poèmes des Tang*)，译者分别是法国汉学家班文干（Jacques Pimpaneau）和许渊冲。《唐诗选》隶属于《大中华文库》，该工程是我国历史上首次向世界推出外文版中国文化典籍的国家重大出版工程。这两个译本都是出版发行的出版物，确保语料的真实性与准确性。

传播主体发出将讯息进行符号转换的活动，将讯息进行符号转换是译者的任务。在翻译传播过程中，翻译传播主体与译者会有不同程度的重叠，在角色上，有时译者就是翻译传播的主体；在传播功能上，译者是翻译传播主体的合作伙伴，二者合作共同实现翻译传播的目的。[1]译者在信息传递中扮演着极为重要的角色。除了将源语言转化为目标语言的基本任务，翻译者还需要充当文化调解者，确保信息在不同文化背景中得以准确传达。他们要保持原文的风格和语感，同时根据目标读者的特点进行调整，以确保译文更好地适应受众。班文干是法国汉学家，他为法国留下了丰富的中国知识遗产。他1934年出生在巴黎，在法国国立东方语言与文化学院学习汉语之后，于1958年至1961年赴北京大学留学，他的老师便

---

[1] 尹飞舟，余承法，邓颖玲. 翻译传播学十讲［M］. 长沙：湖南师范大学出版社，2021：71.

是著名的古典戏曲和小说研究家、藏书家吴晓铃先生。班文干拥有多部专著并翻译了大量中国古典文学作品，主要作品有《中国古典文学萃选》（*Anthologie de la littérature chinoise classique*）和《中国文学史》（*Chine: Histoire de la Littérature*）等，尤为值得一提的是他留给我们的《史记》后半部译本。许渊冲是我国著名翻译家，是中英法文化的桥梁，被誉为"诗译英法唯一人"。他的心愿是让中国文化走向世界，正如他所言："使中国的美，变为世界的美；使西方的美，变成中国的美。促进人类思想文化前进，这就我所能做的。"钱锺书先生评价许渊冲先生："足下译著兼诗词两体制，英法两语种，如十八般武艺之有双枪将，左右开弓手矣！"

经过符号转换后的信息由传播受众接受，也就是译文读者。译文读者在翻译传播过程中扮演着重要的角色，他们不仅仅是信息的接收者，还是对翻译质量进行评价和参与文化交流的积极参与者。通过阅读译文，他们不仅获取原文的信息，还要适应可能存在的文化差异，理解作者的意图和原文所蕴含的深层内涵。译文读者的反馈和评价直接影响翻译成功与否，促使翻译者更加精益求精。此外，译文读者通过阅读翻译作品推动跨文化理解和文学的交流。笔者将读者分为两类，分别为专业读者和一般读者。专业读者具有相关领域的专业知识，他们对翻译作品的要求更为严格，对不同的文化有较强的包容性，对于翻译作品可能有更深层次的分析。一般读者更注重译文的通俗易懂、流畅自然，能够引起情感共鸣，其阅读目的可能更多的是为了娱乐、文学欣赏或获取基本信息，他们对于翻译作品的要求主要集中在语言表达的通顺性、易读性，以及对文学性、情感性的欣赏，更加倾向以自己的文化和语境为参照点，对不同文化的包容性较弱。

符号转换后的信息经媒介进行传播，翻译作品的推广离不开多样化的译介渠道。传统的出版途径通过出版社将作品引入市场，在数字时代，在线平台成为广泛传播的新途径，如电子书平台和数字阅读应用，社交媒体的迅猛发展使翻译作品能够更容易惠及大众。通过充分利用这些渠道，翻译作品得以在不同领域、不同读者群体中广泛传播，拓展了其影响力和可及性。《中国古典文学萃选》由成立于1986年的菲利普·毕基埃出版社（Editions Philippe Picquier）出版，其创始人菲利普·毕基埃（Philippe Picquier）是法国资深文学编辑。2000年起，菲利普·毕基埃出版社开始将中国当代文学列为翻译和出版重点，诺贝尔文学奖得主莫言、卡夫卡文学奖得主及余华等一批中国作家的作品都由该出版社在海外出版。文学界人士指出，菲利普·毕基埃出版社所选的中国作家、作品和文学水准得到公认，成为欧美出版界了解中国文学的风向标，一旦中国作家作品由菲利普·毕基埃出版社推出法文版，其他语言版本往往紧随其后。"大中华文库"是我国历史上首次采用中外文对照形式，全面、系统地向世界推介中国文化典籍、弘扬中华民族优秀传统文化的国家重大出版工程，在推动中国文化"走出去"、增强中外文化交流、提升中国"软实力"方面，彰显出越来越巨大的价值和意义。《唐诗选》由五洲传播出版社出版，该出版社的传统优势和核心业务是对外图书出版。出版社始终秉承"让世界了解中国，让中国了解世界"的建社宗旨，积极围绕国家对外宣传工作重点，融通中外讲好中国故事，向世界展示真实、立体、全面的中国，对外传播中华优秀文化。

经过符号转换后信息的被接受程度就是传播效果，也就是翻译作品在推广和传播过程中所达到的效果，包括作品的知名度、接受程度、影响力等方面。翻译作品的译介效果关键取决于多个要素的相互影响，首要是翻译质量，只有确保高水平的语言表达和对原作内涵的准确传达，作品才能在目标读者中产生积极的反响。明确目标读者群体，选择适当的译介渠道，也是推广成功的关键一环，这涉及对文化、市场和阅读偏好的深刻理解。通过采用多元化的推广手段，如线上线下结合等，可以更全面地拓展译介效果的影响范围，使翻译作品在读者中产生更为深远的影响。截至2024年1月15日，在法国亚马逊官网上，《中国古典文学萃选》共20次评分，平均分为4.7分，满分为5分。《唐诗选》暂无评分，但据中国出版协会报道，"大中华文库"出版后，多次被作为国礼送给外国领导人和学术机构，在国外产生了很大的影响。

三、《将进酒》两种译本翻译策略分析

  翻译要保证信息的准确性，避免语言障碍导致的误解和歧义，在保持原文意思的基础上，适当根据目标文化的语境和习惯进行调整，以此满足受众的需求。因此，有效的翻译策略不仅与信息的传递质量有关，也关系到跨文化沟通的成功与效果。

  "君不见黄河之水天上来，奔流到海不复回"，描述黄河水流奔向大海，却再也无法返回。这个意象常常被用来比喻人生的过程，暗示人生一旦流逝，就如同水流一样，无法回头，这是一种对时间不可逆性和人生短暂的思考，强调珍惜当下，把握生命中每一个时刻的重要性。许渊冲译本（简称许译本）"天上来"直接用"venant des cieux"一个动词现代分词；班文干译本（简称班译本）用"qui se déversent depuis l'horizon"，直译为"黄河水从天际倾泻而下"，更加详细地描绘一幅宏伟的自然景观，将黄河的水源头描绘成高悬于天空，流淌而下的景象。许译本"Se hâter vers la sombre mer?"通过"sombre"一词修饰海洋，表达了海的广袤和神秘；班译本"Et dont le courant se précipite vers la mer sans retour?"通过"se précipite"表达了水流的急促，"sans retour"强调了水流流向大海不再返回。第一种翻译更注重保持原文的诗意和意境，而第二种翻译在细节上更加细致入微，通过具体的表达方式强化了一些细节。

  "君不见高堂明镜悲白发，朝如青丝暮成雪"，在一面大镜子前看着自己的白发形象，发现人的一生太短促，朝暮之间人就从年轻到了年老，黑发变成了白发。班译本为"Ne voyez-vous pas sur le miroir qui brille les cheveux tristement blancs? Au matin, ils étaient de soie noire；au soir ils sont devenus neige"，使用了副词"tristement"强调了白发的悲戚之感，通过对比"au matin"和"au soir"，突出了白发的日夜变化之快，此外还使用了

比喻手法，"ils étaient de soie noire"和"ils sont devenus neige"，将头发比喻为黑丝，表达了头发在过去的时光中的光泽和柔软，同时也暗示着一段年轻的时光或昔日的美好，后将白发比喻为雪，赋予诗意，更注重感情色彩。而许渊冲译本翻译更为简洁直接，避免了过多的修辞和描述，专注于传达信息："Ne voyez-vous pas les cheveux dans le miroir lumineux，À l'aube noirs，mais blancs au soir?"，直截了当地强调了白发的颜色变化和时间的流逝之快。

"天生我材必有用，千金散尽还复来"，强调充满自信，对自己未来充满信心更能助长人的快乐，让人全身心投入欢乐，发自内心地感受欢乐。人生短促，尽情喝酒享受吧，然后再考虑酒钱的问题。班文干译本用"Le Ciel m'a conféré des dons"表示天赋是一种来自上天或宇宙的赐予；许渊冲译本采用"Un talent est né"暗示着才能是与生俱来的，是一种天生的品质。"千金"一词两人分别译为"mille lingots"和"Mille écus d'or"，"écus"是法国古代货币单位，强调了金钱的贵重，更加文学化；"lingots"一词译为"金锭、金块"，是古代最值钱的流通货币。

"岑夫子，丹丘生，将进酒，杯莫停"，直呼一起喝酒的朋友名字，语气很亲切，内容很具体，很生活化。许译本为"Mes chers amis，venez ici! Vidons le vin jusqu'à la fin!"，直接称呼为"我亲爱的朋友们"，更适用于轻松、亲近的场合，李白热情邀请他的好朋友饮酒。班文干译为"Maître Cen, sire Danqiu, allons, buvons ensemble. Que les coupes ne s'arrêtent pas!"，使用了"Maître"和"sire"这两个尊敬的称呼，还有注释"Amis de Li Bo. Yuan Danqiu était un adepte du taoïsme"，介绍元丹丘是李白好友。

"钟鼓馔玉不足贵，但愿长醉不愿醒"，表达了对于世俗权势、富贵和华丽物质生活的淡漠态度，强调这些并不能给人带来真正的欢乐和满足。班文干选择了更为直接、贴近原文形象翻译，将"钟鼓馔玉"直译为"Cloches, miroirs, mets rares et précieux"；而许渊冲译出其引申义富贵豪华的生活"la renommée et la richesse"，更注重传达原文的深层含义。

"陈王昔时宴平乐，斗酒十千恣欢谑"，陈王曹植才华横溢，但遭兄侄猜忌，终不得用，李白钦佩他的才能，借以自比，表现对自己才能的自信，更重要的是抒发自己怀才不遇的愤懑之情。陈王过去在平乐观宴请宾客，一斗酒十千金，尽情欢乐戏谑，此处借用曹植《名都篇》"归来宴平乐，美酒斗十千"句。班文干在注释中也提到，"Le prince de Chen était le poète Cao Zhi（192—232），fils de Cao Cao. Ce poème a été écrit sur le modèle d'une chanson à boire de Cao Zhi dont Li Bo rappelle ici deux vers：Revenons au banquet du temple de la Paix Heureuse/Et qu'il y ait du bon vin, des boisseaux par milliers"。班文干译为"Quand le prince de Chen donna un banquet au temple de la Paix Heureuse, des pichets de vin par milliers libérèrent la joie et les jeux."选择了比较直译的方式，保留了原文的基本结构和意境。许渊冲译本"Le Prince Zhao Zhi aimait à tenir festin, tant de poètes s'enivraient de son vin"增加了细节和表达生动，没有将斗酒千金直接翻译出来，而是突出好友陶醉于酒中，翻译更具有一些文学性和灵活性。

最后一句诗"五花马，千金裘，呼儿将出换美酒，与尔同销万古愁"，意思为管它名贵五花马还是狐皮裘，快叫侍儿拿去统统换美酒，与你同饮以消融这万古长愁。"五花马"是十分珍贵的马，班文干将其译为"Mon cheval pommelé"，是有灰色或白色斑点的马，"千金裘"是价值千金的貂皮大衣，译为"mon manteau de précieuse fourrure"，相对忠实于原文，力求保留原文的结构和描绘。许渊冲将其译为"Un cheval fin, Une fourrure enfin"，直接使用两个修饰成分，简练地传达意境，使译文更富有韵味。

许渊冲译本使用简练的表达方式，用词生动形象，更加注重意境的强化，富有诗意和意境，再现了李白的豪放和放纵。在译本中也保留了相应的韵脚，使得译文更加符合诗歌的音韵要求，如"vin"和"fin"、"plaisir"和"loisir"。班文干译本相对忠实于原文，保持了原诗的整体结构和意境，在文中穿插了一些注释，解释了一些历史和文化背景，使得读者更容易理解原文中的一些典故和隐喻。

译者采用不同的翻译策略，可能是因为翻译方向不同。对于汉学家来说，翻译唐诗属于"译入"，对母语法语有优势，词汇会更加丰富，符合法语的习惯。班文干一生都致力于向西方传播中国知识，译入外国作品可以带来不同文化的思想、观念和艺术表达方式，促进了文化的多样性与丰富性。通过理解外国作品，法国读者能够拓宽视野，增进对其他文化的认知与理解。许渊冲属于"译出"，翻译的时候可能会受到母语逻辑思维的影响。译者译出本国文学作品，有助于塑造本国的文化形象，展示本国的文化、社会和价值观，吸引外国读者的兴趣和好奇，可以将本国的声音和思想传播到全球范围，扩大文学影响力。

每个译者的翻译原则也不同。班文干认为好的译文应"移调"，也就是要尽量还原原作的历史背景。因为法语所具有的清晰、严谨的特点，使一部以简洁汉语写成的作品被尽可能准确地翻译出来，将其背后的真正意义表现出来，以此来完善原作。许渊冲会将一些法语文化语境下难以理解的词进行归化处理，减少诗歌的晦涩感，使情感和意境传达得更为流畅。许渊冲曾提出"三美"理论，即意美、形美、音美。他还认为，一个古诗译者翻译水平的高低，在很大程度上取决于他的再创造能力。他法译的诗歌不仅与原文的情感思想非常贴切，而且还十分符合法语的表达习惯，将法文词汇拿捏得很精准，且几乎每首译诗都有韵脚，读起来朗朗上口。即使单以法语诗歌来看，法译的诗歌也是很有韵味的，可以说在一定意义上实现了对古诗词的再创造。

为了推动中华文化"走出去"，在翻译过程中，译者扮演着重要的角色，我们要选择经验丰富的诗人或翻译家，加强与国外汉学家的合作，通过努力传达诗歌的情感和美感，适度地融入目标语的文化元素，以此增加外国读者对中国文化的兴趣与理解。在数字化手段的推动下，如互联网和社交媒体，我们拓宽国际受众，为中国诗歌走向国际舞台创造更多展示和交流的机会，多维度合作和推广可以增强中国文化在国际上的影响力。

结　语

从传播学的视角来看，翻译的意义已经超越了单纯的文本转换，而更多地关注翻译传播中各种因素之间的动态关系。翻译传播主体控制翻译传播过程、决定翻译内容等。译者的重要性体现在他们作为文化传递的中介角色，需要选择适当的翻译策略，准确传达原文信息并在不同文化间建立桥梁。受众是信息接收者的角色，译者需要以受众为中心选择翻译策略，以满足其语言习惯。媒介作为信息传播的手段，对信息呈现形式起着关键作用。传播效果如何不仅取决于译者的专业水平，还受到受众接受能力、文化认同等多方面因素的影响。这六者之间的协同作用决定了翻译传播的成败，在跨文化传播中译者需要全面考虑每个环节，以实现信息的精准传达和最佳的传播效果。

文学研究

论罗兰·巴特文本的开放性

——以《恋人絮语》为例

杨泽怡　国际关系学院 2023 级硕士研究生

摘　要：近年来，随着短文化的盛行，开放性文本渐渐得到重视，法国著名的结构主义学者罗兰·巴特是开放性文本的重要推崇者之一。文本的开放性取决于其独立性与多元性，即文本本身具有能够自给自足且意义多元的特点。罗兰·巴特曾写过多部文学著作践行自己的文本理论，《恋人絮语》便是其中之一。本文将以《恋人絮语》为例，结合其文学理论，分析开放性文本的特点。

关键词：文本；开放性；《恋人絮语》；罗兰·巴特；文学理论

文本是罗兰·巴特（Roland Barthes）文学理论当中非常重要的一个概念，它并不是罗兰·巴特首创的一个术语，罗兰·巴特将一个旧词重新赋予了新的概念。罗兰·巴特文本理论的基本特点是以读者为中心，使读者能够在阅读中占据主导地位，自由地理解文本，为此文本应该是开放的，不受约束的。罗兰·巴特中晚期的文学性著作可以看作他对自己文本理论的实践，充分体现了他心目中以读者为中心的开放性文本的样子。结合罗兰·巴特的文学理论，本文将以他的《恋人絮语》为例，分析其开放性文本的特点。

一、文本的独立性

文本具有开放性的首要前提,是文本本身要具备独立性,独立性指的是文本不受到主体意识的影响,如果文本中存在一个鲜明的主体意识,那么这个主体会影响文本的内容,文本便不具备开放性,读者无法对其自由理解。纵观当代西方文学史,对文本影响最大的主体是作者。20世纪二三十年代,前沿学者的文学研究开始从作者转移到作品,20世纪40年代起出现学者提倡读者导向研究,此前的文学研究一直是以作者为中心。[①] 从前的文本与读者是被动的,文本是作者主体意识的载体,而读者在多数情况下是被动地接受作者的意识。罗兰·巴特试图改变这一状况,在理论上,他提出"作者之死",落实到具体的文本实践中,他试图边缘化作者的主体意识,以使文本最大限度地保持独立。

(一)"作者已死"

1968年,罗兰·巴特在《曼提亚》(*Manteia*)杂志上发表《作者之死》("La mort de l'auteur"),这篇反传统"作者中心论"的文章在学术界引起了广泛讨论,掀起了关于讨论阅读中作者、作品与读者关系的浪潮。罗兰·巴特主张作者主体意识在文本中消失,作者不再对文本进行干预是实现文本的开放性、读者自由解读的首要条件。关于罗兰·巴特对作者的具体看法,可以大致分为以下三个方面。

1. 作者对文本的解释权不具有历史的必然性

作者是现代社会的产物,人们从文艺复兴时期起开始寻找自我,追求个人的观点表达。这一点在实证主义、资本主义占据意识形态主导地位

[①] 朱立元. 当代西方文艺理论[M]. 3版. 上海:华东师范大学出版社,2014:3.

时达到顶峰，作者获得了更多的书写自由和社会地位。作者在各种文学作品中强调自己的存在，如传记、访谈、回忆录，其逐步占据主导地位，成为被解读的对象。罗兰·巴特认为，写作只是从具有写作能力的主体开始的，它应是中性的，能够海纳百川使身份失去意义，这种在现代社会出现的"暴君般的作者"不具备合理性。多年来已经出现一部分作家试图撼动"作者中心"的大厦，留给读者具有自由理解空间的文本。如普鲁斯特（Proust），作为意识流的先驱，他完成了写作结构颠倒：不把生活放入文本，而把生活经历变成了创作。换句话说，一般情况下是作者将自己的生活经历以文字形式记录下来，形成作品，而普鲁斯特是将作品变成自己的人生。小说里叙述者准备写作，而不是正在写作，这使得作者去中心化，作者的无意识或潜意识在写作，非自我意识在写作。[1]为保证文本的独立性，罗兰·巴特提倡利用语言学来瓦解作者，书中的人称"我"并不是作者"我"，语言需要的是主语，一个实义不定的语法成分，这足以让语言结构完整，形成文本，文本中可以没有作者，甚至没有一个特定的主体意识。[2]

2. 作者可以与文本割裂开，成为"纸面上的作者"

在《作者之死》中，罗兰·巴特提出作者应该得到间离，否认作者的主体性得以解放文本。他在《从作品到文本》（"De l'œuvre au texte"）中形容作者应是宾客一样的存在，如果他是一个小说家，他就会像小说中的人物之一那样写入其中，像图案一样呈现在地毯中，他不再是有特权的、父亲式的。[3] 如果写传记，作者就是纸面上的我，作者的生活不是故事的源头，而是与作品同时发生的一个情节。作者如果带着主体意识回到文本

---

[1] 赵子烨，宋玉锡，国益博.再论"作者之死"六个观点［J］.哲学进展，2023，12（3）：570-578.

[2] BARTHES R. La Mort de l'auteur［J］. Mantéia，1968（5）：63-64.

[3] 《从作品到文本》钱翰译［EB/OL］.（2020-06-20）［2024-09-15］. https://www.douban.com/group/topic/180997432/?_i=6367412mh2LjLR, 6368737m091edO.

中，仿佛将自成一体的文本网络撕了一个缺口，他强势地为文本赋予某种意义，给文本内涵和读者解读都带来了局限性。实际上，这种强势所带来的一个结果是我们现在的文学评论写作者带着一定的任务研究作者，了解作者所处的时代背景、个人经历及心理历程，进而从一个角度对文本进行解读，读者被逻辑自洽的观点说服。这看似没有任何毛病，实则是一种"圈套"，写作者带来了一套潜在的阅读规则，诱使读者遵循它去阅读文本，文本便不再具有开放性。罗兰·巴特早期曾提出"零度写作"的概念，即作者在文章中不要掺杂任何个人的想法，将饱满的感情降至冰点，从而客观、冷静、从容地抒写。① 虽然上述观点看似有些理想化，但可以看出罗兰·巴特始终反对作者对文本的干预，作者主体存在于文本中不仅影响文本的独立性，更影响读者对文本的理解。

3.读者的诞生要以作者的死亡为代价

这是《作者之死》中的最后一句话，也是文章的点睛之笔。文本是符号意义集合的多元网状结构，自成体系，作者面对文本应充当"抄写员"（le scripteur）的角色，一个中立的、假设的只进行机械打字的实体，而读者是通过阅读把文本赖以构成的所有痕迹执在一起的人。② 罗兰·巴特认为，架空作者的意义是赋予读者更多的权利，如评价、改编、续写，由读者给予文本更多的生命力。③ 读者以往在文学史中从未得到重视，而作者淡出文本意味着此后将是读者的时代。

（二）《恋人絮语》中叙述主体的模糊性

1977年，罗兰·巴特发表了《恋人絮语》，这是一部以歌德的《少年

---

① BARTHES R. Le Degré zéro de l'écriture［M］. Paris：Éditions du Seuil，1953：30.

② BARTHES R. La Mort de l'auteur［J］. Mantéia，1968（5）：63-64.

③ 赵子烨，宋玉锡，国益搏. 再论"作者之死"六个观点［J］. 哲学进展，2023，12（3）：570-578.

维特之烦恼》为研究对象的批评著作。其焦点不在歌德的作品本身，而在研究恋人絮语，即情话的特性。维特（Werther）是处于激情热恋中的人，《恋人絮语》对维特的一句又一句情话的感悟灼见把人们带进一个又一个生动的生活场景，在文本和读者体验之间架设起沟通的桥梁。[1] 在《恋人絮语》中，罗兰·巴特为了保持文本的独立性，使其免受作者及任何主体意识的干扰，多采取第三人称进行叙事，有时也会采用第一人称"我"，但读者通常难以判断"我"的身份。这种叙述手法有意拉开叙述者或作者与读者之间的距离，成功地模糊了真实与虚构之间的界限，并且让这两种张力相互作用，形成了一种"不可判定的叙述"。[2]

例如：

> 始终萦绕在恋人脑海的念头：对方应给予我所需要的东西。然而，我第一次真正地害怕了。我一头扑倒在床上，反复思量，终于打定主意：从今往后，再也不想占有对方，一点儿也不。清心寡欲（这是从东方搬来的一个词）是自杀的一种改头换面的替代物。不（因为爱情）寻短见也就意味着：打定主意不占有对方。维特自杀的瞬间本来可以是打定主意放弃占有夏洛蒂的瞬间：不是这个就是死亡（可见是多么庄严的时刻）。[3]

这是《恋人絮语》占有欲一章中其中一个片断，此处的"我"在最开始读时可能会联想到叙述者，甚至作者，可是后面出现了维特，那么"我"的身份判断便出现了两种可能：第一种，"我"可能是叙述者，在谈

---

[1] 吴晓红. 罗兰·巴特《恋人絮语》中的文学批评意识 [J]. 人文论谭，2013（00）：92-98.
[2] 王成军，张雨薇. 后现代自传话语的范式：论罗兰·巴特自传叙事中的假体、主体与母体 [J]. 当代外国文学，2015, 36 (3)：152-158.
[3] 巴特. 恋人絮语 [M]. 汪耀进，武佩荣，译. 上海：上海人民出版社，2016：223.

199

论自己感受时,叙述者联想到了维特的经历,与其感同身受,至于叙述者的身份并不明确,可能只是构成语言结构的空壳的"我",当然,也有可能是作者自己,在没有上下文的情况下无法判断。第二种,"我"是维特,该段先以第一人称视角谈论维特自己的心理活动,再转为第三人称,有一个"潜在的叙述者"评价维特的行为,对于第三人称叙述者的身份依然无法判断。另外,该段没有对维特进行引用标注,在此处也无法判断是否有引用《少年维特之烦恼》。一是因为《恋人絮语》的引用标记不明确,罗兰·巴特刻意为之,希望引用构成文本中的文化语言;二是维特可以算是《恋人絮语》的"缪斯",《恋人絮语》中许多片断的开头是从对维特的描述开始的,他算是这本书的半个"主角",从惯性思维的角度思考,该书的一部分章节是从维特的恋爱情节出发,后续向外延伸,进行议论或其他方面的引用,那么维特可能会被看作部分章节的中心,所以对频繁出现的"主人公"不再进行引用标注是合理的。当然罗兰·巴特并不希望《恋人絮语》中出现"主角",即便不把维特看成片断的中心,甚至不是《少年维特的烦恼》中的人物,只看作一个陌生的、名叫维特的人,在本书中也是说得通的,完全不影响读者理解内容。因此该片断中"我"的可能性太多,如何理解完全取决于读者,这是罗兰·巴特放弃作者并模糊主体、推崇文本开放性的有意叙述策略。正如日本学者铃村和成所言,"在巴特看来,只要连续论述同一个事情,人们就会被'自然性'和'理应如此'的黏胶所捕获,而这样一来,叙述就不得不始终如一,就会欺骗自己"[1]。

  罗兰·巴特通过模糊主体的方式规避了任何主体意识干预文本,正如上文片断所达到的效果,主体"我"可以是罗兰·巴特,是维特,是一个潜在的叙述者,甚至可以是读者自己,主体身份取决于读者的解读,这样实现了文本自身的独立性,也为文本的开放性奠定基础。除了模糊主体,罗兰·巴特还采取了其他手段,比如,他采用片断缝接式书写方式,文本

---

[1] 铃村和成. 巴特:文本的愉悦[M]. 戚印平,黄卫东,译. 石家庄:河北教育出版社,2001:127.

没有开头和结尾，文本主体也是碎片化的，不具备完整性；他进行了大量无引号引用，借助他人的观点规避自我叙述，减少文本中出现作者意识的可能。但是这些手段不仅是为了保证文本的独立性，更是为文本的多元性服务，在免于叙述主体的干预后，文本本身需要具有意义多元的特点，这样才能确保读者有自由理解文本的可能，文本才具有开放性。

二、文本的多元性

文本的意义多元是开放性文本重要的内在前提。在文本具有独立性的同时，罗兰·巴特主要通过两种手段保证文本的多元意义，结构上采用碎片化写作，内容上选择大量引用，实现文本互文。他依旧是将理论与实践相结合来证明自己的文本观点，因为文本本身意义多元，文本的开放性就体现在不同读者可从不同角度去解读文本。

（一）《恋人絮语》的片断缝接式写作

1971年，罗兰·巴特在《美学杂志》上发表了一篇系统阐释其文本概念的文章——《从作品到文本》，在其中罗兰·巴特形容文本是一个网状结构，指它能够真正地实现意义多元。在文本中，并非多种意义的共存，它更像是一个能够自由穿梭的通道，超越空间与时间，意义在其中如同爆炸一般能够自由散播。[①] 文本之所以能够实现意义多元，并非因为使用模糊限制语，而是它能够充分发挥能指（le signifiant）的多元性，在文本中构成了一个具象的、立体的世界。即便读者多次面对文本中同样的语言文字，那些符号为读者熟悉，但它们每一次的结合都是独一无二的，能够使读者在每一次阅读体验中收获不同的感受。罗兰·巴特在该文中以定义作家乔治·巴塔耶（Georges Bataille）为例，说明了文本的存在会引发归类

---

① BARTHES R. De l'œuvre au texte［J］. Revue d'esthétique，1971（3）：13.

的问题，文本无限逼近现代社会中阐释规则（理性、可读性等）的边缘，它是无中心的、无边界的。因此，现有的等级秩序与分类方法无法实现定义文本，文本阅读也不能用所谓科学的归纳－演绎法进行分析。文本更像是一个场域，能指的多元性导致了所指（le signifié）被不断地深入解释，从而为文本创造出更多意义。

罗兰·巴特试图通过《恋人絮语》将无中心、无边界的网状结构文本付诸实践。为了保证文本的多元意义，他选择以片断缝接式写作方式，即以诸多片断组合的方式完成《恋人絮语》。这一文体反对传统写作的连续性和整体性，使得文本具有更强的开放性，为读者留下了更多的理解空间。论及片断，这种文体早已有之，它最初呈现为格言警句的形式，如像拉罗什富科（La Rochefoucauld）的《箴言集》(*Maximes*)、帕斯卡尔（Pascal）的《思想录》(*Les Pensées*) 等。[①] 罗兰·巴特将这种片断缝接式写作方式称为"相册式写作"（l'écriture d'Album）或"狂想曲式写作"（l'écriture de rhapsodie），在他看来，由数量不等的片断聚合而成的书籍就如同生活中的相册，具有非连续性、非体系性和偶然性的特点；[②] 它也像是无调性音乐，没有主音和属音的区别，音符可以自由组合。正如词语"片段"与"片断"的区别，片断虽零碎且不完整，但它是独立的；而片段永远是某个整体当中的一部分。片断式小说独立成形，无头、无尾、无中心，这种形式可以真正地发挥出文本的多元性。

《恋人絮语》中的片断既然是独立的，那么片断顺序便也没有什么特殊含义，片段的缝接可以是随性的。全书的情节片断是按照字母顺序进行排列与归类的，从身心沉浸（s'abîmer）到占有欲（vouloir-savoir）[③]，各主

---

① 金松林."片断缝接式写作"：晚期罗兰·巴特的小说观念［J］.外国文学研究，2022，44（6）：52-60.

② 金松林."片断缝接式写作"：晚期罗兰·巴特的小说观念［J］.外国文学研究，2022，44（6）：52-60.

③ 巴特.恋人絮语［M］.汪耀进，武佩荣，译.上海：上海人民出版社，2016：目录 1-9.

题词之间彼此毫无关联,每个主题词下的片断也没有联系,看起来完全像是作者想到哪就写到哪,有些片断后甚至还会附上括号,补充一些随机联想到的、与上文不相关的内容。这实际上是罗兰·巴特的巧思,以字母顺序排列避免了片断的顺序安排,以一种有序的方式创造无序,避免文本的连续性。因此,读者的阅读活动可以从书中任意一个片断切入,完全不会影响对内容的理解。更有趣的是,由于读者阅读时可以自行决定片断的阅读顺序,不同读者的阅读顺序不同会导致其对于同一本书中的同一片断理解出现差异。这种理解多样化刚好是开放性文本的意义,文本的多元性也实现了这一点。

(二)文本的互文性

茱莉娅·克里斯蒂娃(Julia Kristeva)曾是罗兰·巴特的学生,她提出了"互文性"(亦称"文本间性")的概念,指代不同文本之间的相互关系。从罗兰·巴特的文本观可以看出,他受到了克里斯蒂娃观点的影响。除了利用文本结构实现意义多元,罗兰·巴特认为,文本的内容是由存在于不同文化背景下的引文编织而成,它从来不是单一的线性结构,而是一张"网"。[1] 过去的及现在的文化语言在具象的能指世界中不断地贯穿文本每一个部分,文本依存互文性,因为文本自身就是在文本与文本之间诞生的。文本不会停留,它不停地在几部作品中穿越,在其中产生新的意义,形成新的文本。文本在内容上就像是一张庞大的由文化语言编织形成的意义网络,它从不是恒定不变的客体,它具有流动性,能够向未来的理解无限开放。也就是说,文本的互文性成就了文本的意义多元,意义多元使得文本具有开放性,而文本的开放性为读者带来参与文本意义创造的可能。

关于引用,罗兰·巴特认为文本的引文应是已被读过的、了解过的,

---

[1] BARTHES R. La Mort de l'auteur [J]. Mantéia, 1968(5): 65.

它应是匿名的、不加引号的，文本互文性的构建废除了一切继承关系，因此文本阅读不需要作者的担保。他在法国《通用大百科全书》中这样解释道："所有的书多多少少都融入了有意转述的人言……互文是由这样一些内容构成的普遍范畴：已无从查考自何人所言的套式，下意识地引用和未加标注的参考资料。"[1]也就是说，罗兰·巴特认为互文可以算是一种无意识行为，不等同于刻意复制和引用。任何文本都是一种互文文本，由于语言存在于历史与社会中，文本也自然不可避免地受到先前文化与周围文化的影响。[2]无引号引用首先排除了引文作者干预文本内容的可能，规避了文本受到主体意识的影响，保证了文本的独立性；与此同时，引用内容作为一种文化语言进入了文本这一文化熔炉，它是动态的、具有创造性的，为文本带来新的意义。

《恋人絮语》是罗兰·巴特以互文性的理念和方法完成的第一部作品，是罗兰·巴特自 1975 年起历经两年的研究成果。一种被放大的、被实践的罗兰·巴特式互文性理论及在一定意义上全新的写作方式呈现在读者面前，在当时产生了一定的社会效应。[3]文中进行了大量引用，以物体（l'objet）一章为例，内容包含两个片断：第一个片断是维特的恋爱场景，维特无比珍惜他的爱人夏洛特（Charlotte）给他的系带；第二个片断则是论述段落，阐述在坠入情网的人的心里，世界上没有除恋人物品之外的其他物品。[4]这两个片断的旁边附有小字，可以看出片断中引用了拉康（Lacan）的观点及日本的俳句，只是引文并没有加引号和脚注。《恋人絮语》中所有的引用都是这个形式，即使忽略片断旁边的小字，只看片断

---

[1] 王璐筠.跨学科视角下文学与建筑的互文性探析：基于罗兰·巴特文本理论的启示［J］.美与时代（城市版），2021（2）：19-20.
[2] 张抒.互文性视域中的《恋人絮语》［D］.上海：上海戏剧学院，2016.
[3] 张抒.互文性视域中的《恋人絮语》［D］.上海：上海戏剧学院，2016.
[4] 巴特.恋人絮语［M］.汪耀进，武佩荣，译.上海：上海人民出版社，2016：165-166.

内容，也完全不影响理解，毕竟引文已与书中内容融为一体。正如汪耀进先生在《恋人絮语》中文版前言中所总结的那样：文本基于无法追根溯源的、无从考据的文间引语，属事用典，构筑在各种文化语汇之上，由此呈纷纭多义状。它所呼唤的不是什么真谛，而是碎拆。[①] 也就是说，构筑于互文性基础之上的文本具有多元性，文本内涵丰富且行文脉络顺理成章。罗兰·巴特曾把文本形象地比喻成洋葱：阅读犹如将洋葱层层剥开的过程，读者试图去挖掘的终极意义到头来只不过是一个空心的内核，而意义却分布在各个部分。[②] 因此应该得到重视的是读者的阅读过程，即读者根据个人经验理解文本的过程。

结　语

结合罗兰·巴特的文本观及其文学实践，可以发现文本的开放性归功于文本的独立性与多元性，即文本中不含有主体意识且文本本身具有意义多元的特点。在《恋人絮语》中，罗兰·巴特运用多种写作手段实现这一点：边缘化作者且模糊文中的主体意识，读者从而能够根据自身理解自定主体；片断缝接式写作方式使得文本存在独立、意义多元、文化交织，无头无尾的片断与片断间留下了大量"空白"，可以交给读者进行自由填充；互文性为文本带来了丰富的内涵，使得文本具有流动性，为文化水平与背景各不相同的读者留下多种解读可能。开放性文本是最有利于读者进行自我解读的，显然罗兰·巴特通过《恋人絮语》证明了这一点。但罗兰·巴特开放式文本也有不足之处，他在思考文本与读者间的相互关系时略有欠缺。读者阐释需要文本具有开放性，文本理解也对读者对阅读的主动性有所要求，如果文本前的读者是一个习惯于被动接受文本、缺乏独立思考的

---

① 巴特.恋人絮语[M].汪耀进，武佩荣，译.上海：上海人民出版社，2016：6.
② 张抒.互文性视域中的《恋人絮语》[D].上海：上海戏剧学院，2016.

人，那么他便难以理解罗兰·巴特开放式文本。即便如此，在短文化盛行的当下，人们越来越少读纸质书，微博、小红书等社交平台已成为时代主流，短文字片断成为主要的信息载体，重温罗兰·巴特开放性文本的特点对人们更好地利用社交媒体传播信息具有很大的借鉴意义。

莫里亚克作品中的创伤书写研究

——剖析人物苔蕾丝的心理创伤

王弘冰　北京第二外国语学院欧洲学院 2022 级硕士研究生

摘　要：弗朗索瓦·莫里亚克（François Mauriac，1885 年 10 月 11 日—1970 年 9 月 1 日），法国小说家，1952 年诺贝尔文学奖获得者。本文主要从朱迪思·赫尔曼（Judith Herman）和凯西·卡鲁斯（Cathy Caruth）的创伤复原理论出发，以其作品《苔蕾丝·德斯盖鲁》（1927 年）为研究文本进行解读，具体分析造成、加深人物心理创伤的原因及表现，进一步阐述人物创伤的疗愈过程中相关人物及事件，从而探索莫里亚克在本部小说中所呈现人物苔蕾丝创伤的治愈结果及其意义。从与他人的联系的中断到修复，苔蕾丝初步完成了创伤复原的历程，开始了自主权重建的环节。小说家莫里亚克堪称一名出色的心理学家，对他笔下的人物心理创伤和复原进行分析，为文学作品中人物创伤心理的研究提供借鉴。

关键词：莫里亚克；苔蕾丝；心理创伤；人际关系；创伤疗愈

引　言

"心理创伤"是创伤理论中的一个基本概念，朱迪斯·赫尔曼将其定义为"一种自己感觉毫无力量的苦痛。在创伤中，受害人受到强大力量的冲击，处于无助状态"[①]。而造成心理创伤的原因不限于战争、空难等不可抗力事件，还包括日常生活中可能会长期经历的忽视、情绪虐待、躯体虐待等暴力行为。大多数受害人因心理受到的巨大负面影响而导致产生精神上的创伤。

本文从心理创伤的角度，基于文学文本探讨莫里亚克作品《苔蕾丝·德斯盖鲁》中的女主人公苔蕾丝。苔蕾丝生于法国外省一个资产阶级家庭，生活无忧无虑。她曾是一个天真机灵而又略带点"小心机"的女孩，她在老师们的眼中"有自己的思想和追求"。成年后，她嫁给了仰慕已久的贝尔纳——庄园主的儿子。这场门当户对的婚姻羡煞旁人，但无人能料想到这场婚姻多么不幸，也想不到它如何像一剂慢性毒药一样"吞噬"苔蕾丝。一切的选择和其后果既难逃当时的社会环境，也离不开苔蕾丝自身的天性。婚后的苔蕾丝在经历数次折磨和伤害后终于不再麻木，开始慢慢"醒悟"和"反击"。她想要逃离现实生活，寻找所谓的自由和幸福，为此借助他人进行了一次次创伤治愈的尝试。那么苔蕾丝的创伤究竟有着怎样的前因后果？她内心的"千疮百孔"又是否能真正得到治愈呢？

一、造成苔蕾丝创伤的原因

（一）客观环境

苔蕾丝生于一个富裕又享有高地位的资产阶级家庭，她的童年无忧无虑、丰衣足食。然而这也预示着她在婚姻中可能会遭遇一个信奉金钱利益至上的家庭，抑或是在物欲横流的社会、时代中感受到令人窒息的压力并承受由此带来的心灵创伤。辩证唯物主义认为社会存在决定社会意识：物

[①] HERMAN J L. Trauma and recovery: the aftermath of violence—from domestic abuse to political terror [M]. New York: Basic Books, 2022.

质生活的生产方式制约着整个社会生活、政治生活和精神生活的过程。不是人们的意识决定人们的存在，相反，是人们的社会存在决定人们的意识。荒原上的自然环境，每一处描绘都深刻揭示了其极端的贫瘠——不仅是物质的匮乏，更是环境的严酷与生存的艰辛。那广袤无垠的土地上鲜有生命的迹象，土壤贫瘠得几乎无法滋养任何植被，裸露的岩石和干裂的土地诉说着无尽的荒芜。天空或许辽阔，气候却极端多变，时而狂风肆虐，时而烈日炙烤，为在这片土地上挣扎求生的人们平添了几分不易。物质生活的贫瘠引起了精神生活的匮乏：人们在这种环境下更加沉溺于金钱和物欲，缺乏对信仰和生活的追求。家庭的婚姻关系与血缘关系都被物化；亲情被腐蚀殆尽，家庭成员之间彼此冷漠、仇视。[1]正如文中所言："他们把心留在了荒原上，精神上也一直生活在荒原上，除了荒原给他们带来的乐趣，在他们眼里，其他一切都不存在。"[2]

在当时的时代背景下，家族以家族利益为纽带，并在父母"门当户对"观念等因素的推动下，苔蕾丝嫁给了庄园主的儿子贝尔纳，开始了一段痛苦、不幸的利益婚姻：丈夫在婚后本性暴露，他为人腐朽麻木、对她漠不关心的态度，让她身心饱受伤害和折磨，同时也给她留下了挥之不去的心理阴影。创伤患者社交生活圈中的人们，将有能力左右创伤的最终结果，他人的敌意或者负面的反应可能会加深伤害或恶化创伤症候群。[3]在苔蕾丝得到法院的无罪获释，她向父亲表示自己"受够了，累极了"时，父亲唯一担心的却是进入参议院的事受到阻碍，自己受到了这个女儿的牵连。[4]此外，丈夫也要求她必须伪装生活和睦幸福，"为了家族的利益，一

---

[1] 李美丽.罪恶·悲剧·救赎：莫里亚克小说的文学史意义[J].安康师专学报，2004（1）：69-72.
[2] 莫里亚克.爱的荒漠[M].桂裕芳，译.桂林：漓江出版社，1983：161.
[3] 赫尔曼.创伤与复原[M].施宏达，陈文琪，译.北京：机械工业出版社，2015：70.
[4] 莫里亚克.爱的荒漠[M].桂裕芳，译.桂林：漓江出版社，1983：150.

定使人们相信我们很和睦，让他们觉得我对你的清白无辜深信不疑……"[1] 显然，作为创伤患者的苔蕾丝并未摆脱家族利益的捆绑，处于其社交生活圈的父亲和丈夫对苔蕾丝内心郁结的忽视，更加表明他们看重家族利益高于苔蕾丝的想法和感受。受创的苔蕾丝无法从亲人身上得到情感上的支持，内心创伤随之加深。

（二）主观原因

从人物自身来讲，苔蕾丝身上的伤痕未尝不是"自食恶果"，尽管存在"不得已"的原因，但苔蕾丝自身有对财产占有欲的本性，她自愿跳入利益婚姻的罗网。"她的血液里一直有财产欲"，苔蕾丝常常听餐桌上的男人们谈论产业的估价。另外，她并不坦言自己想嫁给贝尔纳的真正原因，这也从侧面表现出她不只是单纯仰慕贝尔纳，她也看上了他的"两千公顷地产"。而恰好贝尔纳也垂涎她的松林，于是两人在父母的安排下一拍即合了。

另外，在天真的少女时期，苔蕾丝对贝尔纳存在些许爱慕之情，甚至是一种"更隐晦的感情"——她想要找到自己的依靠和归宿。然而她却从一个陷阱跳进了另一个陷阱，陷在家族的罗网里，内心遭到重创。小说中的相关叙述提到"她对他仰慕得五体投地"，"也许苔蕾丝在这门亲事中追求的不是统治，不是占有，而是'避难所'和'安置'，她慌张地避开一种自己也不清楚的危险，而'把自己镶嵌在家族这块石头里'了"[2]。经过一段短暂的婚姻生活后，她逐渐认识到贝尔纳的粗鄙和无知，发现他热爱的只有松林和财产，两人的夫妻关系也因此变得如一潭死水般沉闷无波。

---

① 莫里亚克.爱的荒漠［M］.桂裕芳，译.桂林：漓江出版社，1983：213.
② 莫里亚克.爱的荒漠［M］.桂裕芳，译.桂林：漓江出版社，1983：166.

二、苔蕾丝受创的具体表现

凯西·卡鲁斯认为,创伤事件在经历者的心中留下挥之不去的阴影,使人焦虑、恐惧、绝望,对经历者此后的生活造成影响,严重时甚至会威胁到其生存。[1]苔蕾丝不幸的婚姻呈现着她心理创伤的形成过程,而毒杀案则揭示出其内心伤口的恶化,她在不被理解和关爱的绝望及毒害丈夫的负罪感中苦苦挣扎。以下总结了这两起影响苔蕾丝正常生活甚至生存的主要创伤事件。

(一)利益婚姻之痛苦不幸

苔蕾丝心目中的爱情和向往毁于这场和贝尔纳的可笑婚姻中。或许作为一个信奉金钱主义家庭的女儿逃不过借助婚姻维系家族产业和发展的命运。然而苔蕾丝也是一个有思想和追求的女孩,渴望拥有理想中的爱情,甚至弥补家庭中亲情的缺失。年轻时的她在老师的眼中"追求的是一种高级的人性,而不是其他的褒奖,支持她的是成为人类优秀分子的骄傲"。不幸的是,婚后的生活狠狠给了她一击。日复一日面对粗俗、冷漠且只看重金钱利益的丈夫,这给她身心带来的折磨和伤害不算激烈,却像极了她在丈夫身上实施的"慢性中毒",是一种无法直接致命、却持续折磨的创伤。

原本已经麻木的苔蕾丝尽管在这期间很痛苦,但是她真正忍受不了这种生活是在分娩之后。外界环境的麻痹和压迫在苔蕾丝的内心不断蓄积,从而激发了她内心的嫉恨和孤注一掷的反抗——"我痛苦,也使别人痛苦。我伤害别人,朋友们也伤害我,这对我都是乐趣"[2]。为了报复给她带

---

[1] 宋惠玲.对创伤理论的尝试性思考:创伤是生命的体验和需求[J].文学教育(中),2013(6):22.

[2] 莫里亚克.爱的荒漠[M].桂裕芳,译.桂林:漓江出版社,1983:158.

来精神痛苦的丈夫贝尔纳，她曾故意在他服用双倍剂量的药后视若无睹，导致丈夫贝尔纳病倒。后来，她变本加厉，主动篡改处方，企图置丈夫于死地。她甚至对女儿玛丽也毫无母亲的亲昵与温情，在不知不觉中她被自己内心的创伤所操控，也成为自己眼中冷漠世故的人。

（二）谋杀案之无罪释放

无助感和孤立感是精神创伤的核心经历。受创者因为自我感的基本架构受损而痛苦不堪。他们对自己、对他人、对上帝都失去信赖感；他们的自尊心被羞耻感、负罪感和无助的经历所践踏。[1]当苔蕾丝卷入毒杀丈夫风波却被免予起诉而回到圣克莱尔时，既害怕又崩溃，内心中的罪恶感和孤独感交织在一起，她在活着的时候体验到了死亡。她合着马蹄小跑的节奏机械地重复说："我的生命毫无意义——我的生命一片空虚，无边无际的孤独，看不到出路的命运。"要是她能把头靠在一个人的胸脯上，要是她能靠着一个活人的身体哭泣！……孤独紧紧缠住她，比脓疮缠住麻风病人还厉害。[2]在婚后的生活中，苔蕾丝仍没有找到任何可以依靠的人。在金钱利益至上的家族中间，她越发孤独、无助，对周围人失去信任的同时，甚至开始怀疑自我存在的意义。

创伤事件造成人们对一些基本人际关系产生怀疑。它撕裂了家庭、朋友、情人、社群的依附关系，违背了受害者对大自然规律或者上帝旨意的信仰，并将受害者丢入充满生存危机的深渊。[3]"家族！苔蕾丝让香烟自己熄灭了。她的眼睛直直地盯着这个牢笼，牢笼的无数根铁栅是由活人构成的，笼子的四壁尽是耳朵和眼睛，而她将一动不动地蹲在笼里，下颚放在双膝

---

[1] 赫尔曼. 创伤与复原 [M]. 施宏达，陈文琪，译. 北京：机械工业出版社，2015：65.

[2] 莫里亚克. 爱的荒漠 [M]. 桂裕芳，译. 桂林：漓江出版社，1983：210.

[3] 赫尔曼. 创伤与复原 [M]. 施宏达，陈文琪，译. 北京：机械工业出版社，2015：62.

上，双肩抱着腿，在那里等待死亡。"[1]家族作为苔蕾丝这个以活人为铁栅的牢笼，自始至终禁锢着苔蕾丝，使她陷入无止境的生存困境。她对家庭、情人、社群等不再抱有希望，希望自己可以立刻离开这个把她折磨得千疮百孔的家："我走，贝尔纳。你别为我担心。我可以马上走，消失在黑夜里……我同意被抛弃，把我的照片全部烧掉，甚至别让女儿知道我的名字，让家里人觉得仿佛从来没有我这个人。"[2]苔蕾丝身上的创伤早已撕裂了其与家庭的依附关系，她对丈夫、身边的亲人失去了信心和期待，她不再想要依赖和靠近他们当中的任何人，只是一味地想要逃离这种压抑、难熬的环境。

三、苔蕾丝的创伤疗愈过程

美国心理学家朱迪斯·赫尔曼认为，心理创伤的核心经历是自主权的丧失（disempowerment）和与他人感情联系的中断（disconnection）。因此，治愈伤痛的基础在于重建创伤患者的自主权和创造新联系。复原的过程可分为三个阶段：安全的建立，回顾与哀悼，重建与正常生活的联系。[3]在莫里亚克本篇小说中就出现了这样几位友善的帮助者，这群"心理治疗师"使得苔蕾丝回忆起其与他人、世界的美好关系，从而引导她找到心灵的寄托，拥有"属于自己"的生活。苔蕾丝的创伤似乎在慢慢向着愈合的方向发展，但是疗愈过程中也有失败的尝试。由此可见苔蕾丝心理创伤的疗愈历程更加耐人寻味。

（一）疗伤者——小女儿玛丽

在与他人重建联结的过程中，创伤患者须重塑由创伤经历损坏或扭曲

---

[1] 莫里亚克.爱的荒漠［M］.桂裕芳，译.桂林：漓江出版社，1983：176.
[2] 莫里亚克.爱的荒漠［M］.桂裕芳，译.桂林：漓江出版社，1983：212.
[3] 赫尔曼.创伤与复原［M］.施宏达，陈文琪，译.北京：机械工业出版社，2015：127，146.

的心理机能，包括基本的信任感、自由意志、主动性、能力、自我认同和亲密感。[①]在这段母女关系中，玛丽的存在安慰了苔蕾丝内心的悲痛，使得苔蕾丝感受到自己与他人的亲密感和联系，这帮助了苔蕾丝心理机能的重建，成为她内心创伤复原的关键环节。内心遭受重创的苔蕾丝，在无法得到他人的理解和丈夫的宽恕之后，感到生命已经无望。她孤独且绝望地准备服毒自杀，但想在生命的最后时间里再看一眼小女儿玛丽。而她在亲吻孩子的小手时再也抑制不住自己，自以为对家庭亲情已经麻木的她忍不住落泪了。"苔蕾丝推开房门……人们说得对，她的复制品就在那里，没有知觉，在熟睡中。她跪下来，用嘴唇轻轻碰着放在那里的小手，她惊异地感到有什么东西从她的心灵深处升起，涌到她的眼睛里，烧炙着她的双颊：几滴可怜的眼泪，而她是从来不哭的！"[②]

（二）疗伤者——好友安娜

在苔蕾丝痛苦的婚后生活中，与安娜童年相伴的纯真时光成为她的一方精神支撑。友情的回忆打破了她与当时所处世界的隔离，帮助她重塑了对自我的认同能力，从而唤醒了苔蕾丝内心的纯洁和希望。在诉讼撤销那天，苔蕾丝在返家的途中看到了以前和安娜一起长大的庄园，她不禁回想起那段快乐往事。"在大路拐弯的地方，她的习惯于黑暗的眼睛认出了那个庄园……以前，安娜总怕这里的一条狗窜到她的自行车轮子中间去。在最炎热的天气里，一股微微的凉气吹拂在年轻姑娘们灼热的双颊上。这个模糊的印象，还有她对那些流逝岁月的一切回忆挽留她，让她那疲惫不堪的心灵在这里得到休息。"[③]

---

① 赫尔曼.创伤与复原［M］.施宏达，陈文琪，译.北京：机械工业出版社，2015：127.
② 莫里亚克.爱的荒漠［M］.桂裕芳，译.桂林：漓江出版社，1983：220.
③ 莫里亚克.爱的荒漠［M］.桂裕芳，译.桂林：漓江出版社，1983：210.

（三）疗伤者——生人若望

在通往复原的过程中，创伤记忆的回顾与哀悼是不可避免的重要环节。若望·阿泽韦多与苔蕾丝的精神对话，使苔蕾丝意识到自己的麻木和对所处世界的固执可怕，并引导着苔蕾丝摆脱家族的掌控，追求灵魂的自由。这也成为苔蕾丝经历创伤后与他人信任感的一次成功建立，使她更加主动地走向创伤的自我疗愈。"你瞧瞧这单调的茫茫冰原，心灵都在这里冻住了，有时候冰裂开了一道缝，露出黑水，有人挣扎，消失了，又结了一层冰……这儿和别处一样，每个人生下来都有他自己的规律，然而都得服从这个阴郁的共同命运，有些人反抗，就产生了悲剧，对于这些悲剧，家族里是绝口不提的。"[1]他还告诉她如何去超越"这里"，"得超过自己才能找到上帝"。

在苔蕾丝黑暗的人生中，若望短暂地充当了她的依赖和亮光。"只要我知道天亮以后若望又会出现在我眼前，他的存在就使得外界的黑暗不能为害，有他睡在附近，荒原和黑夜就都不是空荡荡的。"[2]尽管若望用信仰和自由帮助苔蕾丝冲击家族的束缚，但到了巴黎的苔蕾丝却决定不去看若望，而是渴望寻求更多"活着的东西"和"有血有肉"的人。从莫里亚克安排的这个结尾来看，苔蕾丝最终脱离了对若望的依赖，掌握了对人生的自主权，开始真正自由的新生活。

（四）疗伤者——丈夫贝尔纳

谈完母女亲情、与安娜的友情及和若望的萍水相逢这三段关系，女主人公身上创伤的引发者之一——丈夫贝尔纳，也参与了苔蕾丝创伤的疗愈过程。从对两人爱情及婚姻生活的期待到她最后的心灰意冷，苔蕾丝何

---

[1] 莫里亚克.爱的荒漠[M].桂裕芳，译.桂林：漓江出版社，1983：195.
[2] 莫里亚克.爱的荒漠[M].桂裕芳，译.桂林：漓江出版社，1983：197.

尝没有试着接纳丈夫与其正常相处。法庭结束后，在苔蕾丝返家的途中她试图和贝尔纳吐露内心，"在整段旅程中，苔蕾丝不自觉地努力塑造一个能理解她、试图理解她的贝尔纳的形象，可是她头一眼就看出了他的原形。"[1]这次疗愈尝试的失败也让她再次感受到丈夫的不理解和漠视，从而变得更敏感脆弱。后来，苔蕾丝不再珍惜自己的身体，每天一味地喝酒和抽烟，最终得了一场重病。

复原的首要任务是建立创伤患者的安全，安全的建立从专注于对身体的掌控开始，再逐渐向外扩展到对环境的掌控。[2]贝尔纳在得知苔蕾丝身患重病后开始对她有了关心和照顾，"他担心苔蕾丝，照顾她，他从来没有这样照顾过她。他们的关系很少带有勉强"。[3]她听从贝尔纳的劝告，按时测量体重，也会走很多的路来锻炼身体。在恢复健康的过程中，苔蕾丝慢慢掌控了自己的身体。当她得知自己即将重获自由并将前往梦寐以求的巴黎的消息后，苔蕾丝的心情也变得愉快起来。拥有一处安全的环境，为她心理创伤的进一步治愈提供了极为有利的条件。"她不再害怕阿尔热卢兹了，她觉得松树也仿佛闪开一条道，叫她远走。一种不安的快乐使她不能合眼。"[4]

这个简单的声明——"我知道我拥有自我"，可以说是第三个也是最后复原阶段的标志。创伤患者不再觉得受到过去创伤的牵制：她拥有自我，是自己的主人。[5]在小说最后，苔蕾丝与自己达成了和解。贝尔纳将苔蕾丝送到巴黎后，苔蕾丝认真地告诉他自己内心的想法，"我不想扮演

---

[1] 莫里亚克.爱的荒漠［M］.桂裕芳,译.桂林：漓江出版社,1983：211.
[2] 赫尔曼.创伤与复原［M］.施宏达,陈文琪,译.北京：机械工业出版社,2015：149.
[3] 莫里亚克.爱的荒漠［M］.桂裕芳,译.桂林：漓江出版社,1983：236.
[4] 莫里亚克.爱的荒漠［M］.桂裕芳,译.桂林：漓江出版社,1983：236.
[5] 赫尔曼.创伤与复原［M］.施宏达,陈文琪,译.北京：机械工业出版社,2015：183.

角色，装腔作势，说些俗套话，总之，每分钟都背叛另一个苔蕾丝"[①]。虽然贝尔纳无法理解苔蕾丝的这段话，但苔蕾丝已经不再绝望和孤独，她内心的创伤已经得到了初步的治愈。与此同时，她开始挣脱家族的牢笼，获得了自己想要的自由，以及追求新生活的权利。

结　语

综上所述，苔蕾丝创伤的形成和恶化有主客观两方面的原因，具体表现在婚姻和毒杀案两起事件中。通过对创伤患者苔蕾丝心理创伤复原的成因和表现进行分析，揭示出20世纪法国资产阶级家庭中家族利益、人际关系的冷漠带给人物的创伤，反映出莫里亚克对物欲横流下社会状态的不满情绪。而小说中出现的四位疗伤者在与苔蕾丝建立联系的过程中，他们的"沟通和理解"使其恢复受损的基本心理机能，重塑破碎的自我。从"借助他人"到"自我救赎"，莫里亚克塑造的人物苔蕾丝完成了关系的修复并开始重建自主权，以此达到创伤的初步疗愈。小说主人公在文本中表现出的心理创伤及其疗愈的过程，为运用心理学理论解读创伤文学作品提供了合理性，凸显了跨学科视角下文学研究的重要价值。

[①] 莫里亚克.爱的荒漠［M］.桂裕芳，译.桂林：漓江出版社，1983：242.

柯莱特的"克制"与"随性"

——以《母猫》为例

明诗涵　北京第二外国语学院欧洲学院 2022 级硕士研究生

摘　要：茜多妮-加布里埃尔·柯莱特是法国首位享国葬之礼的国宝级女作家，她随性自由，常常打破陈规，在作品中描述各种不同寻常的出轨行为，同时又看似矛盾地主张自我控制的必要性。本文基于苏珊·S.兰瑟提出的作者型叙述声音，通过分析《母猫》中的环境描写、男女主人公的相处和内心所想，结合柯莱特的生平，探讨其"克制"和"随性"产生的原因：无忧无虑的童年乡村生活造就了她自由随性的性格，多段坎坷曲折的爱情和婚姻使她随性又洒脱；渊博的学识和道德修养让她时刻保持清醒，博文约礼。

关键词：柯莱特；《母猫》；兰瑟；作者型叙述声音

引　言

茜多妮-加布里埃尔·柯莱特（Sidonie-Gabrielle Colette）生于1873年，是法国首位享国葬之礼的国宝级女作家，被誉为"二十世纪法国最伟大的散文作家"。但是，这位文坛奇女子命运多舛，爱情坎坷。尽管婚姻不如意，但她从文学写作中找到了生活的希望和寄托，最终成为一名出色的小说家。

柯莱特常常打破陈规，在作品中描述各种不同寻常的出轨行为，同时又看似矛盾地主张自我控制的必要性。这很大程度上受到童年生活和她的母亲安岱尔·茜多妮·朗多瓦（Adèle Sidonie Landoy）的影响，母亲茜多妮是她最大的灵感来源。她让年轻的柯莱特从生活之井中汲取经验，毫不吝啬表达自己的个性。柯莱特笔下的母亲茜多妮是一位摆脱一切偏见，有着苛刻的道德精神的女性。波伏娃曾这样评价柯莱特作品中的母亲形象："柯莱特描绘了这样一个心理平衡和宽容的母亲的肖像。茜多妮热爱自己的女儿，并不妨碍女儿的自由；她对女儿很好，却从来不对女儿提什么要求，因为她从自己的心灵取乐。"① 除此之外，失败的婚姻深深改变了柯莱特，天真单纯的乡村少女成长为特立独行的巴黎女人。她的文学创作也因此从被动写作转变为主动言说，女性意识萌发，以女性的视角勇于表达自己的想法，毫不畏惧世人的眼光和嘲笑。

自由随性固然好，但不能一味放纵。茜多妮深知"人们在克制中占有，也只能在克制中占有"，柯莱特不可避免地受到这种思想的影响。父母的教诲、渊博的学识使得柯莱特在探索各种形式的生活及作品的同时又坚持自我控制。

柯莱特著作等身，出版了《克洛蒂娜》系列、《动物对话》、《葡萄卷须》、《谢里宝贝》、《母猫》等闻名世界的佳作，作品中大都能看到"克制"与"随性"的影子。其中《母猫》出版于1933年，故事讲述了一只受到丈夫宠爱的母猫成为妻子的情敌，最终妻子被嫉妒蒙蔽了双眼，将母猫摔死。本文将以《母猫》为例，以作者型叙述声音入手，结合其主观性、个性化的特点，分析"克制"与"随性"这两种矛盾的精神产生的原因。

一、"克制"与"随性"的含义

"克制"意为控制、抑制，一个真正懂得克制的人，生活丰富而不沉

---

① 陈凌娟.柯莱特小说中的女性形象研究［D］.南京：南京大学，2011.

迷，感情充沛而不肆意，前行脚步坚定而不匆忙，人生独立自由而不失控。①在文学中，"克制"通常指的是一种表达手法，即通过控制笔墨、语言和情感，以达到更加深刻、含蓄和有力的表达效果。文学中的克制表达，常常通过暗示、比喻、象征等手法引导读者去思考、去感受，从而产生更深刻的心灵共鸣。

"随性"意为依随自己的心情，不迎合、不造作，按照自己所思所想行事，心之所想便是心中所向。在文学中，"随性"，即不拘泥于传统的规范和束缚，这种文学创作强调个体情感的抒发和思想的自由表达，不受限于任何固定的形式或框架，根据情感和思想的自然流动来展开叙述和描写，敢于创新和尝试。因此，文学创作者可以更深入地挖掘自己的内心世界，呈现社会的多样性和复杂性。

作为女性主义叙事学的创始人，苏珊·S.兰瑟（Susan Sniader Lanser）将结构主义叙事学和女性主义文学批评相结合，并着眼于话语层面，将叙述声音分为三种模式：作者的、个人的和集体的，旨在点明隐藏在这三种叙事模式背后的叙事意识。兰瑟用作者型叙述声音这个术语来表示一种"异故事的"（heterodiegetic）、集体的并具有潜在自我指称意义的叙事状态。"异故事"取代了传统的"第三人称叙述"的提法。②

其中，作者型叙述声音指的是异故事的叙述状态，这里的叙述者与作者无法区分开来，叙述者的声音完全来自作者本人。③柯莱特笔下的"克制"是对各种形式生活的摸索，但基于自我认识和自我控制。在《母猫》中，主人公阿兰（Alain）生于一个比较富裕的家庭，而且作者多次提到他独生子的身份，这与柯莱特现实生活中的身份极其相似。尽管阿兰对卡米

---

① 克制，做人的最高境界［EB/OL］.（2018-04-27）［2024-03-11］. https://baijiahao.baidu.com/s?id=1598875509874970906&wfr=spider&for=pc.

② 张林.《美国魂》的作者型叙述声音研究［J］. 新纪实，2021（22）：49-52.

③ 谭菲. 性别化的叙述声音：苏珊·S. 兰瑟女性主义叙事学理论［J］. 海南大学学报（人文社会科学版），2018，36（3）：102-107.

耶（Camille）的感情浅薄，两人的婚姻"让每个人和卡米耶都很幸福"①，唯独少了自己，但他还是选择了默默接受。用于寄托情感的也仅仅是一些小物件：金币、徽章、父亲表链上的玛瑙吊饰……作者型叙述声音通常带有较强的主观性，叙述者会将自己的观点、情感和经验融入叙述中，此时的阿兰便有着柯莱特的影子，尤其像在第一段婚姻中沉默内敛的她。

每个叙述者都有自己的语言风格和口吻，因此作者型叙述声音通常具有个性化的特点，可以让读者感受到叙述者的个人色彩，增强文本的独特性和表现力。柯莱特是自由的精灵，享受自在，不拘束、不迁就，大方勇敢地做自己，舒适是她维持所有关系的标准。得益于儿时快乐无忧的乡村生活，以及母亲的悉心教导，柯莱特总能发掘出大自然别样的美。在她的眼中，比起流水、锦缎、银纱，月光更像一尾游鱼；相对于初升的太阳，黄玫瑰更像娇音萦萦的少女。这种独具魅力的叙述特色传达出作者的情感和情绪，从而影响读者的情感体验，使文本更加生动。

作者型叙述声音是一种叙事状态，作者将真实与虚构、理性与感性杂糅后投射在小说人物身上，借助叙述声音达到茨威格所说的"某个自我不在的地方"②。《母猫》中的女主人公卡米耶对阿兰情有独钟，时刻关注他的一举一动，像极了当初深深为维利着迷的柯莱特。和大多乡村姑娘一样，那时的她对繁华巴黎充满好奇，初露头角的作家维利一出现便让人魂牵梦萦。后来两人关系破裂，又历经多段婚姻和无数艳遇，柯莱特的心境已然转变。在此背景下，率真的卡米耶诞生，她容不得爱情中的第三者。于是在得知丈夫竟将一只母猫视为挚爱后，卡米耶直呼母猫为情敌，将其摔死。在整个故事中，作者型叙述声音无处不在，贯穿始终，反映了对人生、人性、爱情等方面的思考，使文本更加深刻和有意义。

---

① COLETTE. La Chatte [M]. Paris: Ferenczi, 1971: 20.
② 茨威格. 艺术创作的秘密 [M]. 高中甫, 译. 北京: 社会科学文献出版社, 1995: 62.

二、"克制"与"随性"产生的原因

作家是作品的创造者，勾勒出另一个世界，决定了书中人物的性格、出身、命运轨迹。不可避免地，作家的某些思想会映射在书中。因此，柯莱特作品中"克制"与"随性"也和她本人息息相关，结合兰瑟提出的作者型叙述声音，笔者认为这两种特性形成的原因大致分为三个方面。

（一）学识和教养

柯莱特的性格决定了她随性不羁、不受拘束，但自身丰富的学识和道德修养使她必须学会自我控制。她的父亲学识渊博，从小让她接触文学经典和报刊散文。父亲虽然身为军官，但他对柯莱特的教育却非常自由。柯莱特一生创作出几十部作品，涵盖小说、话剧和散文多种类型，如《克洛蒂娜》系列、《葡萄卷须》、《谢里宝贝》。她曾担任红磨坊歌舞团的编剧与舞娘、《晨报》知名记者和文学主管，后成为比利时语言文学皇家学院院士，在晚年当选龚古尔文学奖主席，巴黎市授予其金质奖章，柯莱特还获得法国二级荣誉勋位。柯莱特的"克制"是一种基于对各种形式生活的探求，也基于对自己的清醒认识和自我控制。

作者型叙述声音的特点之一是主观性强，叙述中不可避免地掺杂着叙述者的观点、情感和经验。《母猫》中的男主人公阿兰内心深处一直藏有某个秘密，而秘密的载体仅仅是箱子里的一些小物件：一枚金币、一枚徽章、一个父亲表链上的玛瑙吊饰、几粒异国贝勒树上的红黑色种子、一串珍珠圣餐念珠、一条细长的破手链。[①]作者在书中不止一次谈到阿兰独生子的身份，在写到他的秘密时再次提及：独生子的他对从未分享或争抢过

---

① 茨威格.艺术创作的秘密［M］.高中甫，译.北京：社会科学文献出版社，1995：10.

的一切都依恋不已,这些小物件闪闪发亮但一文不值,就像掏鸟窝时发现的彩色宝石一样。这个秘密,他从来没有告诉过别人,他的母亲和妻子也毫不知情。

不仅如此,阿兰一直隐忍着对卡米耶的不满。在卡米耶满怀期待地向他索吻时,他只是盯着墙上的影子;当卡米耶骄傲地展示自己的身材时,他感到莫名其妙,"她得意扬扬地在他面前走来走去,丝毫不谦虚,于是他把床上皱巴巴的睡衣扔给了她"①。叙述者往往清楚最优解,却因个体认知、情绪、身份等因素排斥事实逻辑,最终在审思后做出理性的选择。②尽管阿兰所爱的并不是卡米耶,但种种因素让他向现实妥协。阿兰对自我的监控和现实生活中的柯莱特一样,她不墨守成规,不知疲倦地追逐心中的理想世界,但又对自我有着清晰的认知,不越过任何底线,"在克制中占有"。

(二)童年乡村生活

小时候的愉快生活、动人的乡野风景,成为柯莱特一生中最美好的回忆,也是她后来写作的重要灵感。她笔下的大自然生机勃勃,所有生物都有着独特的一面。大自然令她沉醉,她用一支笔将自然那些不为人知的美呈现给千万读者。她对大自然和动植物充满了热爱,以女性的温柔写出她对生活的热爱之情,给文学注入了新的内容和生命。③尤其是母亲无微不至地守护和欢快无忧、独立自由的童年生活让柯莱特成为最幸福的孩子,并让她在以后成为描绘感官世界的能手。从她一直依恋的母亲和出生地那里,柯莱特继承了对自然和生物的深厚关爱,因为它们都有一种能进入人

---

① 茨威格.艺术创作的秘密[M].高中甫,译.北京:社会科学文献出版社,1995:24.
② 许晶.性别视角下叙述声音的权威建构与虚构[J].河南理工大学学报(社会科学版),2024,25(1):48-54.
③ 彭佳.柯莱特著《茜多》中的视角转换[J].青年文学家,2015(36):64.

类群体的灵魂。她的作品中有一种田园气息：简单朴素的农民在乡间生活，有自由呼吸的土地，土地上生活着依赖人类的家畜。[①]而这必然与柯莱特童年时期的所见所闻密切相关，小说中对自然的描绘也是站在她的视角，叙述者的声音来自她自身。

相对于男性看待自然的冷静眼光，身为女性的柯莱特往往把自然化作自己感情的载体。她以女性的敏感捕捉细小的现象，如对嗅觉、视觉、触觉的体会。[②]柯莱特在《母猫》第一章中描写月光时写道："高高的天空中坐着一轮蒙着面纱的月亮，被最初温暖日子里的薄雾放大了。一棵嫩叶油亮的杨树汇集了月光，滴下瀑布般的光芒。一团银光从花丛中射出，似鱼一般在阿兰的腿上游动。"[③]多种修辞的运用让再平常不过的月光以奇特的手法悄然流淌进读者的视野，也体现出柯莱特那独具一格的思维方式。

又比如《母猫》第二章中对枯树和洒水器的描写："那棵枯树瘦弱的手肘上挂着一条浅蓝色围巾，随着每一次呼吸而飘动，与紫色的四瓣铁线莲纠缠。其中一个洒水器单腿站立，在草地上转动，张开白色的孔雀尾巴，上面点缀着时隐时现的彩虹。"[④]在这一选段中，柯莱特先将枯树拟人化，画面感十足，随后运用了比喻的修辞手法，将再平常不过的洒水器刻画得栩栩如生。或许只有生活随性不羁的柯莱特才能将洒水器喷洒的水雾想象成孔雀的尾巴，发现别样的美。

在《母猫》中类似描写自然景色的例子还有许多，而柯莱特使用的喻体大多与常见的不同。比如，当母猫在阳光下自我理毛时，柯莱特将淡紫色和淡蓝色的猫毛比作野鸽的喉咙；卡米耶在耳边滔滔不绝时，她把阿兰抚摸的黄玫瑰比作含娇细语的少女。作者型叙述声音个性化的特点让读者感受到叙述者的个人色彩，体会独具一格的文字魅力。父母对柯莱特的关

---

① 高小斐.柯莱特的童年经验与作品［D］.上海：上海师范大学，2010.
② 黄琰.从柯莱特的作品看20世纪法国女作家的女性意识［J］.广东外语外贸大学学报，2007（6）：67-69，91.
③ COLETTE. La Chatte［M］. Paris：Ferenczi，1971：4.
④ COLETTE. La Chatte［M］. Paris：Ferenczi，1971：16.

爱及童年无拘无束的乡村生活使她成长为一个生活随性、性格大胆直白、思维天马行空的姑娘，所以后来在柯莱特的作品中我们总能看到她不受约束的发散思维。

（三）坎坷的爱情

柯莱特有过三段跌宕起伏的婚姻和数段露水情缘。第一段婚姻尤其不顺，维利窃取了柯莱特的写作成果，将《克洛蒂娜》系列都以自己的名义出版，不久后又瞒着她卖了著作权。同时，柯莱特还在歌舞剧院里谋生，所谓伤风败俗的生活及出入歌舞厅的活动招来非议。不仅如此，她与同为女人的米西相知相爱五年，不惧世俗的眼光，只遵从内心的想法。第二任丈夫曾公开指责她"多情""通奸""乱伦"，而她只是淡淡地回应："我不在乎。"自由是她的唯一准则，在她眼里，自由已不是一种至高的追求，而是深刻在骨子里的性格。

著名的女权代表西蒙娜·德·波伏娃（Simone de Beauvoir）一直是柯莱特的粉丝，她曾如此评价柯莱特："她从前是一个令人惊艳的美女，出入最时髦的舞厅，与一大群男人谈情，能写出香艳无比的色情小说和正经耐读的经典之作。她始终追求爱情，哪怕是女人之间的爱。美酒、美食，生活中所有美好的事物，在她的笔下变得出人意料的神奇。"有人说柯莱特的作品自始至终逃避着对爱情关系的讨论，追求着纯粹的自由。的确，曲折的婚姻改变了她，女性意识逐渐萌发。但柯莱特在她的作品中表现出的女性意识比较朦胧。她的作品并没有刻意去制造一个集中了特定特征反映特定社会状况的主人公，而纯粹是关于个人特殊经历的描写和个人情感的抒发。[1]

作者型叙述声音通过虚构人物的话语及人物内心想法的叙述，将小说人物的思想活动融入表层的叙事结构，通过叙述者授权小说人物分享了作

---

[1] 黄琰. 从柯莱特的作品看20世纪法国女作家的女性意识[J]. 广东外语外贸大学学报, 2007（6）: 67-69, 91.

者型叙述声音，他们同时也在自己的话语中汲取了小说人物的思想。[①]由于叙述者会将自己的观点、情感和经验融入叙述中，作者型叙述声音通常带有较强的主观性，传达叙述者的情感和情绪，浸染读者的情感体验。《母猫》中卡米耶和阿兰貌合神离，阿兰不止一次在内心对卡米耶嫌弃至极，他讨厌卡米耶撒谎信手拈来，认为她不道德，甚至称她为"野蛮少女"。与无情且心口不一的阿兰相比，卡米耶显然用情至深，更珍惜这段婚姻。一直以来几乎都是她在主动，尽管有时候阿兰会故意无视她的暗示，但她仍然坚持不懈。而且在得知阿兰竟然爱着萨哈那只母猫时，她毫不掩饰自己的不满，直呼萨哈为情敌，最后故意将它从高处推下去。这不免让人想起柯莱特对于婚姻和爱情的态度，她生性不羁、大胆随性，在她眼里喜欢就是喜欢，一切都要靠自己努力争取。于是遇到心爱的同性恋人后，她可以在表演结束后公开与其亲吻，毫不在乎众人的冷嘲热讽。即便事后度过了一段颠沛流离的流浪生活，但柯莱特也从未后悔过。

结　语

柯莱特是法国20世纪上半叶著名的女性作家和田园作家，具有女性的敏感，语言灵活自如，内心情感丰富。诺贝尔奖得主安德烈·纪德（André Gide）曾称赞她："写作自始至终无一败笔，无一赘语，无一俗套。"柯莱特一生出版过几十本小说，在她的作品中大家往往能找到其"克制"与"随性"的体现。这个放荡不羁的作家是一位热忱的爱猫人士，猫咪在她眼里不仅是家庭宠物，而是灵感"缪斯"。短篇小说《母猫》则讲述了一对夫妻和一只名叫萨哈的母猫之间的三角恋故事。

本文通过分析研究《母猫》中的自然描写和故事情节，基于作者型叙述声音的特点，结合柯莱特的生平，得出"克制"和"随性"产生的原

---

① 张林.《美国魂》的作者型叙述声音研究［J］.新纪实，2021（22）：49-52.

因：无忧无虑的童年乡村生活造就了她生性不羁、自由随性的性格，而后多段坎坷曲折的爱情和婚姻使她懂得，人要活得比谁都炽热，随性又洒脱；渊博的学识和道德修养让她时刻保持清醒，在不打破底线的前提下追求自由。

人生来就渴望自由，追求生理和心理上的愉悦似乎是人类的天性。而欲望是吞噬一切的深渊，其本质是永不满足，但生活的各种限制会束缚追求自由的脚步。不仅是柯莱特，每个人都是"克制"与"随性"的矛盾体。但如何寻求两者的平衡点，达到抑制与放纵的统一仍是值得思考的话题。

醉酒的格里奥：阿兰·马邦库小说中的身份叙事

曹文博　北京外国语大学法语语言文化学院 2022 级硕士研究生

摘　要：非洲大陆拥有悠久而丰富的口述传统，而西非地区的格里奥作为世代相传的职业口述者，承担着巫、乐、史、诗一体的职责。格里奥代代相传的故事和史诗被称为口述文学，起到建构民族历史记忆和身份的作用。当代法籍刚果裔作家阿兰·马邦库的两部小说《碎杯子》和《豪猪回忆录》中有着强烈的口述色彩，并由第一人称叙述者承担了类格里奥角色。两部小说中的格里奥式叙述者都处于一种醉酒或类醉酒状态，这种安排不仅巧妙调和了口述文学和书面文学的矛盾，也具有深层的哲学基础和历史文化根基。马邦库通过这种醉酒的格里奥叙事者，描绘了故乡刚果从城市到乡村、从现实到传说的人物群像和社会图景，从而让自己也成为使用书面语记录民族历史的当代格里奥。

关键词：阿兰·马邦库；口述；流散；身份叙事

　　非洲文学的口述传统由来已久，非洲流散作家群体虽使用英语或法语进行写作，却不约而同地将口头文学融入书面文学，以求保留自身的民族文化传统。阿兰·马邦库（Alain Mabanckou）是当代法籍刚果裔作家。他年轻时在法国求学、工作，目前在美国教授文学。马邦库横跨三大洲的多重文化背景不仅体现在其作品复杂的语言景观中，也体现为一种强烈的身份意识，在时间上徘徊于传统和现代之间，在空间上游离于非洲、欧洲和美洲之间。马邦库的作品大多探讨非洲青年的身份焦虑，其代表作莫过于先后于2005年和2006年出版的《碎杯子》(Verre Cassé)和《豪猪回忆录》(Mémoires de porc-épic)，后者获得了当年的法国雷诺多文学奖。这两部口述色彩极强的作品看似情节互不相关，但有着紧密的内在联系，其叙事手法也暗含了作者本人的身份建构与投射，是新非洲流散（New African Diaspora）作家群体对身份叙事的又一大胆尝试。

一、继承传统的格里奥式叙述者

非洲大陆拥有悠久而丰富的口述传统。西非地区的职业口述者被称为格里奥（griot），他们将知识与记忆代代相传，他们因博学多闻、记忆超群而地位尊崇。[1]格里奥等口述者传唱的史诗、歌谣、诗歌等通常被称为"口头文学"（oral literature）。乌干达学者兹立姆（Pio Zirimu）提出了"orature"一词，用来指称这种与书面文学（literature）相对应的口头文学，而中国学者有时将其翻译为"口述性"[2]。本文使用"口头文学"这种译法，使用"口述性"一词指代书面文学的口语化特征。

非洲流散作家常常从格里奥的口头文学中汲取灵感，或将口头文学转写成书面文学，或使书中叙事者成为格里奥式的讲述者。被称为"非洲现代文学之父"的尼日利亚小说家钦努阿·阿契贝（Chinua Achebe）就十分重视口述的作用，他笔下不乏非洲传统口头文学中的故事和格里奥式的故事讲述者。塞内加尔的比拉戈·狄奥普（Birago Diop）的《阿马杜·库姆巴故事集》(Les contes d'Amadou Koumba)也是一部典型的口头文学转写作品。而在国家独立之后开始写作的新一代非洲作家对于口头文

---

[1] 张忠祥.口头传说在非洲史研究中的地位和作用[J].史学理论研究，2015（2）：34-44，158.

[2] 段静.钦努阿·阿契贝长篇小说中的口述性论析[J].当代外国文学，2017，38（1）：116-124.

学资源的开发和利用则更具颠覆性，塞内加尔的布巴卡·鲍里斯·狄奥普（Boubacar Boris Diop）即是代表。他的作品中不再有单一的、权威的格里奥式叙述者，而是由多位第一人称叙述者交替讲述故事，这种去中心化的叙事结构具有强烈的后现代特征。①

相比而言，马邦库作品最突出的特点是更为形式主义。一方面，在《碎杯子》与《豪猪回忆录》这两部作品中，作者都大胆抛弃了句号和句首大写字母，停顿只通过逗号和段间空行实现。另外，两部作品在语级上多使用俚俗的口语，在修辞手法上常用排比、重复和呼吁，从语言风格上极力靠近口头文学，这就使以书面语言创作的小说有了口头文学的质感。

另一方面，马邦库将《碎杯子》与《豪猪回忆录》中的第一人称叙事者都设定为格里奥型人物。首先，格里奥这一职业是世代相传的，甚至可以说是一种阶级或种姓。《碎杯子》的献辞为"献给波林娜·肯给"，而《豪猪回忆录》的献辞也写道："……以及我的母亲波林娜·肯给，是她为我提供了这个故事（有虚构）。"母亲为前一代格里奥，将古老的故事传承下来。其次，格里奥具有优于常人的智力、记忆力和理解力。《碎杯子》的主角是65岁的退休教师，属于典型的知识分子角色，他因为讲故事而被酒吧老板认为有写作才能，他也承认自己在写作中获得了乐趣；在《豪猪回忆录》中，主角豪猪不仅认字，阅读能力还超过许多人类，甚至可以以自己的方式阐释《圣经》。最后，格里奥具有留存集体记忆的使命。通过格里奥背诵的历史，一个集体才能确认自己的过去。"碎杯子"留存了刚果城市的记忆，而豪猪留存了刚果乡村的记忆。这些相似之处足以证明，"碎杯子"和豪猪都承担了类似格里奥的角色，而现实世界的作者阿兰·马邦库也是某种意义上的格里奥。

---

① RICARD A，VEIFWILD F. Interfaces between the oral and the written：interfaces entre l'écrit et l'oral［M］. Amsterdam：Rodopi，2005：163.

二、挑战权威的醉汉式叙述者

"碎杯子"既是书名,也是第一人称叙事者的名字。"碎杯子"酗酒成性,甚至在妻子和酒精之间选择了酒精。他经常光顾的酒吧叫作"信誉远游"(Le Crédit a voyagé)。因为"碎杯子"给酒吧老板"倔强蜗牛"(L'Escargot entêté)讲了一个烂醉如泥的作家的故事,老板便恳请他写一部书,也就是这部《碎杯子》。这场文字游戏有意模糊了真实与虚构、主角与作者的界限。"碎杯子"既是《碎杯子》的主角,又是小说《碎杯子》的作者,也指向现实世界的作家马邦库。

"信誉远游"酒吧是故事的核心场景和舞台。在酒吧中,主角邂逅了形形色色的醉汉,倾听他们的故事并记录在老板赠予的笔记本中,最终集录成书为《碎杯子》。酒吧是故事的主轴,主角不只记录老板、侍者、酒客,也记录酒吧里众人的朋友和敌人。围绕着小小的酒吧,展开了一幅当代刚果众生相的画卷。

"碎杯子"遇到的第一个醉汉是"穿纸尿裤的家伙"(le type aux pampers),他对主角讲述了自己被妻子从家中驱逐后沦落至此的悲惨经历。起初,"穿纸尿裤的家伙"十分抗拒"碎杯子"的目光,但几句平和的交流之后,他就逐渐打开心扉,开始了长达1068个词的独白。以"碎杯子,人生实在太复杂了"作为开头,"穿纸尿裤的家伙"就像打开了话匣子,之后甚至讲个不停,不再在意"碎杯子"是否还有兴趣倾听他的故事。有时他讲到悲伤处热泪盈眶,边喝酒边叙述。而作为听众的"碎杯子"始终不曾打断这段冗长的独白,一直以一种谦卑而尊重的态度对待故事讲述者。"碎杯子"的尊重来自其置身事外的观察者立场。数年来,他在酒吧中对形形色色的酒客进行着心理分析,这使他成为优秀的倾听者,成为一种类似心理医生或神父的角色,时而循循善诱,时而装作十分冷淡,以激起对方更强的倾诉欲。

在非洲传统价值观中，嗜酒是一种恶习。酒鬼是懒惰、无能和只会说空话的象征。阿契贝的《神箭》(Arrow of God)中曾写道："在所有伟大的院子里，应该有各种各样的人——好的、坏的、勇敢的、懦弱的、会挣钱的、爱花钱的、能出主意的、只会说醉话的……"①在西方价值观中，嗜酒也常与懒惰、无所事事、暴躁等性格特征联系在一切。殖民时代的非洲黑人往往被扣上生性懒惰的帽子，直到今日仍存在类似的刻板印象。

而在《碎杯子》中，酒的地位被提升到前所未有的高度：酒吧"信誉远游"是反传统的新秩序理想国，酒吧老板"倔强蜗牛"是受人尊敬的秩序管理者，主角"碎杯子"这一资历最深的酒客则是具有官方授权的史官。在酒吧被当地传统势力破坏后，常光顾酒吧的酒客们一砖一瓦地帮助老板重建，这些醉汉成为酒吧复兴的核心力量、中流砥柱。

在马邦库次年出版的作品《豪猪回忆录》中，豪猪是没有名字的第一人称叙事者。这部作品基于非洲古老的传说，即每个人出生都会伴随一个动物守护灵。在《豪猪回忆录》中，主角是一个人类的邪恶守护灵，这代表着它要服从主人的残忍命令，用它的刺来杀人。在主人意外去世之后，豪猪违背常理地存活下来，它来到一棵猴面包树面前，讲述自己一生的故事。豪猪的主人奇邦迪常常酗酒。另外，像奇邦迪这样拥有邪恶守护灵的人需要经常服用一种叫"玛雅樊比"(mayamvumbi)的药水，服用后人会进入类似醉酒的状态。而作为守护灵的豪猪这时也会受到影响，出现头晕、恶心等症状。

马里学者莫迪博·迪亚拉（Modibo Diarra）在2019年的论文中首次将马邦库小说的口述特点和醉酒联系起来。他认为，豪猪在猴面包树前喋喋不休的独白近似于醉汉的表现。②其实，"碎杯子"和豪猪的叙事方式如出

---

① ACHEBE C. Arrow of God [M]. London：Heinemann, 1986：125.
② DIARRA M. L'oralité, gage d'une nouvelle dynamique de l'écriture romanesque dans MÉMOIRES DE PORC-ÉPIC d'Alain Mabanckou [J]. Socles, 2019（12）：297.

一辙，并且更加复杂。在《碎杯子》中，除了主角，还有"穿纸尿裤的家伙"和"印刷厂主"（Imprimeur）这种次级醉汉型叙事者，他们向"碎杯子"讲述的故事嵌套在"碎杯子"本人的人生故事之中。

迪亚拉还指出，马邦库本人在一次关于《碎杯子》的采访中曾说："……几乎没有标点，没有大写，这是永恒微醺状态下的写作。"[1]现在再来看两部小说中口语化的书面语，我们就会注意到二者都不是对话，而是独白。互动性的缺乏是醉汉式独白的特点。叙事者和作者都共享"微醺"，在放松、眩晕、飘忽的状态中生产文本。这和传统格里奥口头文学要求听众回应与互动的特征相悖。但这不能说明叙述者不具有格里奥身份和发挥相应作用，恰恰相反，这是一种变异的、书面语化的格里奥。

自古以来，艺术创造与酒精就有着紧密的联系。在巫术及宗教活动中，诗、乐、舞是一体的，而巫术仪式的进行又常常需要酒精等具有迷幻作用的饮品。通过酒精，巫师可以获得神性，进入超脱凡世的神域，正如《豪猪回忆录》中的"玛雅樊比"起到的作用一样。而在殖民时代的西非地区，饮酒虽被殖民者认为是懒惰的象征，却成为黑人奴隶培养灵性和增强群体认同的有效手段。[2]直至20世纪下半叶，酗酒现象已成为受到非洲政府和知识分子关切的社会问题。但政府的限酒措施逐渐失效，尤其是对于女性和青少年来说。关于饮酒的宗教禁令也不再被严格遵循。[3]不论马邦库出于何种原因选择了醉汉型叙述者，这种选择无疑十分巧妙，既使叙事者获得某种超脱凡俗的宗教性地位，也形成了对殖民叙事和传统价值权

---

[1] DIARRA M. L'oralité, gage d'une nouvelle dynamique de l'écriture romanesque dans MÉMOIRES DE PORC-ÉPIC d'Alain Mabanckou [J]. Socles, 2019 (12): 297.

[2] SMITH F H. Spirits and spirituality: enslaved persons and alcohol in West Africa and the British and French Caribbean [J]. The journal of Caribbean history, 2004, 38 (2): 279.

[3] MYADZE T I, RWOMIRE A. Alcoholism in Africa during the Late Twentieth Century: A Socio-Cultural Perspective [J]. International journal of bussiness and social science, 2014, 5 (2): 2.

威的双重挑衅。

三、传统与现代之间：马邦库的自我身份建构

马邦库笔下的第一人称叙事者表现为一种酒醉的格里奥形象。作者选择这种特殊的叙事方式并不是出于个人对酒精的偏爱，而是巧妙地通过醉酒状态在口述和书写、非洲和欧美、传统和现代之间找到平衡点。

口述是公共的、互动的行为，但文学书写和阅读是私人的、孤独的。口头文学属于非洲古老的格里奥传统，而书面文学直到近代才伴随着西方殖民侵略来到非洲大陆。马邦库既不想完全复制传统口述表演，又不想让口头文学的生命力被平铺直叙的书面文字掩埋，只得自己探索出第三条道路。在《碎杯子》的开篇，马邦库借酒吧老板之口暗示了自己写作的原因："缠绵病榻的老祖母讲述故事的年代已经结束了，现在是写作的时代。"[1]口述历史已不能承担保存民族记忆的重任，必须以书面文字将其革新。因此，马邦库让自己的叙事者在醉酒状态下不停诉说，从而使口述从对话走向独白，更加适应书面文学的形式。

除了调和形式矛盾的需要，马邦库的醉酒叙事还具有更深层的哲学思想根基。与认为个体拥有充分自主权的西方传统观点不同，非洲传统哲学非常重视个人和群体的关系。南非心理学家奥古斯丁·纽瓦（Augustine Nwoye）认为，非洲哲学中的自我由八个互补的维度组成，第三个维度即公共自我（the communal self）。[2]公共自我强调社会团结和个体间的相互依存，这种相互依存甚至可以延伸到生者与死者之间。《碎杯子》中酒吧内的群体性酗酒使被外部现实社会排斥、打压的个体获得了新的社会联系

---

[1] Verre Cassé [EB/OL].（2005-07-01）[2024-04-25]. https://www.seuil.com/ouvrage/verre-casse-alain-mabanckou/9782020680165.

[2] NWOYE A. Remapping the fabric of the African self: a synoptic theory [J]. Dialectical anthropology, 2006, 30（1/2）: 119-146.

和支持。而《豪猪回忆录》中的主角则没有那么幸运，在脱离社会之后，豪猪只能来到一棵永远沉默不语的猴面包树前，对其诉说自己的故事。豪猪的类醉酒状态使它不会在意听众是否回应，也不会因为无人倾听而感到失望和痛苦。因此，豪猪的酒醉是对空言说时的自我保护。

《豪猪回忆录》的献辞中特别提到，这个故事出自作者的母亲，但他对原版做了修改。这表明作者马邦库虽不愿放弃传统，但也不想完全遵从传统。在《碎杯子》中，作者虚构了一位进入法兰西学院（Académie française）的刚果作家。这位作家曾说："我有黑人的情感、希腊的理性。"（L'émotion est nègre comme la raison est hellène.）[1]这种挣扎体现在两部作品中极为相似的叛逆者、离群者角色之中，恰恰也是作者本人人格思想的反映。

马邦库可以被归入新非洲流散作家，即相对自愿地移居海外，更加自由，与故国的联系更加密切、稳定。他具有同时代非洲后殖民作家的典型心态，对独立后新建立政权和社会的幻灭感让他的作品具有玩世不恭的解构主义色彩。但在密集的讽刺和戏谑中，始终隐藏着作者对理想社会秩序的期望。《豪猪回忆录》中的主角豪猪挣扎于动物世界和人类世界之间，在哪里都难以容身。而《碎杯子》中的"信誉远游"酒吧则为现实世界的失意者提供了小小的避风港，成为作者寄寓希望的乌托邦。

在《豪猪回忆录》的最后，附有来自酒吧老板的一封信。在信中，酒吧老板自称是"碎杯子"的朋友和遗作保管人，而这本《豪猪回忆录》就是"碎杯子"所写的第二部，也是最后一部作品。"碎杯子"和现实中的作者马邦库再次被刻意混淆。作者一而再、再而三的文字游戏或许让人费解，但我们不妨暂且跟随他的引领，将"碎杯子"和马邦库看作一体，那么"碎杯子"所思也就是作者所想。根据酒吧老板的信，"碎杯子"投河自尽前将他的手稿遗弃在岸边。这份手稿顺序颠倒，又受到灰尘和雨水的

---

[1] Verre Cassé［EB/OL］.（2005-07-01）［2024-04-25］. https://www.seuil.com/ouvrage/verre-casse-alain-mabanckou/9782020680165.

侵蚀，某些字迹已经难以辨认。酒吧老板接着写道："完成艰难的复原工作后，我亲自拜托一名叫肯给-波林娜的技校学生，让她把《豪猪回忆录》的文稿录入电脑。"①这位年轻的打字员名字正好是马邦库（"碎杯子"）母亲姓名的倒置。故事从母亲那里传承到马邦库（"碎杯子"）那里，又从马邦库（"碎杯子"）那里传承到肯给-波林娜这位未来的母亲那里。而故事的载体也从声音变为文字，又从易受损坏的文字转换为电脑中的文本。即使对现实有诸多不满，作者仍旧对未来保留了一丝希望，因为知识和记忆会随着保存下来的文字代代相传。

结　语

在阿兰·马邦库的小说中，口述、醉酒状态和身份建构是三位一体的。马邦库不仅在书面文学口述化的形式上进行了大胆创新，也通过喋喋不休的酒醉叙事者有效调和了口述文学和书面文学之间的矛盾，缓和了西方理性个人主义与非洲传统公共自我之间的矛盾，建构了一种新时代的格里奥形象。这一格里奥形象既是马邦库笔下第一人称叙事者的原型，也是作者本人身份的投射，体现了作者对民族传统的批判性继承和传承民族记忆的愿望。

近年来，国内学界对于流散和新非洲流散作家群体的关注越来越多，但对作家个人的微观研究还很不够。国内学者的研究聚焦于以钦努阿·阿契贝、奇玛曼达·阿迪契和获得诺贝尔奖的阿卜杜勒-拉扎克·古尔纳为代表的非裔英语作家，而使用法语写作的非洲流散作家则少有关注。至于在非洲独立后成长起来的后殖民新锐作家，则更加无人问津。阿兰·马邦库具有非洲、欧洲、美洲三重文化背景，以其辛辣的讽刺、幽默的态度、真挚的情感和深刻的哲学思考在非洲、欧洲、美洲三大洲吸引了大量读者

---

① 马邦库.豪猪回忆录[M].刘和平，文韫，译.北京：外语教学与研究出版社，2022：147.

和研究者。马邦库作为使用法语写作的后殖民新非洲流散作家代表,值得我们投入更多的精力关注并解读,其作品中关于身份认同问题的哲思和对于身份叙事的大胆探索对理解普遍的"流散"也具有重要意义。

《阿纳巴斯》：现实与想象的双重远征

吉　竞　北京大学外国语学院法语系 2018 级博士研究生

摘　要：圣-琼·佩斯，本名阿列克西·圣-莱热·莱热，在1916年到1921年间作为外交官在法国驻北京领事馆任职，期间他曾途经戈壁沙漠，远征西亚，并根据这次远游写下长诗《阿纳巴斯》。从标题的双重含义到诗歌对精神世界的刻画，该诗构成了现实与精神维度上的双重远征。圣-琼·佩斯主张以意象的具体性阐释精神世界的抽象性，将经验世界和非理性世界相连接。结合现实与精神、具体与抽象的双重性，本文试图论证《阿纳巴斯》对现实景观的指涉反映了诗人借助具体意象创作诗歌的理念，而诗人为了呈现更加广袤的想象空间，实现了对具体时空性的超越，完成了对想象世界的征服。

关键词：圣-琼·佩斯；《阿纳巴斯》；现实；想象

《阿纳巴斯》（*Anabase*）一诗起源于外交官阿列克西·圣-莱热·莱热（Alexis Saint-Léger Léger）于1916年到1921年间在中国履职时的一次远游，他与友人贝熙业医生（Docteur Bussière）驱车穿过戈壁沙漠，一直到达蒙古国首都乌兰巴托，之后又骑马西行至中亚。这次长征给予了他创作灵感，1920年到1921年间，他在北京西郊的桃峪观中写成《阿纳巴斯》。该诗由十节组成，首尾各赋一曲。1922年回到法国后，诗人先后出版了序歌和尾歌。1924年，全诗得以在伽利玛出版社出版，这是他第一次

文学研究

署名圣-琼·佩斯（Saint-John Perse），也标志着他诗歌风格的相对成熟。《阿纳巴斯》的法语书名*Anabase*既可表示军事上的出征，也可表示宗教意义上的精神攀升。书名的双重含义呼应了贯穿全诗的地理与精神维度上的双重远征，穿插在旅人在草原和沙漠所见之景中的是对其精神世界的刻画。在1960年作家皮埃尔·马扎尔（Pierre Mazars）对诗人的采访中，他也承认了这一点："《阿纳巴斯》是一首关于行动中的孤独的诗，既是在人群中的行动又是精神中的行动，既面向他人又面向自己。"[①] 人群中的行动可理解为地理意义上的旅途，面对自己的行动则指向精神领域。实际上，早在1910年写给雅克·里维埃尔（Jacques Rivière）的信中，阿列克西就在精神维度上使用了这一词语，他在信中提出了一种理想的诗歌批评家的形象，他和诗人一样拥有通灵的能力，并能将作品的轮廓还原出来，这样批评家就从诗人的寄生者变成了他的同伴，这一成就被阿列克西比作"远征"或"回到大海"，即回到作品诞生的大海。

《阿纳巴斯》的发表为圣-琼·佩斯带来了极大的文学知名度，成为诗人从法国走向世界的基石，受到里尔克、霍夫曼斯塔尔、艾略特等人的赞赏，并被译成多国文字。国内可查的全译本包括1995年出版于《国外文学》第四期上的葛雷先生的译本，1999年安徽文艺出版社的《圣-琼·佩斯诗选》中管筱明先生的译本，2008年吉林出版集团有限责任公司出版的《圣-琼·佩斯诗选》中叶汝琏先生的译本，节译本则包括2004年收录在《法国诗选·下》中郑克鲁先生的选译、1999年收录在《圣-琼·佩斯与中国》中树才先生的选译等。本文中所出现的诗句部分选自葛雷先生对《阿纳巴斯》的中文翻译，在脚注中标明，其余脚注中出现的原文均由笔者参照伽利玛出版社2004年出版的圣-琼·佩斯全集译出。

---

① PERSE S-J. Œuvres complètes [M]. Paris: Gallimard, 1982: 576. 笔者译，原文为: Anabase a pour objet le poème de la solitude dans l'action. Aussi bien l'action parmi les hommes que l'action de l'esprit; envers autrui comme envers soi-même.

一、具象的《阿纳巴斯》

圣-琼·佩斯在表现远征的地理维度时，着力刻画现实世界的景观，他认为作品必须扎根于来源于现实生活的真实。在《阿纳巴斯》中，漏壶、青瓷、藤条椅、鼻烟盒等民俗风物，与掘井工人、剪毛工、针灸师、采盐人、吹笛者、沙漠商队等从事各色职业的人，由于阿兰·博思凯（Alain Bosquet）所说的"编年史的准确性"[1]而变得栩栩如生，如在眼前。在阿列克西1917年9月在桃峪观中写给贝熙业医生的信中，他表达了与贝熙业一起去蒙古国与中亚探险的愿望，并向友人描述四周的景致，多处都和《阿纳巴斯》中的景观相呼应。信中，他的脚下是泥沙淤积的河流，远处传来铁皮鼓的声响，呼唤和对话在此岸与对岸间传递[2]，呼应了诗中"死去的河流"、"流放的鼓声"和"不向彼岸的人们呼唤"。在同年另一封于桃峪观中写给法国公使康悌（Alexandre Conty）的信中，阿列克西提及他孤身一人在观中，夜间唯一的对话者是飞过中国北方山区的大雁，应和了《阿纳巴斯》中欲与鸿雁共飞的征服者。

除了现实世界的景观，在谈及对诗歌晦涩之处的处理时，圣-琼·佩斯认为，"诗人完全有权利，甚至有义务，去探索最幽深的领域；但他越在这个方向上前进，就越需要使用具体的表达方式。他在非理性或神秘的彼岸前进得越深，就越需要使用现实的工具，甚至取材于自己的经验生活"[3]。他主张以意

---

[1] BOSQUET A. Saint-John Perse [M]. Paris: Pierre Seghers, 1960: 42.
[2] PERSE S-J. Œuvres complètes [M]. Paris: Gallimard, 1982: 821-822.
[3] PERSE S-J. Œuvres complètes [M]. Paris: Gallimard, 1982: 576. 笔者译，原文为：Le poète a parfaitement le droit, et même le devoir, d'aller explorer les domaines les plus obscurs; mais plus il va loin dans cette direction, plus il doit user de moyens d'expression concrets. Aussi loin qu'il pénètre dans l'au-delà irrationnel ou mystique, il est tenu de s'exprimer par des moyens réels, même tirés de sa vie expérimentale.

象的具体性阐释精神世界的抽象性，将经验世界和非理性世界连接起来。这一主张得到了评论家罗歇·卡伊瓦（Roger Caillois）的赞赏，他认为诗歌是一门关于具体的科学，他尤其推崇圣-琼·佩斯的诗歌，视之为超现实主义诗歌的对立面，因为圣-琼·佩斯在诗歌中只指涉真实发生的事物，即使在当下发生的可能性很小，且凭借对意象的准确塑造抵御了偶然性的诱惑。[1]

在表现《阿纳巴斯》的精神维度时，圣-琼·佩斯运用了拟人和类比的手法，使精神世界成为一个具体可感的存在。当序歌中第一次提及灵魂时，它便是以"我的女儿"为化身，接受"异乡人"的三次致意。当诗人描写纯粹的精神世界时，他亦多使用"梦中的城市""可被梦耕种的土地""比梦更纯净的水""我们梦中叶子的喜悦"等与现实世界相对应的形象，它们使精神世界成为一个有边界的存在——"在我们精神的幽渺里万类纷呈——万物怡悦地浮荡于我们精神的边界"[2]。这个例子同样体现出现实世界是如何通过目光进入内心世界，目光所及之物浮荡于精神之上，并唤起灵魂的共鸣——"目光退后一个世纪，来到灵魂的领域"[3]，"一个世纪"通过时间与空间的置换将外在与内在的距离变得具体。当表达孤独的主题时，除了在第四、五节反复吟诵孤独一词，诗人把这一感受嵌入各种具体的情境中。万家灯火和信徒的仰慕未能抑制旅人的思想在其他墙垣里扎寨安营。天边的群星吞没了照亮美食的孤星，象征着远方与安居的对比。叙述者或以海鸟自比，或与鸿雁为伍，展翅高飞之意呼之欲出。

二、想象的《阿纳巴斯》

外交官或诗人对阿列克西和圣-琼·佩斯这两个名字所代表的双重身

---

[1] CAILLOIS R. Approches de la poésie [M]. Paris: Gallimard, 1978: 222.
[2] 葛雷. 阿纳巴斯 [J]. 国外文学, 1995（4）：107-116.
[3] PERSE S-J. Œuvres complètes [M]. Paris: Gallimard, 1982: 111. 笔者译，原文为：L'œil recule d'un siècle aux provinces de l'âme.

份有着严谨的边界,作为诗人,他不止一次强调希望读者在理解他的作品时不掺杂其个人生活的信息;作为外交官,他因为其生活的公开性而放弃文学作品的发表。现实世界与想象世界似乎不应互相染指,但事实上,诗人并不拒绝对现实世界的借用,他排斥的是将诗歌中的叙述者还原为现实中的自身,对现实景观的指涉并不旨在使诗歌与现实逐句对应,或使诗歌变成展示其博学的百科全书。

更进一步说,他的作品试图超越具体的时间和地点的参照,甚至超越诗人自身的特殊性,达到他对诗歌的理解,即最接近"绝对真实"[1]的觊觎和领会。在与罗歇·卡伊瓦有关于艺术的真实性讨论中,佩斯表示他的作品"……在其具体形式上尽管对我而言有影射和记忆的含义,却试图摆脱所有历史和地理的参照;尽管它们对我而言是'真实'而不抽象的,却试图摆脱所有个人事件的束缚"[2]。在他对超越具体性的尝试中,一方面通过模糊事物的时空印记,实现它们的普遍性甚至诗意功能。在上文的例子中,在描写从事各种职业的人时,诗人逐渐超越了现实的界限,从现实中存在的职业延伸到散发着诗意的身份,如"那用器皿收集花粉的人(他说,我的快乐就在这黄色里)"[3]、"喜欢龙蒿滋味的人"[4]和"那梦想着一枚青椒的人"[5]。叙述者甚至明确表明自己所处的广袤草原没有记忆,所处的时间里没有联系和纪念日,有的只是晨曦和火焰,时空的具体性因而被无差别的自然打破了。另一方面,作者通过将想象力凌驾于现实之上,模

---

[1] PERSE S-J. Œuvres complètes [M]. Paris: Gallimard, 1982: 444.

[2] PERSE S-J. Œuvres complètes [M]. Paris: Gallimard, 1982: 562. 笔者译,原文为:Mon œuvre tout entière, de recréation, a toujours évolué hors du lieu et du temps: aussi allusive et mémorable qu'elle soit pour moi dans ses incarnations, elle entend échapper à toute référence historique aussi bien que géographique; aussi «vécue» qu'elle soit pour moi contre l'abstraction, elle entend échapper à toute incidence personnelle.

[3] 葛雷. 阿纳巴斯 [J]. 国外文学, 1995 (4): 107-116.

[4] 葛雷. 阿纳巴斯 [J]. 国外文学, 1995 (4): 107-116.

[5] 葛雷. 阿纳巴斯 [J]. 国外文学, 1995 (4): 107-116.

糊了现实与想象的边界。当诗歌愈接近现实时,诗人就引入不可能发生之事或梦境等非现实的元素,如异乡人的"眼睛里充满唾液,身上再无人的成分"①,征服者的眼皮被针线缝上,在凌晨出门时不惊醒"绿色的星星","大地上行进的大河汩汩作响,引起大地之盐在梦中震颤"②。对现实的指涉甚至能够营造出不真实的印象,如他在与罗歇·卡伊瓦的信中提到,之所以使用某些罕见的鸟名或植物名,是因为它们的名字具有某种不真实性,这种不真实性恰好能带来诗意。

三、具象的海与想象的海

海的意象在《阿纳巴斯》中既体现了诗人以具体形象表达内心世界的创作原则,又体现了诗人的想象力对现实元素的介入。海是灵魂的比喻,它的形象复杂且矛盾,时而充满幻象和激荡——"我的灵魂里充满了幻象,正如在雄辩的感召下强大而灵活的大海!"③,时而象征着精神的攀升——"晨曦如海,仿佛我们的猎猎豪情"④。在另一首对海洋的赞歌《海标》(Amers)中,圣-琼·佩斯更直白地表明大海住在人的灵魂里,主宰着人的梦境和想象:"这是不曾梦过的海上之梦,是我们身上的大海将把它梦见;大海被织进我们身上,连同它深渊里的荆棘地,大海在我们身上编织它伟大的光明时辰和它黑暗的宽大跑道——"⑤

---

① PERSE S-J. Œuvres complètes [M]. Paris: Gallimard, 1982: 101. 笔者译,原文为:[…] son œil est plein d'une salive, il n'y a plus en lui substance d'homme.
② PERSE S-J. Œuvres complètes [M]. Paris: Gallimard, 1982: 106. 笔者译,原文为:Au bruit des grandes eaux en marche sur la terre, tout le sel de la terre tressaille dans les songes.
③ PERSE S-J. Œuvres complètes [M]. Paris: Gallimard, 1982: 96. 笔者译,原文为:Mon âme est pleine de mensonge, comme la mer agile et forte sous la vocation de l'éloquence!
④ 葛雷. 阿纳巴斯 [J]. 国外文学, 1995(4): 107-116.
⑤ 佩斯. 蓝色恋歌 [M]. 管筱明, 译. 桂林: 漓江出版社, 1991: 133-134.

诗人在《阿纳巴斯》中将海表现为陆地的反面，将海的价值置于陆地之上。对海与地的价值衡量来源于诗人现实生活中的经历。海对圣-琼·佩斯来说是地理意义上的故乡，旅居中国的时间让他体会到两种地理环境及人文环境的巨大差异，并激发了他对海在各个层面上的想象。古老中国以农耕文明为基石，在阿列克西看来，中国人虽然发展了海上工业，依然是以农民的方式在水上生活。中国人只能模仿海上的居民，正如陆地只是大海的粗糙模仿："这里的土地，一望无际，是我们所能想象的对大海的最美模仿物：大海的反面，又像大海的幽灵。"①"整个中国只是尘埃，一座由风中尘埃构成的海洋，它笨拙地模仿着海洋，这另一块大陆至少保留了它的内聚力，坚固性和完整性，从来没有屈从于惰性。"②海洋与陆地之间相似性与对立性的融合为诗人以大海为双重远征的目的地提供了合理性。如果参照加斯东·巴什拉（Gaston Bachelard）在《空间的诗学》（*La Poétique de l'Espace*）中所依据的想象的现象学，我们则更容易理解。巴什拉在该书中描述了梦想者（rêveur）所擅长的一种梦想（rêver）行为，即通过梦想（rêverie）赋予外在空间以不同甚至相反的内心价值。在第一章"家宅·从地窖到阁楼·茅屋的朝向"中，作者带来了梦想者对巴黎噪声问题的解决方案，梦想者在意识中将嘈杂的声音变成自然的一部分，从而为自己创造了一个疗愈的内在空间。③在"内心空间的广阔性"一章中，巴什拉援引法国探险家菲利普·迪奥莱（Philippe Diolé）的经历，说明通过遐想存在居住在另一个心理空间的可能性。迪奥莱在《世间最美的荒

---

① PERSE S-J. Œuvres complètes［M］. Paris：Gallimard，1982：888. 笔者译，原文为：La terre ici, à l'infini, est le plus beau simulacre de mer qu'on puisse imaginer: l'envers et comme le spectre même de la mer.

② PERSE S-J. Œuvres complètes［M］. Paris：Gallimard，1982：887. 笔者译，原文为：La Chine tout entière n'est que poussière, un Océan de poussière au vent, imitant assez mal en cela la mer elle-même, cette autre masse continentale qui garde au moins sa cohésion, sa consistance et son intégrité, sans céder jamais à l'inertie.

③ 巴什拉. 空间的诗学［M］. 张逸婧，译. 上海：上海译文出版社，2009：33.

漠》(*Le Plus Beau Désert du monde*)中叙述道,当自己在沙漠中行走时,从心理上将水填满了沙漠,从而使自己置身于关于大海的回忆中。[①]无论是巴黎的嘈杂还是迪奥莱的荒漠,看似与人敌对的空间没有成为被憎恶的对象,而是在想象力的作用下,成为理想的栖居所。这些对立面之间的转换并非毫无来由,噪声的细密琐碎和庞大体量与海洋相通,迪奥莱在沙漠中体会到的寂静和缓慢前进唤起了潜水的记忆。对于旅行者阿列克西而言,海对其思绪的侵袭让他将旅行所见都与海联系在一起。在中亚的高原和沙漠里,他看到马群和骑兵本能地转向海的方向,牵骆驼的人眼中仿佛有海上居民的眼神,游牧民族的双轮马车上挂着海上的帆,海鸥和燕鸥让人产生了在海上的错觉……对于诗人圣-琼·佩斯而言,海洋与陆地之间的相似与对立激发了他对前者的想象,使他听到"……异乡的声音,按照我的意志……"[②]。他在一个并非其家园的国度里看到草木的波浪[③],有可能是海的波浪。草原上的营帐似乎是不朽的船身,被拉入工地。海上之鸟是陆地之鸟的模仿对象,"几只陆地上的大鸟,朝着西方航行,是我们海上之鸟卓越的模仿者"[④],或进一步将海理想化,当此岸升起"淡紫色的伟大痛苦"时,海风吹走衣衫,仿佛吹走痛苦。[⑤]以这种方式,现实世界的经历与诗歌中的想象重合了,在陆地进行的远征与在灵魂之海中进行的远征重合了。正如诗人在信札中所记,中国内陆高原上的凹地和盆地仿佛古老的海底,陆地仿佛获得大海的形式,或大海以沉积物的形式变成陆地,

---

① 巴什拉.空间的诗学[M].张逸婧,译.上海:上海译文出版社,2009:226.
② 葛雷.阿纳巴斯[J].国外文学,1995(4):107-116.
③ PERSE S-J. Œuvres complètes [M]. Paris: Gallimard, 1982: 107. 笔者译,原文为:Un pays-ci n'est point le mien. Que m'a donné le monde que ce mouvement d'herbe?
④ PERSE S-J. Œuvres complètes [M]. Paris: Gallimard, 1982: 106. 笔者译,原文为:Et quelques grands oiseaux de terre, naviguant en Ouest, sont de bons mimes de nos oiseaux de mer.
⑤ PERSE S-J. Œuvres complètes [M]. Paris: Gallimard, 1982: 95. 笔者译,原文为:Il vient, de ce côté du monde, un grand mal violet sur les eaux. Le vent se lève. Vent de mer. Et la lessive part! comme un prêtre mis en pièces...

它们重新统一在一起。

结　语

1920年到1921年间，时任法国驻北京领事馆外交官的阿列克西·圣-莱热·莱热在离任前根据一次戈壁之行写下了长诗《阿纳巴斯》，并第一次署笔名圣-琼·佩斯。长诗在标题与景观上构成了地理和精神双重维度上的远征。本文首先在地理维度上以民俗风物、自然景观为例探索了诗人植根于现实的创作方式，进而讨论了他如何通过具体形象刻画以灵魂、精神疆场和孤独为代表的精神世界。诗人对现实的指涉并不只停留于它们在时空中的具体性上，而是试图通过模糊现实和想象的关系完成对现实的超越。通过诗人信札中对现实世界的描绘和《阿纳巴斯》中相似景观的对比，可以发现无处不在的现实与想象的交融。本文继而着眼于《阿纳巴斯》中海的意象，分析具象的海和抽象的海各自体现出的佩斯诗歌创作的特征。前者作为灵魂的比喻证实了诗人对具体意象的运用，在后者身上则实现了精神的遐想用理想的内心空间为外在空间赋形的过程。

图书在版编目（CIP）数据

外语学科交叉视野下的区域国别研究 / 方友忠主编. 北京：中国国际广播出版社，2024.12. --ISBN 978-7-5078-5713-9

Ⅰ.G51

中国国家版本馆CIP数据核字第2024UL9303号

外语学科交叉视野下的区域国别研究

主　　编	方友忠
责任编辑	张晓梅
校　　对	张　娜
版式设计	邢秀娟
封面设计	赵冰波

出版发行	中国国际广播出版社有限公司［010-89508207（传真）］
社　　址	北京市丰台区榴乡路88号石榴中心2号楼1701
	邮编：100079
印　　刷	北京汇瑞嘉合文化发展有限公司

开　　本	710×1000　1/16
字　　数	250千字
印　　张	16
版　　次	2024年12月 北京第一版
印　　次	2024年12月 第一次印刷
定　　价	68.00元

版权所有　盗版必究